e 유통경영

강 영 문

1997 우용출판사
www.choolpansa.com

머리말
Preface

우리나라는 전통적으로 사농공상의 유교적 가치관이 강했던 나라이다 이러한 가치관으로 인해 사회 전반적으로 상업은 천시되었다. 물론 옛날 일이다. 그러나 원인없는 결과 없다고 이러한 상업경시 풍조는 우리나라 유통산업을 국내 다른 산업이나 외국의 유통산업에 비해 발전을 더디게 하였다.

우리나라는 근대화과정에서도 제조업 중심의 수출정책으로 인해 유통은 매번 푸대접을 받았다. 그러나 모두가 다 옛말이 되었다. 지금은 유통의 시대이다. 이제 유통은 우리의 일상생활 속에서 산소와 물처럼 없어서는 안 될 존재가 되었고, 한국경제의 발전에서도 중요한 역할을 하고 있다. 최근 들어 취업난, 실업난이 가중 되고 있는 가운데 많은 사람들이 유통기업에 취업하기를 원하고 유통창업을 꿈꾸고 있다.

청년 실업의 매서운 한파 속에서 이 땅의 많은 젊은이들은 유통기업의 취업에 희망을 걸고 있고, 이 땅의 수 많은 중장년층들은 실업의 아픔을 유통창업으로 딛고 일어서려 하고 있다.

그러나 지금까지 우리나라에서는 다른 분야에 비해 유통교육은 체계적으로 이루어지지 않았고, 유통전문가도 턱없이 부족하다. 유통분야에서 성공하려면 가장 먼저 유통에 대한 전문지식을 쌓아야 한다.

본서는 유통에 대한 기초에서 시자하여 유통의 실질적이고, 세부적인 내용까지 단계별로 자세히 설명하고 있다. 특히 "Check Point"라는 타이틀로 핵심적이고 중요한 내용을 따로 설명하고 있고, 국내외 유통사례들을 "유통에세이"에서 소개하고 있다. 본서는 유통초심자, 유통기업 취업준비자, 유통관리사 수험생, 유통업자 모두가 볼 수 있는 다채로운 내용으로 구성되어 있다. 본서가 유통을 짝사랑만 하던 유통 초심자와 좀 더 유통을 알고 싶어 하던 유통업자들에게 좋은 벗이 되길 기원한다.

차갑지만 맑은 아침 겨울햇살을 보며

영문(젊은 달)

차례
Contents

제1장 유통과 유통경영의 기초 • 11

1. 유통이란? ········· 11
2. 유통경영이란? ········· 12
3. e - 유통이란? ········· 12
4. e - 유통채널간의 경쟁 ········· 17
5. e - 유통의 효용창출 ········· 22
   1) e - 유통의 소유효용 ········· 22
   2) e - 유통의 시간효용 ········· 23
   3) e - 유통의 장소효용 ········· 23
   4) e - 유통의 수량 및 품질 효용 ········· 23
6. 유통경제 ········· 25

제2장 e - 유통의 핵심개념 • 27

1. 유통의 구성 요소와 기본 개념 ········· 27
2. 유통현상을 설명하는 유통이론 ········· 31
   1) 총 거래수 최소의 원칙 ········· 31
   2) 분업의 원리 ········· 32
   3) 집중준비의 원칙 ········· 32
   4) 소매수레바퀴이론 ········· 32
   5) 소매적응행동이론 ········· 34
   6) 소매아코디언이론 ········· 34
   7) 소매변증법이론 ········· 35
   8) 소매공룡멸종이론 ········· 35
   9) 소매수명주기이론 ········· 35

제3장 유통과 전자상거래 • 39

1. 유통과 전자상거래, 온라인유통의 관계 ········· 39

2. 전자상거래의 기초 ······ 40
3. 전자상거래 비즈니스의 특징 ······ 41
4. 전자상거래의 파급효과 ······ 42
1) 전자상거래가 기업에 미치는 영향 ······ 43
2) 전자상거래가 소비자에게 미치는 영향 ······ 43
5. 전자상거래와 e-Business, EDI, CALS, Mobile Business ······ 44
1) 전자상거래와 e-Business ······ 44
2) 전자상거래와 EDI ······ 45
3) 전자상거래와 CALS ······ 47
4) 전자상거래와 Mobile Business ······ 50
6. 전자상거래 유형 ······ 51
1) B2C ······ 52
2) B2B ······ 52
3) B2G ······ 54
4) C2C ······ 56

제4장 소비트렌드의 변화 • 57

1. 소득 증대에 따른 소비행위 변화 ······ 57
2. 최근 소비패턴의 특징 ······ 60
3. 소비자의 가치관 변화 ······ 62

제5장 사이버 소비패턴 • 71

1. 사이버 소비자의 세분화 전략 ······ 71
2. 편리추구형 사이버 소비자 ······ 71
3. 온라인 애용형 사이버 소비자 ······ 71
4. 저가상품 추구 사이버 소비자 ······ 72
5. 통신위주형 사이버 소비자 ······ 72
6. 정보추구형 사이버 소비자 ······ 72
7. 온라인유통업체의 판매전략 ······ 72

제6장 e-유통경영 전략 • 75

1. 유통경로란? ······ 75
2. 유통관리란? ······ 75

3. 유통경로의 특징 ······ 76
4. 집중적 유통과 독점적 유통 ······ 76
5. 직접유통과 간접유통 ······ 78

제7장 e-유통경로 관리 • 81

1. 유통경로 파워와 갈등 ······ 81
2. 유통경로 갈등관리 ······ 82

제8장 도매 유통기관 • 87

1. 도매업의 역할 ······ 87
2. 도매업과 소매업의 차이점은? ······ 88
3. 도매상의 종류 ······ 89
4. 유통경로에서 도·소매 구조 ······ 90
  1) 전통적 유통경로 ······ 90
  2) 수직적 마케팅시스템(vertical marketing system: VMS) ······ 90
  3) VMS의 종류 ······ 91
5. 도매업의 생존전략 ······ 97

제9장 소매 유통기관 • 101

1. 소매상의 역할 ······ 101
  1) 소비자에 대한 역할 ······ 101
  2) 소매업의 생산자에 대한 역할 ······ 107
2. 소매업의 종류 ······ 112
  1) 백화점(department store) ······ 113
  2) 슈퍼마켓(supermarket) ······ 125
  3) 편의점(CVS ; Convenience Store) ······ 135
  4) 할인점(discount store) ······ 142
  5) 쇼핑센터 ······ 157
  6) 무점포 판매 ······ 160
    (1) 홈쇼핑 ······ 166
    (2) 인터넷 쇼핑몰 ······ 174
  7) 인터넷 경매 ······ 182
  8) 우리나라 유통의 현황 ······ 186

제10장 e-유통정보시스템 • 205

1. 유통정보기술이 유통에 미친 영향 ······ 205
   1) 재고관리 ······ 205
   2) 운송관리 ······ 205
   3) 머천다이징관리 ······ 205
2. POS ······ 207
3. Bar Code ······ 209
4. RFID ······ 212
5. EOS ······ 214
6. CRP ······ 214

제11장 e-마케팅과 유통관리 • 217

1. 마케팅의 진화과정 ······ 217
   1) 대중마케팅 ······ 218
   2) 표적마케팅 ······ 218
   3) 다이렉트마케팅 ······ 218
   4) 일대일마케팅 ······ 218
   5) 데이터베이스마케팅 ······ 219
   6) CRM ······ 220
   7) 인터넷마케팅이란? ······ 229
   8) 인터넷 마케팅의 STP전략 ······ 231
2. 인터넷광고 ······ 232
   1) 광고란? ······ 232
   2) 인터넷광고란? ······ 232
   3) 인터넷광고의 특징 ······ 232
   4) 인터넷광고의 한계 ······ 234
   5) 인터넷광고 전략 ······ 234

제12장 e-유통창업 • 235

1. 업태 발상으로 창업하라 ······ 235
2. 창업기초 ······ 236
3. 창업시 결정해야 할 사항 ······ 237

4. 오프라인 유통창업 ···· 239
1) 오프라인 유통창업과 입지 ···· 239
2) 오프라인 매장설계 ···· 245
3) 오프라인 상점이름 ···· 255
5. 온라인 유통창업 ···· 257
1) 전자상점 설계 ···· 258
2) 전자상점의 기능적 효율성 구축 ···· 259
3) 경쟁력 있는 도메인 확보전략 ···· 260
4) 웹사이트에 브랜드를 살려라 ···· 261

제13장 e-유통 통합전략 • 265

1. 온라인 유통의 비즈니스모델 ···· 265
2. *e*-유통의 온·오프라인 통합전략 ···· 269
1) 온·오프 채널간 시너지(Synergy) 극대화 전략 ···· 269
2) *e*-유통 히트상품 전략 ···· 269
3. 온·오프라인 유통의 성공전략 ···· 270
1) 전자상거래도 중요한 것은 상거래 ···· 270
2) 온라인 유통이든, 오프라인 유통이든 가장 중요한 것은 고객 ···· 270
3) 정보통신기술에 대한 투자+디지털 마인드 ···· 270
4) 차별화된 Value Proposition ···· 270
5) PB상품의 확대 ···· 271
6) 온·오프라인 매장의 복합쇼핑 공간화 ···· 273
7) 온라인이든, 오프라인이든 공급사슬(supply chain)의 경쟁에서 이겨야 한다. ···· 273

참고문헌 ···· 275

색인 ···· 281

【Check Point】

유통에서 취급하는 상품의 범위는? ······ 14
초창기 온라인 유통의 시행착오와 교훈 ······ 19
시대에 따라 유통의 역할은 변하는가? ······ 21
유통과 언론(言論)의 공통점은? ······ 23
소비자가 원하는 양만큼의 상품을 구매할 수 있는 효용창조 ······ 25
유통기관이 소비자가 원하는 품질의 상품을 구매할 수 있는 효용창조 ······ 25
B2C와 B2B의 차이점? ······ 54
e-procurement ······ 56
착한 소비란? ······ 61
유통정보의 활용과 재고관리 ······ 101
결품은 고객을 떠나게 한다. ······ 103
판매원의 상품에 대한 전문지식은 고객을 부른다. ······ 105
ISP란? ······ 105
소매업체의 상품매입권한에 의한 분류 ······ 111
Department store는 언제부터 사용하였나? ······ 115
세계 각국의 백화점 역사 ······ 117
대형 할인점과 SSM(슈퍼슈퍼마켓)의 비교 ······ 130
백화점과 TV 홈쇼핑의 차이점 ······ 171
TV 홈쇼핑과 인터넷 쇼핑몰의 차이점 ······ 180
오픈마켓과 인터넷 쇼핑몰의 차이점? ······ 182
바코드의 장점 ······ 211
고객경험관리? ······ 224
고객수 증가 = 회사수익 증가? ······ 227
지리적 범위에 따른 상권의 분류 ······ 241
고객의 심리적 특성에 따른 색상, 음악, 차별화 전략 ······ 250

【유통에세이】

"남대문시장, 인터넷에 들어가다." 20
"소비 트렌드는'SALT'" 58
"소비자들'나이의 경계'무너진다" 65
"갖고 싶은 것 쇼핑하러 날아간다...내 이름은 쇼플러" 68
"대량맞춤과 판매채널 다양화를 국내 불황 타개책으로" 83
"델의 굴욕, 어디까지?" 85
"유통산업, 소비자 구매대행자 역할을" 109
"백화점 1층, 화장품 매장인 이유는" 122
"백화점 숨은 VIP를 모셔라" 123
"日 슈퍼마켓 "24시간영업" 본격화" 126
"신개념 대형슈퍼 'SSM'뜬다" 128
"대형슈퍼가 갈라놓은 '20년 이웃' " 130
"동네 슈퍼 성공 마케팅" 131
"동네 슈퍼의 힘" 134
"日 편의점-제조업 '끝없는 동맹' " 139
"편의점 물류기지화, 과연 효과있을까" 140
"대형마트 전단지 달라졌네 ... 신뢰감 주려 신문처럼 편집" 151
"PB상품도'싸구려는 가라'" 152
"물류혁신 위해 위성까지 동원" 153
"대형복합쇼핑몰 성적표" 158
"無점포 新유통" 164
"홈쇼핑 'VIP 마케팅'뜨겁다" 168
"유통망 파괴" 170
"무점포소매 미래 유통 주도" 173
"e - 쇼핑몰도'내 상표'갖기" 181
"온라인 경매시장'우수판매자 잡아라'" 185
"유통산업의 위상 변화" 199
"유통업 판도가 바뀐다" 201
"CRM, 또 하나의 유행인가?" 224
"대한민국 1% 고객 VVIP를 잡아라" 228
"창업의 성공조건" 237

"한눈에 쏙... 두고두고 생각나게" ········ 243
"백화점은 이미 '우측통행'" ········ 249
"백화점 · 할인점'음악의 비밀'" ········ 253
"창업 성공포인트" ········ 256
"향후 유통업 5대 유망분야" ········ 263
"전자상거래의 8가지 비즈니스모델" ········ 267
"PB제품으로 매출 1억 원 돌파" ········ 272

제1장
유통과 유통경영의 기초

1. 유통이란?

유통 = 생산과 소비의 연결 + 상품의 효용과 부가가치를 창조

유통은 상품과 서비스의 전달과정이다. 유통은 생산과 소비를 연결시켜주는 중간기능으로 생산자가 제조한 상품을 소비자에게 이전하는 현상 또는 이전하기 위한 활동으로 정의할 수 있다. 많은 사람들이 유통은 생산과 소비를 연결해 주는 단순한 기능만을 한다고 간주하는데, 이러한 편협한 시각은 유통의 본질을 잘못 이해하고 있는 것이다.

유통은 상품의 효용과 부가가치를 증가시키는 기능을 하고 있다. 생산자가 생산한 상품이 유통활동을 통해서 그 가치가 높아져 소비자에게 큰 만족을 한 아름 안겨줄 때 유통은 제역할을 하고 있는 것이다.

한 사회에서 유통(distribution)은 기본적으로 생산과 소비를 연결시켜 주는 역할을 한다. 생산지에서 생산자가 생산한 다종다양한 상품은 유통과정을 거쳐 소비지에서 소비자가 쉽게 구입할 수 있다.

물론 생산자가 소비자에게 직접 판매하거나 소비자가 생산자를 직접 찾아가 구매할 수도 있지만, 수 많은 생산자와 소비자의 직접거래는 현실적으로 더 많은 비용과 시간을 요구하게 되어 경제의 효율성을 떨어뜨리고, 사회적 비용을 증가시키는 요인으로 작용할 수 있다.

2. 유통경영이란?

유통경영 〉 유통관리

유통경영은 유통관리를 포함하는 개념이다. 유통경영은 유통경로관리뿐만 아니라 유통기업의 비즈니스 전체를 종합적으로 다루는 개념이다.

유통경영은 유통기업의 수익증대뿐만 아니라 유통비용의 절감과 유통과정의 합리화를 통해 소비자와 생산자에게 비용절감과 만족을 주는 유통기업 및 유통상인의 다각적인 경영전략을 의미한다.

3. e－유통이란?

e－유통 = 오프라인 유통 + 온라인 유통
e－유통 〉 온라인 유통 〉 전자상거래

e－유통은 전통적인 오프라인 유통과 최근 정보통신의 발달로 출현한 온라인 유통을 포함하는 개념이다. 즉, 생산자가 생산한 상품을 유통업체가 생산자로부터 구매하여 소비자에게 판매하는 유통과정이 오프라인에서뿐만 아니라 온라인에서도 발생하는 것을 말한다. 즉, 유통업체가 상품을 판매할 때 물리적 공간인 오프라인 매장에서 소비자와 대면거래를 통해 상품을 판매하는 것은 오프라인유통이고, 인터넷 등의 사이버 공간에서 자사의 웹사이트(전자상점) 등을 통해 상품을 판매하는 비대면적 거래는 온라인유통이라고 한다.

이러한 온·오프라인유통은 인류의 발전과정과 궤를 같이 한다. 유통이라는 상거래는 어느 날 갑자기 시작된 것이 아니고 인류의 경제, 사회, 문화의 변화에 따라 발전되어 왔다. 원시 자급자족시대에는 자신이 생산한 것을 자급자족하는 생활 속에 생산과 소비가 분리되지 않아 유통이 형성되지 않았다.

이처럼 자급자족하던 인간의 생활이 점차 생산량이 증가되기 시작하고 산업혁명에 의한 초기 산업사회로 진입하면서 대량생산이 가능해짐에 따라 생산과 소비가 분리되면서 초보적인 유통기능이 발생하였고, 후기 산업사회에 접어들면서 제조업체는 생산에 집중하고, 유통업체는 유통기능을 수행하는 생산과 유통의 분업화가 정착되었으며 유통의 기능도 더욱 세분화되고 있다.

과학기술과 교통의 발달은 유통시장의 지역적 확대를 가져왔고, 특히 최근 들어 정보통신의 발달에 따라 인터넷의 등장은 유통의 단순한 지역적 확대를 넘어 무국적의 광범위한 사이버 유통경로를 인류에게 선물하였다. 온라인 유통의 출현은 유통업체뿐만 아니라 생산자, 소비자 모두의 생활방식을 바꾸고 있고, 제조업체와 유통업체에게는 새로운 기회이자 위기로 다가오고 있다.

【그림 1】 유통의 발생과정

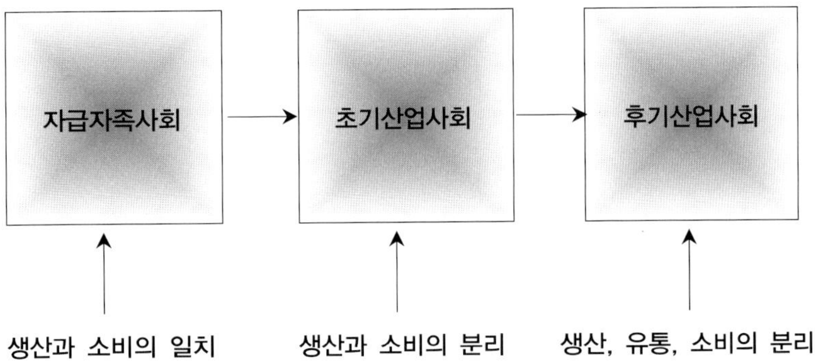

한국의 재래시장

전국 전통시장(재래시장) 활성화 성공모델

▲ 서울 '관악구 신림1동 시장'

- 세일행사, 제주특산물 전문매장 운영
- 상품권 및 공동쿠폰 발행
- 서울시가 농수산물 원산지표시 시범 재래시장으로 지정

▲ 부산 '정이 있는 구포시장'

- 고객 쉼터, 수유실, 어린이놀이방, 상인교육장 운영

- 매년 11월 장터축제 개최

▲ 대전 '도마 큰시장'

- 100여개 패션관련 전문점포로 전문화
- '수요장날'을 운영, 전(全)상인 '세일의 날'로 지정

▲ 대구 '서문시장'

- 자체 인터넷 쇼핑몰 운영
- 주차빌딩, 만남의 광장, 인터넷방, 휴게실 등 설치

▲ 광주 '양동 복개상가'

- 점포임대료 40% 낮춰 빈 점포 없앰
- 침구 및 가구 특화시장으로 재배치

자료제공: 중소기업청(2009).

Check Point

유통에서 취급하는 상품의 범위는?

상품과 제품은 어떻게 다른가?

제품은 만들어진 하나의 객체이고, 상품은 유통성을 지닌 객체이다. 즉 '상(商)'품의 의미는 유통되는 품목이라는 의미이고, '제(制)'품은 그저 공장에서 만들어진 상태의 품목이라는 뜻이다(김영호, 2009: 131).

유통에서 취급하는 상품의 범위에는 유형의 재화뿐만 아니라, 다종다양한 무형의 서비스 등도 포함된다. 예를 들어 최근 TV 홈쇼핑에서는 의류, 가전제품 등의 유형의 재화도 판매하고 있지만, 관광상품, 보험상품 등의 무형의 서비스 상품도 판매하고 있다.

또한 이러한 상품은 쇼핑습관에 따라 다음과 같이 3가지로 구분할 수 있다.

첫째, 편의품(Convenience Goods)으로 소비자가 소량으로 자주 구입하며 소비자가 상품을 구입할 때 여러 가게를 돌아다니며 여러 상표를 비교하지 않고 구매결정을 내리는 상품이다.

둘째, 선매품(Shopping Goods)으로 소비자가 상품을 구매할 때 여러 가지 면에서 상품과 상표를 비교한 다음 구매결정을 내리는 상품이다.

선매품(選買品)은 구매빈도가 낮고, 소비자가 구매에 충분한 시간과 노력을 들여 여러 상점을 돌아보고, 품질, 가격, 스타일 등을 비교한 뒤 구매하는 비교적 높은 가격과 높은 마진, 낮은 회전율을 가진 상품으로 가구, 가전, 구두, 핸드백 등의 상품을 말한다.

셋째, 전문품(Special Goods)으로 소비자가 특정한 상품이 갖고 있는 독특한 특성이나 매력으로 그 상표만을 구매하려고 고집하는 상품이다(고창룡, 2008: 100)

유통객체의 분류

구분	상품분류
상품형태의 유무에 의한 분류	유형상품, 무형상품(서비스상품)
상품용도에 의한 분류	소비재, 생산재
구매습관에 의한 분류	편의품, 선매품, 전문품
소비자간에 의한 분류	비내구소비재, 내구소비재
생활 필요정도에 의한 분류	생활필수품, 사치품, 취미품
품질, 성능에 의한 분류	고급품, 중급품, 하급품
사용목적에 의한 분류	식료품, 의류품, 생활용품, 주거용품, 교육용품 등

자료: 고창룡(2008).

상품에 대한 정의

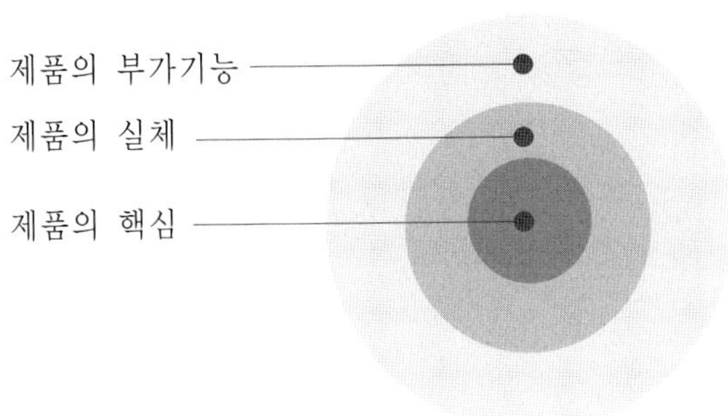

제품의 구성요소

	내용	에어컨의 경우
제품의 핵심	제품을 구입함으로써 얻을 수 있는 '구매자의 이익'	방안의 쾌적한 온도
제품의 실체	실제로 팔리고 있는 상품 자체	에어컨 자체(기능, 디자인 등 포함)
제품의 부가기능	상품 구매시의 부가서비스 등	애프터서비스, 할부제도, 설치공사 등

〈구매흐름〉

1
'제품의 핵심'을 충족시키고 있는가?
방의 온도조절에 알맞은 크기인가?

→

2
'제품의 실체'는 어떤가?
디자인은? 브랜드는?

→

3
'제품의 부가기능'은 어떤가?
애프터서비스는?
할부제도는?

자료: Phillip Kotler(2004)

상품에 따른 구매 유형

구분	편의품	선매품	전문품
구매빈도	높다	낮다	매우 낮다
상표에 대한 관심	비교적 높다	강한 관심	매우 강하다
단가	낮다	비교적 높다	매우 높다
사전 구매계획	무계획, 습관적	구매계획 사전준비	치밀한 사전계획
구매소요시간	불필요	비교적 소요	많이 소요
점포선정	주거지 점포	비교 검토	신중히 검토
상품회전율	높다	높지 않다	매우 낮다
판매마진율	낮다	상당히 높다	매우 높다
상품대량판매	가능	불가능	불가능

자료: 박금용(2007).

4. e-유통채널간의 경쟁

최근처럼 상품의 차별성이 낮아지고, 많은 상품이 범용화되고 표준화된 시장여건 하에서는 소비자는 온라인과 오프라인 유통시장을 자유자재로 넘나들며 현명하고 합리적으로 소비한다.

이러한 유통시장과 소비자 행동의 변화에 유통업체가 시의적절하게 대응하려면 온·오프라인 유통경로를 효율적으로 통합운영하는 다각적인 전략을 마련해야 한다.

온·오프라인 유통은 상호 독립적인 유통채널이면서도 상호 경쟁적인 관계나 상호보완적인 관계를 형성할 수 있다. 분명히 온라인유통과 오프라인유통은 실체적 공간과 사이버 공간이라는 노는 공간이 다르다.

그러나 결코 둘의 관계는 독립적일 수가 없다. 가장 간단한 이유는 취급상품이 유사하거나 동일한 경우가 많기 때문이다. 따라서 둘은 지역적으로 동네 이웃가게가 아니지만 상호 경쟁적일 수밖에 없다.

그런데 경쟁은 나쁜 것인가, 좋은 것인가?

일반적으로 경쟁은 효율성과 생산성을 증대시켜 품질을 향상시키고, 비용을 감소시키는 역할을 한다. 그런데 한 기업의 입장에서 오프라인 상점과 온라인 전자상점이 동일한 상품을 상이한 가격으로 판매한다면 단기적으로 경쟁사에 비해 판매증대에 도움이 될지 모르지만, 장기적으로 그 기업은 곤란한 경우를 맞을 수도 있다. 잘못하면 제 살을 깍아 먹는 형국이 발생할 수도 있다.

따라서 온·오프라인 유통의 가장 합리적인 관계는 상호보완적인 관계의 정립으로 시장을 확대하고 상호 win-win할 수 있는 상부상조의 관계가 가장 바람직하다. 그렇게 하기 위해서는 무엇보다 오프라인유통과 온라인유통의 특징과 한계에 대한 명확한 상호간의 이해가 선행되어야 한다.

Check Point

초창기 온라인유통의 시행착오와 교훈

온라인유통의 출현은 인류의 역사 속에서 과학문명의 발달에 따라 지속적으로 발전하고 있는 유통의 한 변화로 인식해야 한다. 유통은 과거에도 시대의 흐름에 맞게 변하여 왔고 앞으로도 변할 것이다.

온라인유통의 출현은 기존의 오프라인유통의 발전의 한 단계로 이해해야 한다. 따라서 이제 오프라인유통업체는 다 망하고 온라인유통업체만이 유통시장의 유일한 승리자가 될 것이라는 전망은 설득력이 없다.

10여 년 전에 인터넷이 유통경로로 등장했을 때 오프라인유통업체의 반응은 각양각색이었다. 일부 오프라인유통업체는 온라인유통을 무시했고, 일부 오프라인유통업체는 치밀한 계획없이 분위기에 휩쓸려 웹사이트를 만들기고 했다.

또한 인터넷에만 기반을 둔 초창기 순수 온라인유통업체는 인터넷의 장점만을 극대화하면 모든 소비자들이 기존의 오프라인 매장을 뒤로하고 온라인유통으로 몰려 올 것이라는 기대가 지나친 욕심이었다는 것을 깨달았다.

단언적으로 온라인유통이 기존의 오프라인 유통시장을 모두 다 장악할 수는 없다. 가장 간단한 이유는 쇼핑은 정답이 없기 때문이다. 즉, 어떤 소비자가 왜 특정 상품을 특정 유통업체에서 구매하였는가를 명확하게 논리적으로 정답을 구할 수 없기 때문이다.

온라인유통이 오프라인유통과 비교해 상대적으로 갖고 있는 가장 큰 장점은 편리성과 저렴성에 있다. 그런데 우리 인간이 편리성과 저렴성만으로 어떤 상품을 특정 유통업체에서 구매하지는 않는다.

그리고 상품의 특성에 따라 오프라인유통이 사이버공간에서 취급할 수 없는 상품도 이 세상에는 너무도 많다. 따라서 오프라인유통은 향후에도 존재할 것이 분명하다. 그러나 엄연히 존재하는 사이버 공간의 또다른 시장인 온라인유통과 어떤 관계를 형성할 것인가는 오프라인 유통업체의 몫으로 남아있다.

유통에세이 essay

"남대문시장, 인터넷에 들어가다."

남대문시장의 네일아트 도매업체인 경안사는 지난 7월 뉴질랜드에서 1000만원 어치의 주문을 받았다. 이 가게 황대용 사장은 "휴가를 다녀왔더니 컴퓨터로 주문이 들어와 처음엔 장난인 줄 알았다."며 "이틀 뒤 뉴질랜드본사에서 바로 항의전화가 와 전자상거래의 위력을 실감했다"고 말했다.

남대문시장이 '사이버 도·소매시장' 실험에 나서고 있다. 남대문시장은 'e-남대문(www.enamdaemun.com)'이라는 도·소매 전문 전자상거래 사이트를 9일 정식 개설한다. 3개월 간 시범운영기간에만 50건의 도매계약 실적을 올렸다. 이 사이트에선 소매상인들에겐 도매가격으로 팔고, 일반 소비자들에겐 소매가격을 판다. 남대문 시장의 거래방식을 인터넷 상거래에 그대로 옮긴 것이다. 도매로 거래하려면 사업자등록신청을 해 심사를 거쳐 승인을 받아야 한다. 도매가격은 공개하지 않고, 소매가격만 공개한다. 인터넷 상거래에서 이런 이중 가격제는 유례가 없어 전자상거래 업계가 주목하고 있다.

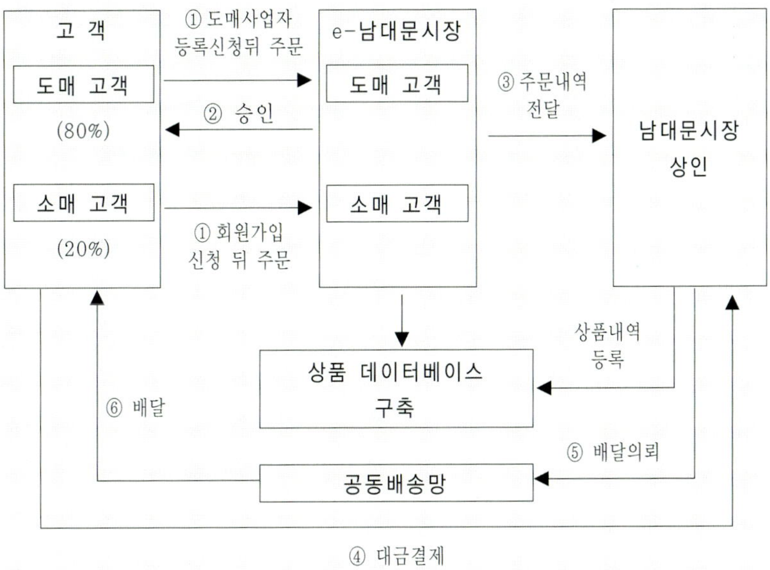

남대문시장에는 '매출액의 80%가 도매에서 나오고, 도매가격은 아무도 모른다'는 말이 있다. 이런 특성 때문에 남대문 시장은 'e-남대문'사이트에 도매가격을 감추는 시스템 개발에 공을 들였다. 상인들이 도매가격을 공개하는 데 부담을 느꼈기 때문이다. 프로그램 개발에 든 비용은 모두 10억원.

시범운영 결과에 대해 상인들은 '비교적 만족스럽다'는 반응이다. 하루 평균

2000여건이 접속했고 30여 건의 소매거래가 이루어졌다. 그러나 도매가격을 가린 탓에 도매거래 건수는 집계되지 않았다.

이 사업에 참여한 점포는 현재 남대문시장 등록 점포 5400개 중 10%정도인 560개. 의류·액세사리·잡화 등 2만8000여종의 상품이 판매목록에 올랐다. 미도양행의 정동파(48)사장은 “2002년 월드컵 대회 때 DM발송(직송메일) 서비스를 했는데 매출의 30% 정도 늘었다.”며 “이번에는 시장 차원에서 전자상거래를 도입한 만큼 매출이 더 늘어날 것”이라고 기대했다. 남대문시장은 외국 바이어가 고객의 70%인 액세서리 부문을 위해 조만간 영문 사이트도 열 계획이다.

(중앙일보 2004. 9. 7)

Check Point

시대에 따라 유통의 역할은 변하는가?

유통의 본질적인 역할은 단순히 생산과 소비를 연결시켜 주는데서 끝나지 않고 생산자가 생산한 상품의 효용과 부가가치를 유통과정에서 증가시키는데 있다. 그리고 이러한 유통의 본질적 역할은 온라인유통이든, 오프라인유통이든 동일하다.

유통업체는 단순히 생산과 소비를 연결하는 역할이외에 유통활동을 통해 생산자가 생산한 상품의 효용과 부가가치를 재창조해야 된다. 효용(Utility)이란 재화나 서비스를 소비(사용, 소유)함으로써 얻게 되는 만족, 즉 즐거움을 말한다. 따라서 생산자가 생산한 상품이 실체적 매장이든 사이버 공간이든 유통활동을 통해서 그 상품가치가 높아져 소비자에게 큰 만족을 한 아름 안겨줄 때 유통은 본질적 역할을 다하고 있는 것이다.

유통의 역할을 이해하는데 또 하나 중요한 기본적인 개념은 온라인유통이든 오프라인유통이든 유통은 비즈니스라는 점이다. 비즈니스란 철저히 Give & Take가 요구된다. 유통업체가 생산자와 소비자에게 줄 수 있는 건 유통의 역할을 충실히 수행하는 것이고, 이를 통해 유통업체는 생산자와 소비자로부터 반대급부와 신뢰를 얻어 발전할 수 있다.

생산자와 소비자에 대한 유통의 역할이란 무엇인가?

유통업체는 자신의 역할을 한 번 더 생각하면 된다. 유통업체는 생산자가 생산한 상품을 소비자에게 단순히 판매만하지 말고, 유통과정에서 상품의 부가가치를 증가시켜 소비자에게 전달하여 소비자의 만족을 극대화할 수 있는 차별화된 전략을 마련해야 한다.

유통업체의 차별화된 유통활동에 의해 부가가치가 증가한 상품과 서비스에 만족한 소비자는 그 상품을 더욱 애용하게 되고, 입소문으로 인해 그 상품의 판매는 더욱 증가하게 된다. 결국 생산자는 유통업체의 효율적인 유통활동에 의해 상품 매출액이 증가하게 된다.

이처럼 유통업체가 소비자에게 만족을 주고 생산자의 상품판매를 증가시켜 주면 유통업체가 생산자와 소비자로부터 얻는 반대급부는 무엇인가?

무엇보다 소비자는 그 유통업체의 단골이 되고, 자진해서 무임금으로 그 유통업체의 설득력 있는 판매원이 되어 방방곡곡으로 입소문을 내준다. 아주머니들의 입이 얼마나 무서운가... 결국 유통업체는 단골이 늘게 되고 이는 성장의 주춧돌이 된다.

또한 생산자도 자사의 상품판매를 획기적으로 증가시켜 준 유능한 유통체와 그렇지 못한 유통업체에게 똑같은 대접을 할 수 있을까?

자사의 상품판매를 지속적으로 증가시키고 싶은 생산자라면 당연히 이 금쪽 같이 이쁜 유통업체에게 파격적인 거래조건을 제시하고, 지속적인 관계유지를 애타게 원하게 된다. 그럼 유통업체는 구매비용도 줄이면서 안정적인 상품거래선을 확실하게 확보하게 된다.

전 세계적으로 최근들어 많은 온·오프라인 대형 유통업체들이 그 명성과 화려함을 뒤로 하고 역사 속으로 사라지는 기업이 있는가 하면 무명의 온·오프라인 유통업체가 해성처럼 나타나서 관련업계를 평정하는 사례가 증가하고 있다.

막대한 자본과 명성에도 불구하고 실패한 온·오프라인 유통업체와 소규모 자본과 무명의 핸디캡에도 불구하고 성공한 온·오프라인 유통업체의 차이는 무엇일까?

정답은 유통의 본질적인 역할과 비즈니스의 본질에 충실한 업체와 그렇지 않은 업체의 차이에 있다. 아무리 세상이 천지개벽을 해도 본질이 바뀌는 것은 결코 아니다. 우리가 역사를 배우는 것도 아무리 과학문명이 발달해도 인간의 사고와 본질은 바뀌지 않고 역사는 되풀이되기 때문이다. 과거로부터 교훈을 얻어 시행착오를 줄이는 노력은 유통에서도 예외없이 적용되는 실체적 진실이다.

Check Point

유통과 언론(言論)의 공통점은?

지방에 사는 대다수의 사람들은 서울에 있는 정치인들이 어떤 말을 했는지 직접 알 수가 없다. 알 수 있는 방법은 일반적으로 텔레비전, 신문 등의 언론을 통해서 이다. 그런데 만약 신문이 정치인의 참신한 생각을 왜곡 보도한다면 신문구독자는 진실과는 거리가 먼 거짓을 진실로 알게 된다.

유통도 언론과 마찬가지로 생산자가 생산한 제품을 소비자에게 어떤 방법으로 전달하느냐에 따라 상품의 부가가치를 증가시켜 소비자에게 만족을 줄 수도 있고, 멀쩡한 상품의 질을 하락시킬 수도 있다.

■ 유통과 언론의 관계

생산자 → 유통기관 → 소비자

(정치인의 발언) (신문사의 사설) (신문구독자)

5. e-유통의 효용창출

온·오라프라인 유통은 생산과 소비간의 소유, 시간, 장소, 품질적 간격을 조정해서 상품과 서비스의 효용을 높여 상품가치를 증가시키는 역할을 해야 한다.

1) e-유통의 소유효용

유통의 소유효용이란 생산자와 소비자 중간에 유통업체가 개입하여 교환과정을 촉진하는 역할을 하는 것을 말한다. 즉, 생산자가 생산한 상품을 소비자가 소유할 수 있도록 유통업체가 도와줌으로써 발생되는 효용을 말한다. 유통업체는 상품의 소유권이 생산자로부터 소비자에게 이전될 수 있도록 도와주는 역할을 한다. 유통업체의 개별적인 수집(구매), 분산(판매)에 의해 상품의 소유권이 생산자로부터 소비자에게로 이전한다.

유통업체가 생산자와 소비자사이에 개입하여 생산자와 소비자사이의 교환과정을 보다 단순화시켜 상거래를 효율적으로 할 수 있다. 개별 유통업체들의 수집과 분산의 과정이 없다면 생산자에게서 소비자로의 소유권 이전은 복잡한 절차와 많은 비용을 수반해야 된다.

2) e-유통의 시간효용

유통의 시간효용은 유통업체가 상품이나 서비스를 소비자가 원하는 시간에 공급함으로써 발생하는 효용을 말한다. 유통은 보관을 통해 생산과 소비의 시간적 간격을 해소하여 상품의 효용을 증가시키는 역할을 한다. 농산물은 항상 생산시기가 정해져 있는데 소비자는 비생산시기에도 소비를 원해 생산과 소비의 시간적 간격이 발생하는데 이러한 간격을 유통이 보관활동을 통해 시간적 효용을 창조한다.

3) e-유통의 장소효용

유통의 장소효용은 유통업체를 통해 소비자가 편리한 장소에서 상품을 구매할 수 있을 때 발생되는 효용을 말한다. 유통은 생산과 소비의 장소적 간격을 운송을 통해서 해소하여 상품의 효용을 창조한다. 만약 유통업체가 없다면 생산자는 소비자를, 소비자는 생산자를 서로 찾아 나서야 한다. 유통업체의 장소적 효용창조로 인해 장소적 수요조절이 가능하고, 사용가치를 높여 가격의 평준화가 이루어진다.

4) e-유통의 수량 및 품질 효용

유통의 수량 및 품질 효용은 생산자와 소비자 간에 발생하는 상품양과 상품품질의 불일치를 조정하여 효용을 창조하는 역할을 말한다. 일반적으로 생산업자는 소수의 상품라인으로 대량생산하여 소수의 상품을 대량으로 판매하기를 원하고, 소비자는 다양한 상품을 소수로 구매하기를 원하는 경우가 많은데 이러한 양자 간의 입장 차이에서 발생하는 상품 판매량 및 구매량의 불일치를 유통업체가 조정하는 역할을 한다.

유통업체는 수집과 분산을 통해 생산자의 대량 판매욕구와 소비자의 소량 구매욕구간에 발생하는 수량의 차이를 조정한다. 또한 유통업체는 상품의 품질을 등급 매김과 상품선별을 통해 생산자와 소비자 간에 발생하는 품질을 둘러싼 시각 차이를 조정하여 유통의 품질 효용을 높인다.

특히 유통업체는 개별 생산자가 생산한 다양한 품종, 품질의 상품을 조합하여 새로운 품질 및 수량의 효용을 창조하여 상품의 부가가치를 증가시키고 소비자의 효용을 증대시키는 역할을 수행한다. 소비자는 유통업체의 수량 및 품질 효용의 창조 역할을 통해 원하는 품질과 수량의 상품을 구매할 수 있다.

Check Point

소비자가 원하는 양만큼의 상품을 구매할 수 있는 효용창조

(소 한마리)

만약 정육점 등의 유통업체에서 소고기를 팔지 않고 축산농가에서 소고기를 직접 판매한다면 축산농가에서는 자금회수 및 부패위험 등으로 인해 소 한마리를 한 번에 판매하려고 할 것이고, 개인소비자는 잔치집이 아니고서는 소 한마리를 구매하기는 현실적으로 곤란할 것이다. 이때 축산농가와 개인 소비자간의 수량적 불일치를 조정하고 축산농가와 소비자모두에게 만족을 주는 유통업체의 역할이 유통이 창조하는 수량효용이다. 즉, 유통업자가 축산농가로부터는 소 한마리를 구매해서 개인소비자들이 원하는 양만큼 분산 판매하면 축산 농가는 소 한마리를 한 번에 팔아서 좋고, 개인소비자는 원하는 양만큼만 소고기를 살 수 있어 좋고...... 누이 좋고 매부 좋고!!

Check Point

유통기관이 소비자가 원하는 품질의 상품을 구매할 수 있는 효용창조

(좋은데)

어느 화창한 토요일 오후 아빠와 꼬마가 외식을 하기로 결정했다. 그럼 어디로 갈 것인가? 아빠와 아들은 둘 다 그냥 좋은 데로 가자고 했고, 아빠는 큰 마음먹고 일식집으로 갔다. 문제는 여기서부터이다. 아빠가 생각하는 좋은 것은 생선회, 꼬마가 생각하는 좋은 것은 피자였다. 이 경우 아빠는 생색은커녕 꼬마의 나온 입을 어떻게 하면 원위치하나 고민 아닌 고민을 해야 한다. 물론 가정의 평화를 위해 다시 피자집으로 가야겠죠.

이러한 경우는 가정집에서 뿐만 아니라 일상생활속의 의 상거래에서도 발생한다. 예를 들어 한 가정주부가 꼬마에게 제일 품질 좋은 쌀을 사오라는 심부름을 시켰는데 판매되는 쌀이 등급별로 분류되어 있지 않다면 농민, 가정주부, 꼬마가 생각하는 좋은 쌀의 품질은 각각 다를 수 있다. 이러한 품질적 차이를 유통기관은 일정한 표준으로 검사 및 선별하여 소비자의 선택에 편리를 주고 있는데 이를 유통기관이 창조하는 품질적 효용이라고 한다.

6. 유통경제

유통산업의 거시경제에 대한 효과는 아래와 같이 네 가지 메커니즘을 통하여 나타난다.

(1) 유통산업이 발전하면 소비자의 구매과정의 편리성 향상 등으로 인해 민간소비가 증가한다.

(2) 유통산업의 발전은 상품 및 부품 공급업체간의 경쟁을 가속화하여 생산원료 및 부품의 가격을 절감시켜 생산자물가(PPI)를 낮춘다.

(3) 유통산업의 발전은 소매업체간 경쟁을 촉진시켜 판매가격 인하와 소비자물가를 하락시킨다.

(4) 유통산업의 성장은 2000년대 초 미국의 월마트 효과(Wll-Mart Effect)처럼 총요소생산성의 증가를 직접적으로 가져오는 효과가 있다.

(5) 유통산업의 발전은 외국인직접투자(FDI)의 증가에 의해 유인된 총요소생산성의 증가로 생산자물가를 낮춘다.(서용구, 2006. 14)

〈표 1〉 유통산업성장률, 경제성장률 및 유통산업의 7년간 평균 성장기여도

(단위 : %, %포인트)

	전체(1990～2003)	1989～1995	1996～2002	2003
유통산업성장률	7.4	6.1	4.2	-3.0
경 제 성 장 률	7.2	7.8	4.8	3.1
기 여 도	8.6	5.8	7.5	-6.7

자료 : 한국은행(2005).

【그림 2】 유통산업 성장의 거시경제적 효과 및 전달과정

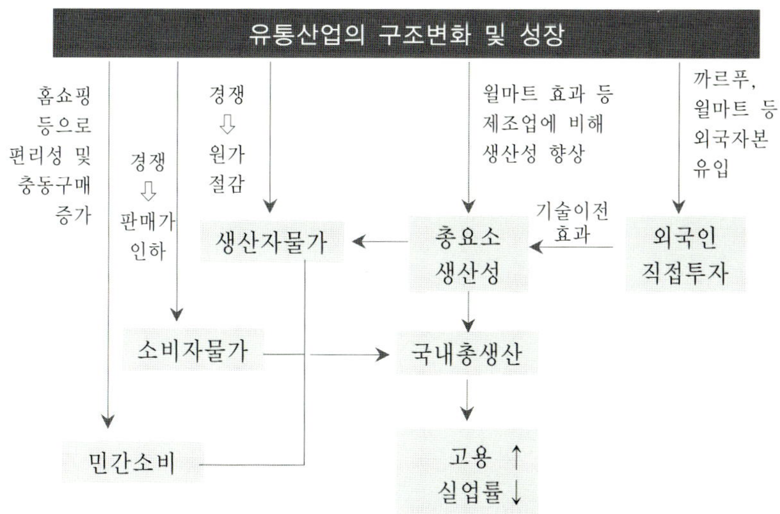

제2장

e-유통의 핵심개념

1. 유통의 구성 요소와 기본 개념

[유통경제]

유통경제란 상품, 서비스, 화폐의 흐름을 말한다.

[유통활동]

유통활동은 상품 및 서비스의 이전활동을 말한다. 일반적으로 유통은 생산 및 소비와의 관계에 있어서 종속적이고, 유통과정은 생산과정과 소비과정의 변화에 의해 영향을 받는다. 이러한 유통활동은 상적유통과 물적유통으로 나누어진다. 상품의 이전은 소유권 이전의 상적유통과 물리적 이전의 물적유통으로 구분할 수 있다.

[상류]

상류(상적유통; Commercial distribution)는 소유권이전 활동이다. 즉, 상류는 상품 매매 자체를 말하는 것으로 구입과 판매와 같은 상거래를 통해 상품의 소유권을 이전하는 유통활동을 말한다. 일반적으로 유통과정에서 상품의 소유권은 생산자 → 도매상 → 소매상 → 소비자로 이전된다. 과거에는 유통활동을 상류활동으로만 인식하였다.

[물류]

물류(물적유통; Physical Distribution)는 상품의 물리적 이전 및 관리에 관계되는 활동으로 상거래가 성립된 후 상품의 물리적 이전에 관계되는 유통활동이다. 물리적 이전활동에는 수송, 보관, 하역, 포장, 정보 등의 개별 활동이 뒷받침 되어야 하므로 이를 가리켜 물류의 5대 기능 및 물류의 구성요소라고 한다. 이러한 물류의 개별 구성요소들은 정보를 통해 연계된다.

유통기관이 상류(판매)를 잘하여 상권이 확대되면 일반적으로 매출액에서 차지하는 물류비도 증가하게 되어 물류관리의 필요성을 더욱 느끼게 된다. 예를 들어 일산에 있는 할인점이 상류를 잘하여 상권이 분당까지 확대된다면 상권이 근거리일 때와는 달리 물류비(운송비, 보관비, 하역비, 포장비, 정보비)가 급증하여 물류관리의 중요성이 커진다. 또한 과거에는 상류와 물류는 개별 활동으로 인식되었으나 최근에는 정보시스템의 발달로 인해 상류활동과 물류활동이 하나의 유통시스템으로 연결되어 있다.

〈표 2〉 유통기능별 주체분류

구분	담당 구성원
상적 유통기능	생산자, 도매상, 소매상, 소비자(가계, 소비자 단체, 협동조합)
물적 유통기능	운송업자, 창고업자
정보 유통기능	유통VAN업체, 유통DB업체
부가적 유통기능	보험회사, 금융기관(은행, 카드사)
조정기관	정부, 지방자치단체, 업계단체(사단법인 · 시민단체)

자료: 고창룡(2008).

[유통산업]

유통산업은 도매업, 소매업, 메이커의 판매부분을 의미한다. 유통업은 상품 및 서비스의 유통활동에 종사하는 개인이나 회사를 말하는 것이다.

【그림 3】 표준산업 분류 체계도

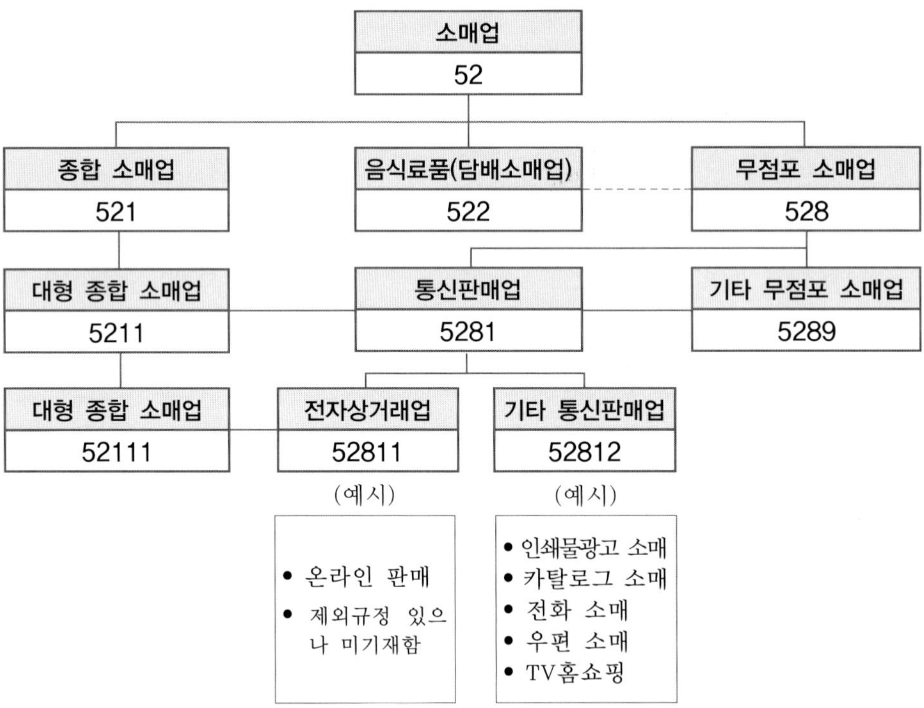

자료: 김윤태(2006)

[유통업]

유통업은 도매업과 소매업으로 분류된다. 도매거래란 최종소비자와의 거래를 제외한 모든 거래를 의미한다.

[도매업]

도매업은 제품을 소매업 및 산업체 등에 판매하는 유통업을 의미한다.

[소매업]

소매업은 최종소비자에게 상품이나 서비스를 판매하는 것을 주요 업무로 하는 기업이나 상인을 의미한다. 소매업은 점포판매뿐만 아니라 방문판매, 통신판매, 무점포판매, 요식업판매까지 포함한 개념이다.

[Vendor]

벤더는 선진국에서는 오래전부터 정착된 유통업자로 편의점이나 슈퍼마켓 등에 특화된 상품을 공급하는 다품종 소량도매업을 의미한다. 예를 들어 최근 벤더는 특정 상품에 따라 잡화벤더, 냉동벤더, 냉장벤더 등으로 세분화되어 있다(박금용, 2007: 308).

[유통우회도]

유통우회도는 도매 매출액/소매 매출액으로 한 나라 및 지역의 도매업 비중을 알 수 있는 지표이다. 한국과 일본은 대략 각각 1과 4로 우리나라 도매업 비중은 일본에 비해 낮음을 알 수 있다.

【그림 4】 일본 근대화기의 WR 비율

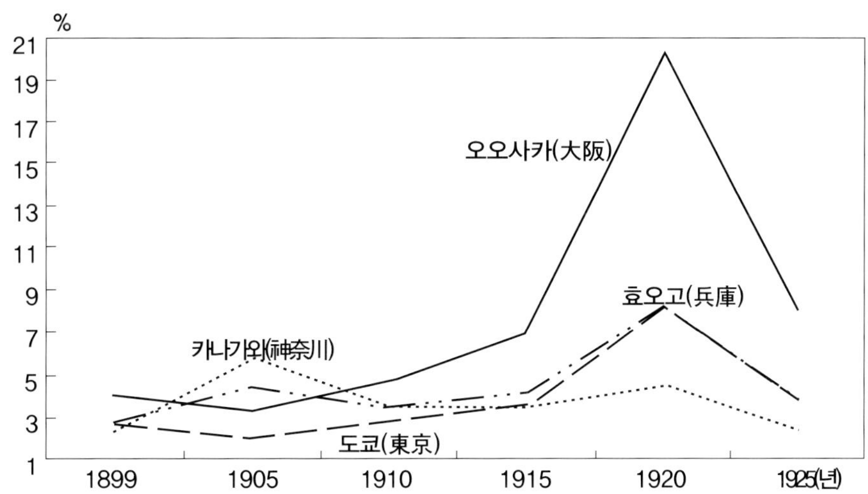

자료: NRI(2008).

[머천다이징]

머천다이징(Merchandising)이란 다양하게 정의되는데 일반적으로 상품화계획으로 팔릴 수 있는 상품만들기로 정의할 수 있다. 머천다이징은 생산단계에서는 제품화계획(Product Planning)과 비슷한 뜻으로 사용되고, 유통단계에서는 상품구색을 갖춘다는 의미로 사용된다.

[머천다이저]

머천다이저(Merchandiser: MD)는 대형소매점의 구매담당자를 의미한다. 구매담당자는 다양한 상품 중에서 자신이 속해있는 매장에 가장 적절한 상품과 적절한 거래처를 판단해야 하고, PB상품의 개발, 판촉, 진열까지도 담당해야 한다.

구미선진국의 대형소매점은 상품별로 여러 명의 머천다이저가 있고, 머천다이저의 양성기간은 10년 이상이 소요된다.[1] 소매점의 성공요인은 어느 소매점이 상품별로 더 유능한 머천다이저를 확보하고 있느냐에 달려 있다.

[서비스 머천다이저]

서비스 머천다이저(Service Merchandiser)라는 도매업태는 미국의 도매경영 혁명으로 발전하였다. 서비스 머천다이저는 슈퍼마켓이나 편의점 등의 식품계 소매점의 식품부문(Nonfood)이외의 매장의 상품구성, 판매기획, 진열장 개발, 가격표 부착, 진열, 상품보충과 같은 머천다이징에 관한 모든 프로그램을 일괄 제공하여 매장의 활성화를 도모하였다[2]. 도매업체가 이러한 서비스머천다이저로 역할을 수행하려면 매장운영 기법과 물류 및 유통정보에 대한 노하우를 개발하여야 한다.

[수직간 경쟁]

유통시장에서 수직간 경쟁이란 최종소매점에 대한 판매를 놓고 유통경로에서 수직적인 관계에 있는 생산자, 1차 도매업, 2차 도매업 등이 치열한 경쟁을 하는 것을 말한다.

[수평간 경쟁]

유통시장에서 수평간 경쟁이란 유통경로에서 수평적인 관계에 있는 도매업간에 또는 최종소매업간에 치열한 경쟁을 벌이는 현상으로 백화점간에 경쟁, 슈퍼마켓간의 경쟁을 사례로 들수 있다.

---

1) 일본경제연구소편저, 「알기 쉬운 유통비즈니스」, 한국산업훈련연구소, 1997. pp. 123-124.
2) 전게서, p.44.

[업태간 경쟁]

유통시장에서 업태간 경쟁이란 유통단계별로 상이한 업태간의 경쟁을 말하는 것으로 도매단계에서 종합도매상과 전문도매상간의 경쟁, 소매단계에서 슈퍼마켓과 편의점간의 경쟁을 예로 설명할 수 있다.

[상품회전율]

상품회전율(ratio of stockturn)은 일정기간에 상품이 몇 번 회전했는가를 표시하는 비율로 상품매출액(또는 매상원가)을 평균재고로 나눔으로써 구할 수 있으며 이 비율이 클수록 상품의 회전율이 높다. 상품회전율이 높을수록 자본의 회수기간이 짧으며, 많은 이윤을 확보할 수 있다[3].

[후배지인구율]

후배지인구율은 상권인구의 합계가 그 도시인구의 몇 배가 되고 있는가를 나타낸다. 예를 들어 후배지인구율이 1이라는 것은 그 도시인구만이 상권인구임을 보여주는 것이다.

2. 유통현상을 설명하는 유통이론

인간이 경제생활을 영위하는데 유통은 꼭 필요한 존재인가?, 또는 한창 잘나가던 기존의 유통업체가 어느 날 갑자기 소리소문없이 사라지고, 듣도 보도 못한 새로운 유통업태가 유통시장을 석권하는 소매업태의 변화는 무엇 때문인가?... 이러한 유통시장의 질문들에 대한 답을 이론적 고찰을 통해서 살펴보면 다음과 같다.

1) 총 거래수 최소의 원칙

총 거래수 최소의 원칙은 유통이 과연 필요한 존재인가에 대한 원론적인 질문에 답을 주는 이론으로 한 사회에서 유통업체가 생산자와 소비자의 중간에 존재함으로 인해 생산자와 소비자간의 직접거래에 비해 거래 빈도수 및 거래비용이 낮아진다는 이론이다.

우리는 일반적으로 유통이 존재함으로 인해 불필요하게 판매단계가 길어지고 비용이 증가한다고 생각하는 경향이 있는데 이는 잘못된 생각이다. 예를 들어 김장을 할 때 만약 유통업체가 존재하지 않는다면 우리 주부들은 배추를 사려고 밭으로, 김장양념을 사려고 바다와 산을 헤집고 다녀야 한다. 이처럼 한 사회에서 생산과 소비사이에 유통이 존재함으로 인해 오히려 수 많은 생산자와 소비자간의 총거래 수는 줄어든다.

3) 한국유통교육협회, 「신유통용어사전」, 도서출판 두남, 2000, pp.174-175.

또한 유통과정에 중간상이 없다면 생산자는 전국의 많은 소매업체와 일일이 거래를 해야 하는데 생산자가 지역별로 중간상을 통해 거래를 하면 인적, 물적 자원을 줄일 수 있다.

2) 분업의 원리

분업의 원리는 유통까지도 생산자가 다 하는 것이 좋은가?, 아니면 생산자는 생산에만 전념하고 유통은 유통업체가 하는 것이 좋은가?에 대한 이론적 접근이다.

사람은 누구나 한 가지 재주는 타고 난다고 한다. 곰도 구르는 재주가 있다고 한다. 이처럼 세상 모든 것에는 다 주특기가 있는데 사회 전체적으로 보았을 때 개별주체들이 각각의 주특기에 매진할 때 생산성이 증가하게 된다.

유통경제측면에서도 생산자는 생산에 매진하고 유통활동은 유통업체에 맡기는 것이 전문성과 생산성을 향상시킨다. 즉, 유통경로에서 수행되는 기능들, 즉 수급조절, 보관, 위험부담, 소비자의 니즈에 관한 정보수집 등을 생산자가 모두 수행하기 보다는 전문성을 갖춘 유통업체가 수행하는 것이 비용측면이나 생산성측면에서 더욱 효과적이다.

3) 집중준비의 원칙

집중준비의 원칙은 유통과정에 도매상과 같은 중간상이 개입하여 생산자나 소매상이 보관할 재고량을 일정량 분담함으로써 사회 전체적으로 상품의 보관 총량을 감소시킬 수 있고, 소매상과 생산자는 최소량만 보관할 수 있다. 예를 들어 생산자가 전국의 소매점에 상품을 판매할 때까지 상품을 집중 보관한다면 생산자는 대규모 창고를 건립하여 많은 재고량을 부담해야 되고, 소매상도 자체 창고를 마련하여 운영해야 한다.(박금용, 2007: 19)

4) 소매수레바퀴이론

소매수레바퀴이론은 1958년 하버드대학의 맥나이어 교수에 의해 정립된 이론이다. 이 이론은 소매기관들이 처음에는 혁신적인 형태에서 출발하여 성장하다가 새로운 혁신 유통업태에게 자리를 양보하고 사라진다는 이론이다(고창룡, 2008: 32). 수레바퀴가 쉼 없이 돌아가는 것처럼 유통시장은 항상 고가격, 고마진, 고서비스 방식으로 운영되는 기존의 소매업태가 저가격, 저이윤, 저서비스방식의 신규 소매 업태로 수레바퀴의 순환처럼 반복적으로 대체된다는 이론이다.

즉, 시장을 선점하고 있는 기존의 유통업체는 동일 유형의 신규 소매업체가 시장에 진입하여 이들 사이에 경쟁이 격화되면 경쟁적 우위를 확보하기 위해 상대적으로 세련된 점포시설과 차별화된 서비스를 추구하게 되어 성숙기에는 고비용, 고가격, 고서비스 소매점의 위치에 서게 되고, 저가격, 저마진, 저서비스의 신규 업체에게 자리를 내주게 된다(안영일, 2006: 11).

【그림 5】 소매기관 변화의 소매수레바퀴이론

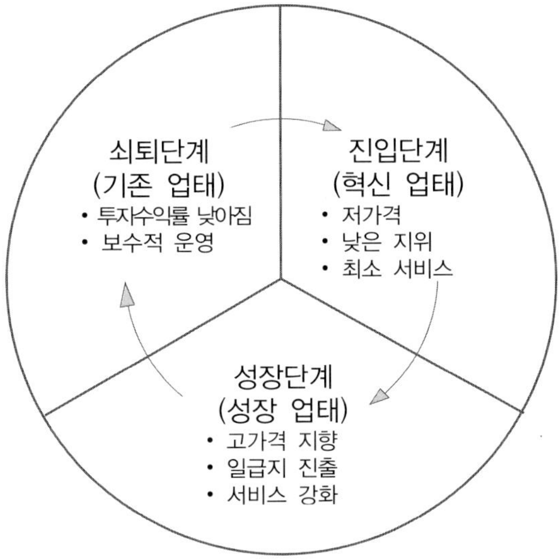

자료: Lewison(1997).

소매수레바퀴가설은 유통시장에서 전문점이 백화점을 거쳐 할인점으로 대체되는 현상을 설명할 수 있는 이론이다. 이 이론은 항상 저서비스만이 저가격을 가져올 수 있다고 가정하고 있는데 저가격은 저서비스뿐만 아니라 물류합리화와 같은 경영합리화 및 규모의 경제를 통해서도 달성할 수 있다.

〈표 2〉 수레바퀴이론

구분	도입기	성장기	쇠퇴기
성격	혁신적 소매상	전통적 소매상	성숙 소매상
시장지위	진입	성장	쇠퇴
영업특성	- 저가격 - 최소의 서비스 - 제한적인 제품구색	- 고가격 - 차별적 서비스 - 다양한 제품구색	- 고가격 - 고품질・고서비스 - 투자수익률 감소

자료: 박금룡(2007).

5) 소매적응행동이론

유통시장은 다윈이 주장한 진화론의 자연도태설처럼 유통환경 변화에 가장 잘 적응한 소매업태는 살아남고, 유통환경 변화에 적응하지 못한 소매업태는 유통시장에서 도태된다는 이론이다. 소매업태가 변화무쌍한 소비자의 수요변화와 사회·경제적인 변화에 적응하면서 생성, 발전, 쇠퇴한다는 이론이다.

6) 소매아코디언이론

소매아코디언 이론은 1963년 브랜드(E. Brand)에 의해 전개되어 1966년 홀랜더(S.C Hollander)에 의해 명명된 이론이다. 이 이론은 미국의 소매업의 발전을 판매되는 상품계열의 특성으로 설명한 이론이다(고창룡, 2008: 32).

즉, 유통업체에서 판매하는 상품구색이 넓은 소매업태에서 전문화된 좁은 상품구색의 소매업태로 변화되었다가 다시 넓은 상품구색의 소매업태로 변화되어 간다는 이론이다.

【그림 6】 소매기관 변화의 아코디언이론

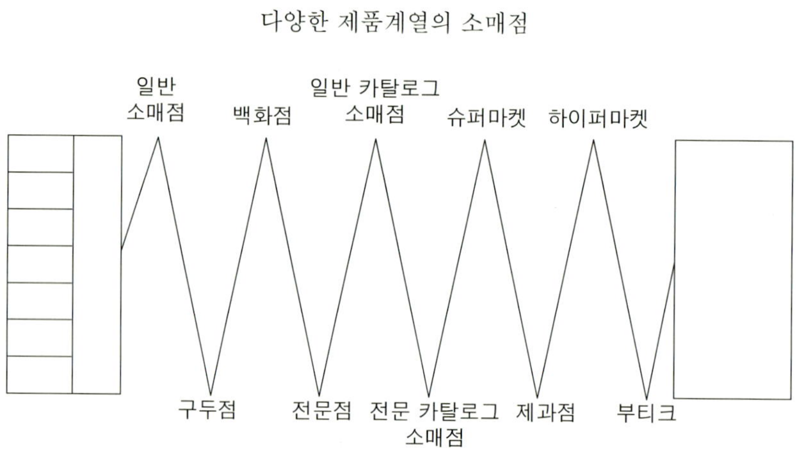

자료: Lewison(1997).

실제로 유통시장은 항상 다종다양한 상품을 취급하는 소매업태에서 한정적이고 전문적인 상품을 취급하는 소매업태로 아코디언처럼 줄었다, 늘었다 하는 과정을 반복하여 발전하고 있다. 유통업체는 유행처럼 전문점에서 종합점으로, 다시 종합점에서 전문점으로 변화를 반복하고 있다.

7) 소매변증법이론

【그림 7】 소매기관 변화의 변증법적 이론

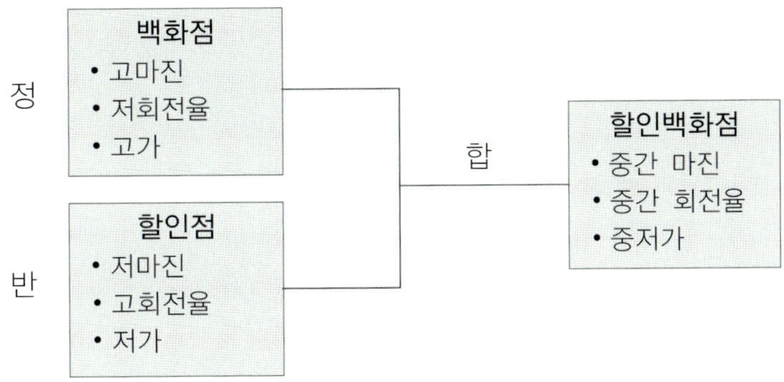

자료: Lewison(1997).

유통시장은 헤겔의 정(正)-반(反)-합(合)의 변증법이론처럼 기존의 소매업태(正)가 새로운 소매업태(反)의 장점을 받아들여 혁신적인 소매업태(合)로 변해간다는 것이다. 기존의 소매업태는 혁신적인 소매업태를 완전히 모방하는 것이 아니고 그 전략이나 전술만을 받아들여 새로운 소매업태로 변화를 거듭하게 된다.

1990년대 중반 미국에서 월마트가 주도하여 슈퍼마켓과 할인점을 결합하여 개발한 슈퍼센터(super center)라는 신업태는 전통적으로 식품부문이 강한 슈퍼마켓과 비식품부문의 저가격을 강점으로 가지고 있는 할인점을 결합한 신업태이다. 슈퍼마켓(正)과 할인점(反)의 복합 형태인 슈퍼센터(合)는 폭 넓은 식품부문의 제품구색과 생필품 등 비식품부문에서의 가격할인을 특색으로 한다.[4] 또한 전문점(正)과 할인점(反)의 복합 형태인 카테고리킬러(合)도 변증법이론의 설명할 수 있다.

8) 소매공룡멸종이론

소매공룡멸종이론에 따르면 기존 상거래만을 고집하는 소매업체들은 시장에서 점차 퇴출된다. 공룡처럼 느리고 과거의 생존 방식에 너무 집착하기 때문이다[5].

9) 소매수명주기이론

소매수명주기이론은 메이슨(J.B. Mason)과 메이어(Morris L. Mayer)에 의해 정립된 이론이다. 소매수명주기이론은 어떤 신제품이 시장에 도입되고 보급, 발전되어 성숙

4) 민경휘외, 「유통신조류와 물류혁신」, 을유문화사, 2000, pp.27-28.
5) 물류와 경영, "유통업태별 EC파급효과 및 e-business전략", 2000.6, p.85

기에 접어들었다가 다른 신제품의 개발 등에 따라 판매량이 줄어들게 되는 일련의 과정을 의미한다(고창룡, 2008: 101). 한 사회에서 소매점의 유형이 개발기, 도입기, 성장기, 성숙기, 쇠퇴기의 단계를 거치면서 성장과 쇠퇴를 한다는 것이다.

【그림 8】 우리나라 소매업태의 소매수명주기상에서의 위치

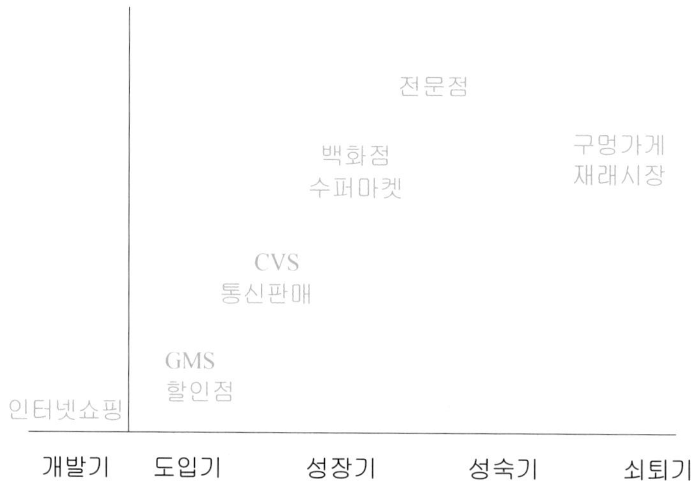

〈표 3〉 제품수명주기 단계별 특징과 대응전략

구분		도입기	성장기	성숙기	쇠퇴기
특징	판매	낮다	빨리 증가	천천히 증가	감소
	이익	없다	조금씩 증가	가장 많다	감소
	경쟁자의 수	아주 적다	증가	많다	감소
마케팅 전략	전략의 초점	시장침투	시장의 확대	시장점유율 방어	수확 또는 철수
	유통	제한되어 있다	표적시장 거의 전체	표적시장 전체	유통망의 축소
	가격	높다	높지만 낮아짐	낮다	낮다
	제품	문제점 보완	개선	차별화	원가절감 합리화
	광고SP의 주된 목표	제품에 대한 홍보	경쟁사보다 우수한 점 알림	자사제품 차별성 알림	제품의 존재 상기
마케팅예산		많다	많다	적어진다	적다

자료: 고창룡(2008).

【그림 9】 히트 상품 수명주기의 연대별 비교

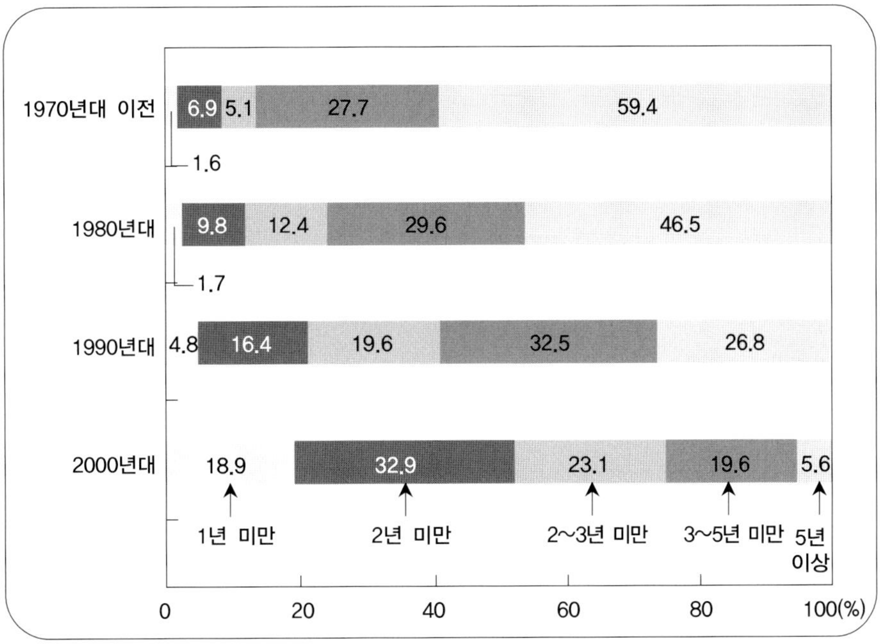

주: 1. 히트 상품이란 당해기업의 인기 상품을 말함.
2. 전에는 히트 상품이었으나 현재는 잘 팔리지 않는 상품을 대상으로 함.

자료: NRI(2008).

제3장
유통과 전자상거래

1. 유통과 전자상거래, 온라인유통의 관계

최근 들어 전자상거래라는 용어가 유통이라는 용어보다 일반인들에 더 익숙하게 느낄 정도로 우리는 전자상거래의 홍수에 살고 있는지도 모르겠다. 그런데 전자상거래와 유통은 어떤 관계인가?

유통과 전자상거래의 관계는 유통의 한 부분이 전자상거래라고 정의할 수 있다. 좀 더 정확하게 말하면 전자상거래는 수 많은 유통경로 중에 하나라는 점이다. 예를 들어 우리나라의 대표적인 유통업태인 할인점의 최근 판매방법을 보면 과거처럼 오프라인(할인점 매장)에서 상품을 판매할 뿐만 아니라, 할인점의 웹사이트인 온라인상에서 상품을 판매하는 경우가 증가하고 있다. 즉, 전자상거래는 유통의 무점포판매의 한 종류로 정의할 수 있다. 또한 전자상거래는 온라인유통의 일부분이다.

전자상거래가 활성화되면 유통에서 매장은 실체적 공간에서 사이버상점으로 변모하게 되고, 중간상의 필요성도 축소된다. 물류도 다단계 과정없이 물류센터에서 최종고객에 직접 배송되는 경우가 증가한다.

〈표 4〉 전자상거래와 유통업태별 경쟁력 비교

전자상거래의 결정요인	카탈로그업체	전통적업체	전문점	제조업체 직영점
유통 효율성	경쟁적	다소 떨어짐	다소 떨어짐	떨어짐
제품구색	경쟁적	경쟁적	떨어짐	다소 떨어짐
고객 정보수집 및 활용	경쟁적	다소 떨어짐	떨어짐	떨어짐
정보제공	경쟁적	다소 떨어짐	떨어짐	다소 떨어짐
차별적 제품제공	다소 떨어짐	다소 떨어짐	떨어짐	경쟁적

자료: Alba Joseph, et al(1997)

2. 전자상거래의 기초

전자상거래의 개념을 명확히 정의하기 위해서는 우리가 자주 쓰는 상(商)이란 용어에 대해 먼저 알아야 한다. 상(商)이란 매매(賣買)를 일컫는 말로, 상거래(商去來)란 물건을 사고파는 것을 의미한다. 전자상거래(電子商去來)란 물건을 사고파는데 그 장소가 현실공간이 아닌 사이버공간(컴퓨터와 컴퓨터간의 네트워크)에서전자통신과 디지털정보처리기술을 이용하여 전자적인 방법으로 물건을 사고파는 것을 의미한다.

이처럼 전자상거래(Electronic Commerce)는 전자적인 방법으로 인터넷과 같은 네트워크를 통한 상품 및 서비스의 매매라고 정의 할 수 있다. 국내에서 일반적으로 전자상거래라고 지칭되는 'Electronic Commerce'라는 용어는 1989년 미 국방성의 프로젝트를 수행하면서 처음 사용된 이후, 1993년 미국 연방정부가 조달행정업무의 효율화에 'Electronic Commerce'를 표방하면서 확산되었다.6) 전자상거래 문제가 본격적으로 논의된 것은 1998년 2월 미국이 전자상거래의 무관세화를 인정하는 규범이 필요함을 공식적으로 제안하면서 부터이다.

최근 전자상거래는 B2C 등 단순한 형태에서 B2B 및 B2G 등으로 확대되고 있고, 아울러 이러한 거래가 국가간의 전자무역으로까지 이어지고 있다. 과거의 단절되고 부분적인 전자상거래에서 벗어나 점차 각 부문이 연결되고, 통합적으로 확장되면서 거래뿐만 아니라, 기업의 생산 및 제조, 물류·유통, 신용보증, 기업지원 서비스 등으로 심화·확대되고 있다.

〈표 5〉 주요기관의 전자상거래 정의

OECD(1997)	전자상거래란 개인과 조직 모두를 포함해서 텍스트, 음성, 화상 등을 포함한 디지털데이터의 처리전송을 기초한 상업활동과 관련된 모든 종류의 거래를 말한다.
미국방부(1996)	종이로 된 문서를 사용하지 않고 EDI, 전자우편, 전자게시판, 팩스, 전자자금이체 등과 같은 정보기술을 이용한 상거래
European Commission(1997)	전자상거래란 데이터, 음성, 화상 등을 포함한 데이터의 전자적 처리와 전송을 기반으로 기업의 업무를 전자적으로 수행하는 방식이다
ECOM(1996)	전자상거래란 여러 종류의 컴퓨터 네트워크를 통하여 제품설계, 제조, 광고, 상업적인 거래, 회계정산 등을 포함하는 다양한 활동을 수행하는 방식을 말한다.
Anderson Consulting (1999)	전자상거래란 개방네트워크를 통해서 기업과 기업, 최종소비자 및 공공단체사이에 발생하는 상거래를 말한다.

6) 김창규, "중소기업 물류경영 정보화를 위한 CALS/EC 전략, 통상정보", 한국통상정보학회, 1999.7

전자상거래 기본법	재화나 용역의 거래에 있어서 그 전부 또는 일부가 전자문서에 의하여 처리되는 거래(전자거래기본법 제2조 제4호)
한국전산원(1997)	전자적 방식을 이용하여 전자 공간상에서 이루어지는 상거래와 이에 필요한 제반 정보를 교환하는 방식

3. 전자상거래 비즈니스의 특징

일반적인 상거래과정을 구매자 입장에서 살펴보면 가장 먼저 어떤 물건을 살 것인지 다양한 정보를 얻는 단계가 있고, 특정 상품을 구매하기로 결정한 다음에는 상품주문 및 대금지불 그리고 판매자로부터 소비자에게 상품 배송단계가 있는데 일반 상품의 전자상거래는 배송의 물류단계가 온라인거래에서 제외된다.

즉, TV를 전자상거래를 통해 구매하는 경우 정보탐색, 상품주문 및 대금지불은 온라인상에서 전자상거래를 통해 할 수 있지만 TV를 통신회선을 통해 최종소비자에게 전달할 수는 없기 때문에, 물류과정은 기존의 오프라인거래와 동일하게 해야 한다. 이러한 이유로 전자상거래에서 물류의 중요성이 더욱 부각되고 있다.

그러나 흔히 디지털제품이라고 말하는 각종 소프트웨어, 음악 등은 최종 물류과정까지 포함한 상거래의 전 과정을 다운로드형식 등으로 온라인을 통해 완결할 수 있다.

〈표 6〉 전통적 상거래와 전자상거래 비교

	전자상거래	전통적 상거래
유통경로	기업↔소비자	기업↔도매상↔소매상↔소비자
거래대상지역	전 세계	일부 지역
영업시간	24시간	정해진 영업시간
고객수요 파악	온라인으로 수시수집, 내부축적, 재입력이 필요없는 디지털 데이터	영업사원이 수집 수집된 자료의 재입력이 필요
마케팅활동	쌍방향 통신을 통한 일대일 상호작용 마케팅	구매자의 의사와 관계없는 일방적 마케팅
고객대응	고객특성의 변화를 신속히 포착하여 즉각적 대응가능	고객 특성변화에 대한 신속한 포착이 어려워 대응지연
판매거점	가상공간	물리적 판매공간

자료: 윤창인(1998)

전자상거래는 전통적인 상거래와 비교할 때 시간과 장소적 제약을 받지 않고 무한 경쟁을 할 수 있다는 특징과 함께 인터넷의 특징인 쌍방향커뮤니케이션을 활용하여 고객의 지속적인 구매기록을 확인하고 이를 통해 특정고객에게 맞춤서비스를 제공할 수 있다는 특징을 갖고 있다.

〈표 7〉 전자상거래의 문제점

소비자	온라인제품이 아닌 유형재를 전자상거래로 구매한 경우 직접 보고 확인한 상품이 아니기 때문에 인터넷상에서 본 상품과 인도시 차이가 발생할 수 있다
	너무 많은 상품에 대한 정보의 홍수로 인해 상품 구매시 오히려 혼란스러운 경우가 발생한다.
	전자상거래과정에서 개인정보가 유출될 수 있다
	전자상거래시스템의 미흡에 따른 대금결제와 보안위험이 있다
	전자상거래를 통해 상품구매는 신속히 했으나 물류시스템의 미비로 상품인도가 지연되거나 반품, 교환이 잘 안되는 경우가 발생할 수 있다
판매자	경쟁과열로 인해 도산기업이 속출할 수 있다
	글로벌비즈니스를 할 수 있는 터전은 마련되었지만 국가간 관련법규의 차이로 갈등이 발생할 수 있다
	전반적인 전자상거래의 미흡한 시스템으로 오프라인에서 얻은 명성을 훼손할 수도 있다

4. 전자상거래의 파급효과

전자상거래의 출현은 무엇보다 기존의 생산자주도의 경제체제를 소비자주도의 경제체제로 변화시킨다. 또한 전자상거래는 시장의 투명성을 증대시켜 상거래를 선진화시킨다. 그리고 전자상거래는 시간과 공간적 제약을 해소하고, 거래비용을 절감시킨다.

일반적으로 전자상거래는 기업에게 다양한 분야에서 비용절감을 가져다 준다. 즉, 전자상거래에 의한 수·발주업무로 원자재 조달비용 절감, 상점이 전자상점으로 대체됨에 따른 점포설치 및 운영비용의 절감과 고용비용을 절감할 수 있다.

그런데 문제는 이러한 비용절감이 반드시 상품가격 인하를 가져오지 않을 수도 있다는 점이다. 즉, 전자상거래에 따른 비용절감을 신기술개발 및 직원급여와 근무여건 개선비용으로 상당부분 사용한다면 상품가격 인하는 이루어지지 않을 수도 있다. 실제로 미국의 경우 전자상거래를 이용하는 소비자의 상당부분은 가격이 저렴해서가 아니라 편리성 때문으로 조사되고 있다.

그러나 어느 한 기업이 전자상거래에 따른 비용절감을 상품가격 인하로 연결할 경우 다른 기업들 또한 상품가격 인하를 하지 않고는 경쟁력을 유지할 수 없음으로 인해 상품가격은 하락되게 된다.

1) 전자상거래가 기업에 미치는 영향

제조업체는 인터넷을 통해 변화무쌍하고 다양한 소비자의 정보를 직접 얻어 데이터베이스화하여 소비자의 니즈에 부합하는 제품을 생산할 수 있고, 전자상거래를 통해 유통단계를 줄이거나 소비자와 직거래를 할 수 있다.

또한 전자상거래의 출현은 유통업체에게 새로운 기회이자 위기이다. 기존의 유통업체나 신규 유통업체는 매장관리 및 인건비가 전자상거래를 통해 대폭 절감될 수 있다는 장점이 있다. 그러나 전자상거래의 확산은 자칫 제조업체와 소비자의 직접유통기반을 제공하여 유통업체에게 위기를 가져다 줄 수도 있다. 일반적으로 전자상거래가 기업에 미치는 영향은 다음과 같다.

- 전자상거래는 유형의 점포가 필요 없기 때문에 저렴한 비용으로 상품의 전시·판매가 가능하고, 저렴한 비용으로 광고를 할 수 있다.
- 전자상거래는 기업간의 경쟁을 심화시킨다.
- 전자상거래는 정보공유를 통한 관련업체간 협력 체제를 강화시킨다.
- 고객의 인구통계학적 특성과 구매행위(구매량, 구매 시기, 구매 빈도)의 분석을 통해 개별 고객의 특성 및 욕구에 맞는 마케팅전략의 수립이 가능하다.
- 전자상거래는 사내정보공유 및 협력 체제를 강화시켜 업무효율을 높인다.
- 전자상거래는 모든 기업의 글로벌마케팅을 가능하게 한다.
- 물류업무에 대한 중요성이 커진다.

2) 전자상거래가 소비자에게 미치는 영향

전자상거래의 최대 수혜자는 소비자이다. 소비자는 상품을 구매하는데 있어 시간적·공간적 제약을 받지 않는다. 즉, 소비자는 전자상거래의 출현으로 언제, 어디서나 마우스 클릭으로 상품에 대한 다양한 정보를 쉽게 얻을 수 있고, 인터넷 출현으로 투명해진 상품가격을 비교하면서 상품을 구매할 수 있다.

소비자는 검색엔진의 도움을 받아 해당상품에 대한 여러 판매기업들의 가격정보

뿐만 아니라 유사상품에 대한 정보까지 얻을 수 있다. 이처럼 전자상거래를 통해 소비자는 상품에 대한 전문가의 의견 등의 최신정보와 유사상품과의 가격비교를 클릭을 통해 언제, 어디에서나 할 수 있다.

5. 전자상거래와 e-Business, EDI, CALS, Mobile Business

최근 인터넷과 관련된 상거래에서 EC와 더불어 혼용되어 쓰이는 용어인 EDI, CALS, e-Business의 관계는 EDI 〈 CALS 〈 EC 〈 e-Business의 관계이다.

1) 전자상거래와 e-Business

e-비즈니스는 기업의 모든 경영활동을 인터넷과 디지털정보통신기술을 활용하여 가치사슬의 변화를 촉진하고, 내외부시스템과의 정보교환 등을 통해 경영의 성과를 높이려는 비즈니스이다.

전자상거래가 기업의 경영활동 중에서 인터넷과 정보통신을 활용한 상거래에 국한된 비즈니스에 비해 e-비즈니스는 상거래를 포함한 기업경영의 모든 활동에 인터넷과 정보통신을 활용한 새로운 형태의 비즈니스라고 정의할 수 있다. 즉, e-비즈니스는 EC와 달리 제품의 기획과 개발, 제조, 생산, 유통, 소비로 이어지는 전 비즈니스과정을 인터넷과 접목시키는 것을 의미한다.

e-비즈니스의 개념은 학술적 접근보다는 IBM이 1997년 10월에 제창한 마케팅적인 캐치프레이즈로 이용되면서 대중에 급속히 전파돼 왔으며 전자화를 나타내는 Electronic의 "e"는 첨단과 변화, 네트워크를 의미하는 접두어로 사용되고 있다.

e-비즈니스는 90년대 중·후반에 웹을 기반으로 하는 인터넷 기술의 확산과 함께 성장한 이후, 기술의 성숙과 더불어 새로운 모습으로 전환을 하고 있다. 최근 들어 e-비즈니스 이슈는 상거래문제 뿐만 아니라, e-러닝, e-헬스 등 새로운 지식기반 서비스 산업 등으로 확장되고 있다. 특히 인터넷 기반이 아닌 모바일, 텔레비전, 유비쿼터스 환경하에서 e-비즈니스를 어떻게 접목하고 활용할 것인가가 중요한 과제이다.

2003년 4월 이코노미스트(Economist)지와 IBM이 공동 조사한 e-비즈니스(e-Readiness) 준비도 조사결과에 의하면 우리나라는 전 세계 60개 국가 중 16위를 차지했으며, 아시아 태평양 지역에서는 4위를 차지하는 등 e-비즈니스 보급률 등은 좋은 평가를 받았으나, e-비즈니스를 위한 법제도적 환경, 기업환경 등은 낮은 평가를 받았다.[7]

---

7) 산업자원부, 「2004년 e-비즈니스 백서」, 2005.

2) 전자상거래와 EDI

EDI(electronic data interchange)는 기업간의 거래내용이나 관련정보를 표준화된 형식과 코드체계를 이용하여 전송하고 처리하는 시스템이다. 즉, 한 기업이 다른 기업과 상거래를 할 경우 이에 수반하여 수 많은 자료교환이 이루어지는데 일반적으로 종이서류에 의존하게 된다. 그런데 이러한 종이서류를 작성하여 송부하고 보관하는 과정에 많은 시간과 비용이 소요되고[8] 종이서류의 분실과 훼손의 위험도 상존한다.

따라서 불합리한 상거래상의 자료교환을 상호 합의하에 표준화된 자료형식에 따라 컴퓨터 통신망을 통하여 컴퓨터간에 전달하는 것이 EDI이다. EDI는 거래당사자간 인편이나 우편에 의존하는 종이서류 대신 컴퓨터로 주문서를 작성하자는 것으로 상당한 비용절감 효과를 가져온다. 서로 약속한 상거래 서식에 의해 전자로 문서를 교환하면 재입력하는 과정 없이 직접 업무에 활용할 수 있다.

기본적으로 페이퍼리스(paperless), 즉 서류없는 거래가 실현되고 이에 따른 인건비는 물론 물류, 재고비용을 절감할 수 있다. 최근 들어 과거 폐쇄적인 사설통신망인 VAN에서 실현되던 EDI를 인터넷기반의 Open EDI로 전환시킬 수 있는 기술인 EDIINT이 개발되고 있다. 따라서 EDI를 오픈네트워크인 인터넷으로 제공할 수 있는 여지가 커지고 있다.

유통부문 EDI는 수·발주업무에서부터 대금결제에 이르는 모든 유통관련 업무를 표준화된 전자문서를 이용해 거래당사자간에 교환할 수 있는 서비스로 우리나라는 데이콤의 유통 EDI가 국내 최초의 유통부문 EDI이다[9].

EDI는 유통경로 구성원간의 커뮤니케이션을 빠르고 정확하게 수행하여 각종 경로비용의 절감을 가져올 수 있다. 그러나 EDI시스템에 연결되어 있지 않은 다른 유통경로 구성원에 대해서는 서류를 통해 커뮤니케이션을 해야 하기 때문에 이중적인 커뮤니케이션체제가 요구되는 문제점이 있다.

또한 3개의 거래선을 두고 있는 한 업체가 비표준서식의 EDI를 사용하고 있다면 다른 거래선과 문서교환을 위해서는 3개의 또 다른 문서양식을 사용해야 한다. 이는 거래 당사자간에 비효율적인 문서를 없애자는 기본취지에서 벗어난다. 표준화된 문서양식을 도입했다면 수 천개의 거래선을 관리한다고 해도 별도의 문서를 작성할 필요없이

8) 우리나라는 현행 1,027개 법률 중 서류의 제출·통지·보존 등을 의무화한 법률은 714개가 있고, 이는 정보인프라의 생산적 활용에 근본적 저해요인으로 작용하고 있다. 즉 거래의 일부 절차에서 종이문서가 강제될 경우, 전자문서의 유통이 단절되어 전체 절차가 오프라인으로 존속되는 현상이 발생하기 때문이다. 우리나라 기업은 종이문서의 제작·운송·보관비용으로 GDP의 4.5%에 해당하는 연간 약 27조원의 비용을 부담하고 있는 것으로 추정하고 있다(산업자원부, 전게서).

9) 정창덕, 「전자상거래 이론과 실무」, 한올출판사, 2000, p.245.

변환 소프트웨어를 통해 손쉽게 바꾸어 상품정보를 기록하고 수·발주를 할 수 있다. 그러나 국내업체들의 EDI는 유통업체 중심의 비표준화된 양식이 대부분이다[10].

따라서 VAN간 변환이 안돼 납품업체는 유통업체 숫자만큼 또 다른 문서작성을 해야 하는 번거로움이 뒤따른다. 설령 EDI를 통해 상품을 발주한다고 해도 별도의 서류가 필요하다. 쌍방향 커뮤니케이션이 이루어지지 않기 때문에 기본 발주는 이루어지지만 곧바로 반응발주가 따르지 못하는 절름발이 EDI가 이루어지고 있다. EDI는 기업 표준으로 운송, 식품, 창고 등의 산업별표준으로, 그리고 더 나아가서는 국가와 국제간의 표준으로 발전해야 한다.

EC와 EDI의 공통점은 컴퓨터 네트워크를 매개수단으로 하여 전자적인 방법으로 의사소통을 한다는 점이고 EC와 EDI의 차이점은 다음과 같다.[11]

첫째, EDI는 문서라는 유형적 대상을 디지털화된 전자문서로 대체하는데 반하여, 전자상거래는 문서가 아닌 클릭과 같은 표시행위로도 가능하다.

둘째, 전자상거래는 일반적으로 광고 및 판매 등의 상업적 용도로 활용되나, EDI에서는 이러한 상업적용도뿐만 아니라 기업 내에서 업무전달 및 공지사항의 안내 등으로 활용된다.

셋째, EDI가 통용되기 위해서는 거래협정(IA: Interchange Agreement)과 같이 사전에 거래표준 등에 관한 약정이 요구되지만, 전자상거래는 특정한 거래형식을 필요로 하지 않는다.

넷째, EDI는 그 거래대상이 특정기업으로 한정되는데 반하여 전자상거래는 전 세계의 모든 사람 및 기업을 거래대상으로 한다.

〈표 8〉 EDI와 E-mail의 비교

	EDI	E-mail
데이터전송	VAN경유	당사자간 즉시 전송
데이터형태	기계가 읽을 수 있는 형태	인간이 읽을 수 있는 형태
데이터구조	정형화된 표준양식	문자, 그림, 동화상 등 모든 형태의 데이터
데이터입력	응용프로그램간 자동입력	수신자의 데이터 추출 및 재입력

자료: 조동훈(2001)

10) 매일경제, 1999.12.17.
11) 오병철, 「전자거래법」, 법원사, 1999, pp. 33-35.

(1) 국내기업의 EDI 활용 수준

전경련조사에 의하면 국내기업의 협력사, 파트너와 EDI를 통한 전자문서 교환은 보편화 단계에 접어든 것으로 조사되었다. 표준전자문서를 도입해 기본적인 데이터 교환이 이뤄지고 있다는 응답이 46%, 응용 프로그램과 연동이 이뤄지고 전자상거래도 연계되어 있다는 응답이 15%로 업계내 EDI 이용이 정착된 것으로 판단된다.

협력사, 파트너간 EDI를 이용하지 않고 전화, 팩스, 우편물을 이용한다는 응답이 39%를 차지하였으나, 이는 편의상 간단한 업무연락에 주로 이용된다고 판단된다.12)

【그림 10】 국내기업 협력사, 파트너와 EDI 활용도

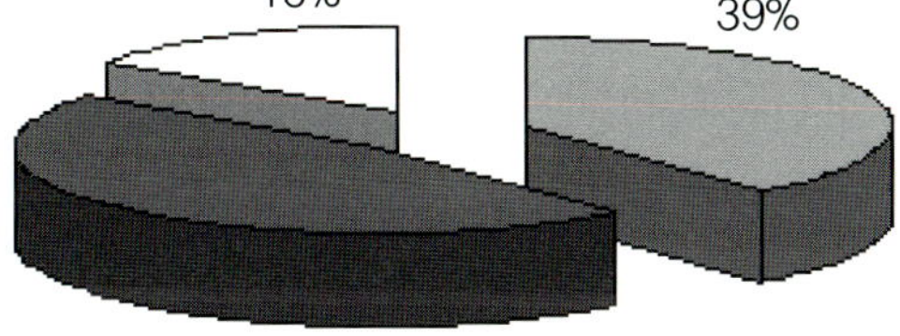

자료: 전경련(2003)

3) 전자상거래와 CALS

〈표 9〉 CALS의 어원변천

CALS의 어원	
Computer aided logistics support(1985)	군수(軍需)지원(미국방성의 내부시스템)
Computer-aided Acquisition and Logistic Support (1988)	군수물자 구매 및 병참지원(조직간의 시스템)
Continuous Acquisition and Life-cycle Support (1993)	생산, 물류, 운영지원 자동화
Commerce At Light Speed(1994)	전자적 거래

CALS의 개념은 시간의 경과에 따라 변모되어 왔는데 CALS의 출발점은 1980년대 중반부터 미국방부가 전개한 종이없애기 운동이다. 일반적으로 군사 분야는 잘 싸우기 위해 최첨단기술이 민간분야보다 많이 사용되는데 이러한 최첨단기술에 대한 정보는 모두 종이문서로 되어 있고, 군수시스템이 첨단화되고, 복잡해지면 해질수록 설명서 등

12) 전경련(2003).

의 종이문서도 증가하여 급기야는 최첨단 전투폭격기에 대한 종이문서의 무게가 비행기몸체와 비슷한 지경에 이르게 되었다. 배보다 배꼽이 더 큰 형국이 돼버렸다.

이처럼 초기의 CALS는 미국방성의 직원이 창고에 놓여 있는 산더미 같은 종이서류를 보고 망연자실하던 현실을 개선하기 위해 정보기술의 표준화를 통한 "종이없애기 운동"에서 출발하였다.

미국방부의 정보기술표준으로 출발한 초기 CALS의 용어는 미국방부의 군수지원전산화(Computer Aided Logistics Support, 1985)로 이는 '컴퓨터에 의한 후방지원 및 병참지원'으로 전자정보화에 의해 군수시스템에 관한 서류들의 보관공간을 획기적으로 줄이고, 군대에서의 후방 보급지원 활동인 logistics를 컴퓨터에 의해 효율적으로 수행하기 위한 것이었다.

다음단계의 CALS(Computer-aided Acquisition and Logistic Support, 1988)는 군수지원체계를 좀 더 효율적으로 운영하기 위하여 무기체계의 군수지원뿐만 아니라 총체적 군수지원 개념으로 확장되었다.

즉, 미국방부에 납품하는 방위산업체에 미국방부의 표준체계를 요구함에 따라 군수지원뿐만 아니라 구매에까지 CALS의 영역이 확대되어 CALS가 단순한 미국방성의 내부시스템을 벗어나 조직간의 시스템으로 확장되었다. 기술정보를 한번 입력함으로써 이루어진 데이터베이스를 서로 다른 허용된 관련 업체들이 공유함으로써 재입력없이 여러 번 사용할 수 있어 업무혁신은 물론 상당한 비용절감을 가져오는 개념으로 발전하였다.

그 이후 CALS(Continuous Acquisition and Life-cycle Support, 1993)는 계속적인 조달과 생애주기의 지원으로 명명되는데, 이는 군수산업에서 획기적인 성과를 거둔 CALS가 부품구성이 많은 항공, 우주산업 등의 민간기업에 영향을 미쳐 급기야는 1990년대 들어서는 CALS의 주도권이 미국방성에서 상무성으로 넘어가게 되어 일반산업의 제품과 관련된 모든 과정을 지원하는 개념으로 변모되었다.

이 시기의 CALS는 초기의 조달과 후방지원에만 한정되지 않고, 조달·설계·개발·생산·후방지원·폐기까지, 소위 시스템의 라이프사이클간의 모든 활동을 대상으로 하여 '라이프사이클을 고려한 일관성있는 조달'로 명명하게 되었다. 즉 '기업의 조달활동을 지원하는 정보시스템'이라고 이해할 수 있다.[13)]

1994년에 개최된 CALS EXPO에서 CALS를 이용한 전자상거래가 주목받게 됨과 동시에 CALS를 과거 군사적 색채와 차별화하기 위하여 Commerce At Light Speed는

---

13) 김창균, "중소기업 물류경영 정보화를 위한 CALS/EC 전략, 통상정보", 한국통상정보학회, 1999.7

광속의 상거래로 명명되었다. 최근들어 CALS의 개념은 제품의 개발, 설계, 생산, 유통, 사후관리, 회수, 폐기 등의 전 과정을 전자적으로 교환 및 공유하여 제품의 전과정을 효율적으로 수행하는 것이다.14)

민간기업에서 CALS의 적용은 많은 효과를 거둘 수 있다.

첫째, 연구개발 및 설계단계에서는 발주측과 수주하는 메이커가 디지털화된 설계 도면을 공유함으로써 설계기간 및 비용을 줄일 수 있다.

둘째, 제조단계에서는 제조공정에서 발견된 불합격요인을 개발 및 설계공정에 신속히 반영시킬 수 있기 때문에 생산의 효율화 및 생산비용의 삭감이 가능하다.

셋째, 조달단계에서는 국내에 국한하지 않고 해외까지 폭넓은 조달이 가능하며 제품사양서나 도면의 교환이 실시간으로 이루어질 수 있기 때문에 전체적으로 조달시기의 단축을 도모할 수 있다.

넷째, 운용보수단계에서는 대단히 어려운 문서나 도면에 대해서도 화면으로 직접 조작하기 쉽기 때문에 신속정확하게 정정할 수 있다.

〈표 10〉 CALS의 용어 및 업무영역 변화과정

업무영역 / 용어	물류	구매	전 과정	동시 공학	유통	자금 결제	설계 제조	조달	부품 보급 교환	상 거래
EDI (Electronic Data interchange)	○	○	–	–	○	○				
Computer Aided Logistics Support(1985)	*	–	–	–	–	–			○	
Computor-aided Acquisition and Logistics Support (1988)	○	*	–	–	–	–		○	○	
Continuous Acqisition and Life-cycle Support (1993)	○	○	○	*	–	–	○	○	○	
CALS(Commerce At Light Speed)(1994)	○	○	^	^	*	○	○	○	○	○

주 : 설명, ○ : 기본업무, * : 핵심추가업무, ^ : 부가업무
자료 : 김창균(1999)

CALS가 EC를 포함하는 개념으로 볼 수도 있지만 CALS가 폐쇄적인 네트워크에 의한 제한된 업계간의 상거래인데 비해 EC는 개방적인 네트워크에의한 상거래이기 때문에 더 큰 개념이다. EC는 표준과 비표준을 모두 포괄하는 개념이지만 CALS는 표준에만 적용되는 개념이다.

14) 구상회외, 「인터넷기반 전자상거래」, 고려대학교 출판부, 1999, pp.43-44.

또한 CALS와 EDI의 차이점은 EDI는 데이터의 교환범위가 문자와 숫자에 국한된 반면에 CALS는 문자와 숫자뿐만 아니라 도면이나 일러스트와 같은 그래픽, 음성까지도 교환범위가 포함된다는 점이다.

〈표 11〉 CALS와 EC 비교

구 분	CALS	EC
주 체	조직(기업, 정부)	조직(기업, 정부) 및 개인
핵심이슈	표준화를 통한 정보공유	상거래 행위의 전자적 구현
적용업무	기획, 설계, 생산, 조달, 운용 등 제품의 전체순환주기	제품 및 서비스의 광고, 중개, 매매, 배달, 대금지불 등 제반 상거래 행위
적용범위	기업, 산업군	시장(불특정다수의 수요, 공급자)
핵심기술	자료의 공유, 시스템간 연계 및 통합기술	인터넷기반의 응용기술
구현형태	동시공학(CE), 전자기술교범(IETM), 계약자통합기술정보서비스체계(CITIS) 등	전자상점, 전자지불, 인증, Web EDI 등
거래유형	조직(기업, 정부)-조직(기업, 정부)	조직(기업, 정부)-조직(기업, 정부) 조직-소비자, 사용자-조직
특 성	폐쇄적 집단, 세부적 산업, 제한된 시장ㆍ규모	개방적 집단ㆍ시장ㆍ산업ㆍ규모
거 래 수	제한된 협력 및 관련업체	무한한 협력업체 수
거래대상	유명하고 신뢰성 있는 협력 및 관련업체	유명, 무명 무관한 협력업체
네트워크	반개방적(폐쇄적)	완전 개방적

자료: 김창균(1999), 구상회외(1999)

4) 전자상거래와 Mobile Business

모바일 비즈니스는 무선인터넷 비즈니스와 모바일 커머스(Mobile Commerce)가 있다. 무선 인터넷 비즈니스는 휴대폰 고객에게 무선 인터넷 서비스를 제공하는데 필요한 이동통신사와 관련 사업자들의 가치사슬(value chain)속에 발생하는 비즈니스를 의미한다.

모바일 커머스는 무선인터넷상의 온라인 상거래인데, 인터넷 전자상거래(e-Commerce)와 비교하여 모바일 전자상거래(mobile e-Commerce)라 말할 수 있다.[15] 즉, 휴대폰을 이용하여 디지털 상품이나 물리적 상품을 쇼핑할 수 있는 기업과 소비자간 전자상거래(mobile B2C) 형태이다. 또한 개인 휴대폰으로 하는 광고, 뱅킹, 신용카드 결제 등의 서비스를 포함하기도 한다.[16]

15) P.J. Louis, Crash Course(McGraw-Hill, 2001) p.209.
16) The eWireless Report, March 2001, eMarketer.

6. 전자상거래 유형

〈표 12〉 전자상거래 유형

전자상러래 유형	사례
B2C	인터넷 쇼핑몰
B2B	기업간 구매와 판매
C2C	경매
C2B	역경매
B2G	조달청 물자구매

【그림 11】 거래주체에 의한

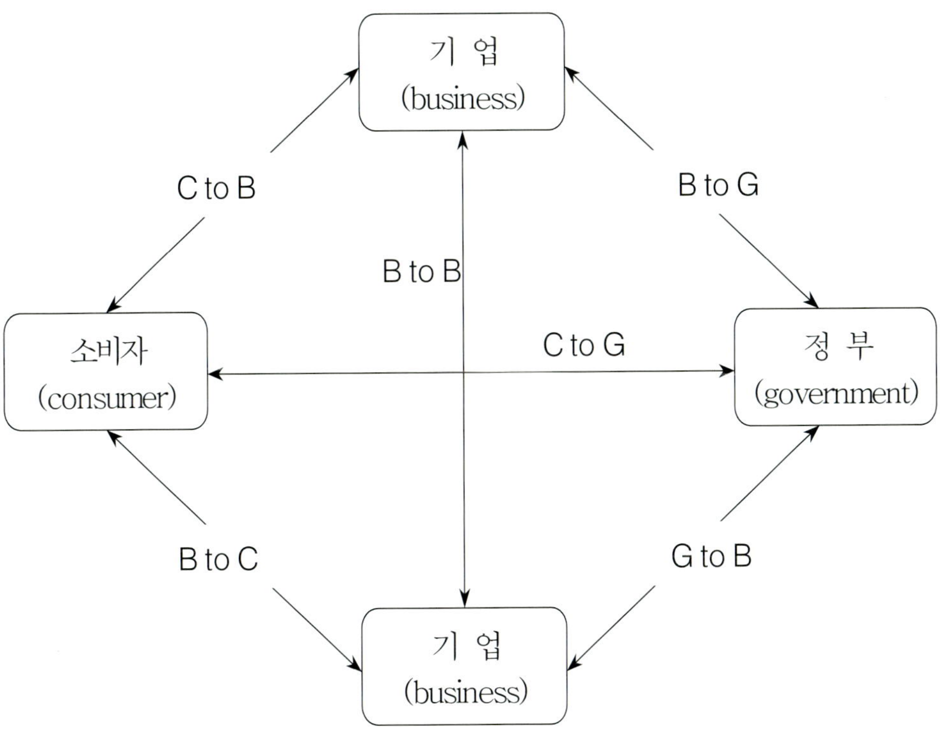

【그림 12】 전자상거래액 및 전년 동분기비

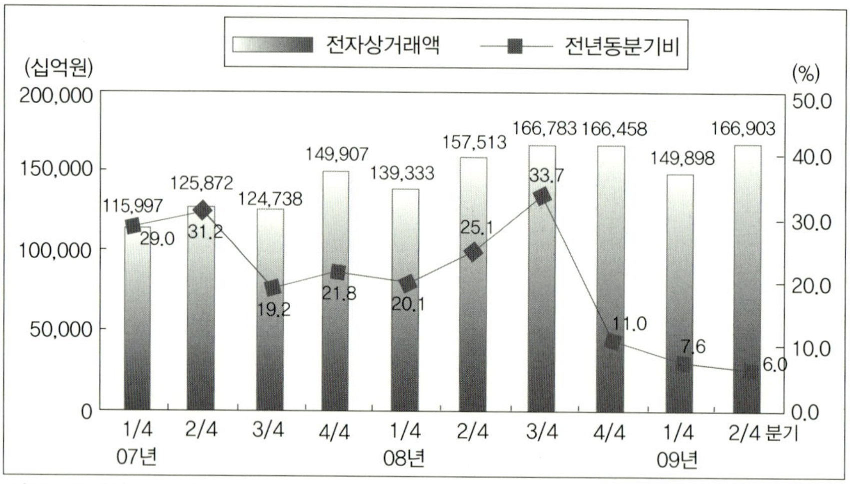

자료: 통계청 www.kostat.go.kr

1) B2C

Business to Customer는 기업과 소비자간의 구매와 판매의 비즈니스가 컴퓨터네트워크를 통해 이루어지는 형태로 주로 인터넷 쇼핑몰에서 이루어지는데 홈쇼핑뿐만 아니라 사이버 증권거래 및 자금이체 등의 홈뱅킹과 교육, 방송, 여행 및 각종 예약에 활용된다.

통계청 조사에 따르면 인터넷 쇼핑몰 사업체 중에서 전문몰은 전체의 87.7%, 종합몰은 12.3%를 차지하고 있는 것으로 조사되었다. 운영형태 별로는 온·오프라인 병행몰이 58.7%, 순수 온라인 업체는 41.3%를 차지하고 있는 것으로 나타났다.

온·오프라인 병행몰을 통한 거래액은 전체 거래액의 65.8%를 차지하고 있으며, 순수 온라인몰을 통한 거래액은 거래액의 34.2%인 것으로 나타났다.

거래 상품군별 거래액 구성비를 보면 가전/전자/통신기기가 18.9%, 컴퓨터 및 주변기기가 12.7%, 생활용품 및 자동차용품이 11.6%, 의류/패션 및 관련 상품이 10.1% 등의 순인 것으로 나타났다[17].

2) B2B

(1) B2B란

Business to Business는 기업과 기업간의 비즈니스가 컴퓨터 네트워크상에서 이루

17) 통계청(2004).

어지는 형태로 상품매매뿐만 아니라 다음과 같은 다양한 형태로 나타난다. 상품이나 원재료 및 부품 등의 구매와 판매, EDI를 통한 기업과 기업간의 문서발주, 금융기관과 금융기관간, 금융기관과 일반기업간에 전자자금이체(EFT)를 통한 자금거래, 증권사간의 주식거래, 제품설계, 홍보 등에 활용된다[18].

(2) B2B 시장의 특징

B2B 거래의 대상인 부품은 최종제품에서 차지하는 비중에 따라 최종제품의 성능에는 큰 영향이 없고, 공급기업의 교체 비용이 최종원가에서 차지하는 비중이 낮은 부품과 최종제품의 성능에 핵심적인 역할을 하고 공급기업의 교체가 막대한 추가비용을 초래하는 부품으로 분류할 수 있다. B2B기업의 입장에서 자사가 거래하는 공급기업의 가장 중요한 경쟁력은 공급부품이 장기적이고, 지속적인 가치를 창출하느냐이다(신장환, 2009: 46).

(3) e-Marketplace의 종류

e-Marketplace는 B2B거래의 한 종류로서 인터넷상에서 불특정다수의 공급자와 수요자간의 비즈니스 거래를 유발시켜 주는 가상의 시장(매개공간)이다. B2B e-Marketplace는 특정산업에 한정된 수직적인(Vertical) e- Marketplace와 여러 산업을 대상으로 하거나, 특정산업과 관계없는 수평적(Horizontal)인 e-Marketplace로 구분할 수 있다.

즉, 수직적 이마켓 플레이스는 특정 산업재나 특정분야의 특화된 서비스를 중심으로 하는 이마켓 플레이스이고, 수평적 이마켓플레이스는 서로 다른 산업간에 비즈니스를 중심으로 하는 이마켓 플레이스이다(박금용, 2007: 420).

(4) 우리나라의 B2B 거래현황

통계청 조사에 따르면, 우리나라의 B2B 거래는 구매자 중심형이 거래액의 74.0%를 차지하고 있고, 판매자 중심형은 전체의 22.9%를 점하고 있고, 중개자 중심형 거래액은 B2B 거래의 3.1%를 점하고 있다.

또한 국내 기업간 거래액이 전체 B2B 거래의 85.4%를 차지하고 있으며, 국내기업과 해외기업간의 거래액은 전체의 14.6%를 차지하고 있다. 업종별 B2B 거래액은 제조업이 전체의 70.2%, 도소매업이 18.6%를 차지하고 있다. e-마켓플레이스는 무역업이 가장 많으며, 다음으로 전자업이 많다.[19]

18) 조동훈, 「e-비즈니스개론」, 한올출판사, 2001, pp.10-11.
19) 통계청(2004).

Check Point

B2C와 B2B의 차이점?

과거에는 마케팅에서 B2B 거래가 B2C 거래보다 상대적으로 주목받지 못했다. 가장 큰 이유는 B2B거래는 소비자를 상대로 한 B2C에 비해 한정된 기업간의 재구매 형태가 많기 때문이다.

그러나 최근 들어 상품의 제품차별화가 쉽지 않고 상품의 범용화 및 신흥시장의 경쟁업체의 등장 등으로 B2B 거래에서도 고객사의 기본적인 니즈인 QCD(Quality, Cost, Delivery)이외에도 차별화된 마케팅전략이 필요하다(김나경, 2009: 33).

B2B의 마케팅 전략은 다음과 같다. 첫째 B2B 거래는 기업과 기업간의 거래이므로 B2C의 거래에 비해 의사결정구조가 복잡하므로 비즈니스 파트너 조직의 의사결정 구조 및 결정권자에 대한 체계적인 분석이 필요하다. 또한 고객사의 프로세스와 가치사슬을 통해 차별화된 마케팅전략을 찾아야 한다.

둘째, B2B 거래는 B2C 거래에 비해 상대적으로 취급상품이 복잡하여 전문성이 요구되어 고객을 리드할 수 있는 기술마케팅이 중요하다.

셋째, B2B 거래는 B2C 거래에 비해 상대적으로 고객 수가 적고, 고객별 구매규모가 크기 때문에 고객별로 차별화된 전략이 필요하고 공급사의 교체는 상호간에 비용발생이 크므로 장기적인 관계구축이 중요하다(오상준, 2007: 22).

기업은 B2B거래 기업을 장기적 파트너로 대하고, 경영지식과 전문적 기술 등을 공유하는 관계구축의 마케팅전략을 개발해야 한다(신장환, 2009: 49).

3) B2G

Business to Government는 기업과 정부 간의 비즈니스거래로 정부가 조달물품을 구입할 때 인터넷을 통한 입찰방식으로 활용된다. 정부조달은 전자상거래의 형태로 구분해 본다면, 전자조달(e-Procurement)과 e-마켓플레이스의 성격을 모두 지니고 있다. 특정 정부기관이 필요하는 물품의 안정적 공급과 지속적인 관리가 필요하다는 점에서 전자조달의 성격이 강하며, 보다 개방된 시장과 거래 상품의 다양성 측면에서 볼 때는 e-마켓플레이스의 성격이 크다.

그러나 정부가 추진하고 있는 전자조달의 모델은 e-마켓플레이스의 성격이 훨씬 크다고 할 수 있으며, 특히 범정부적인 전자조달사업인 국가종합전자조달(G2B) 사업은 중개형 e-마켓플레이스의 전형을 보여주고 있다.

조달청은 자체적으로 연간 20조원 규모의 조달행정을 집행하는 대규모 구매기관인 동시에, G2B라는 공공 e-마켓플레이스의 운영자이기도 하다. 일반적인 조달행정은 국가계약법령 등 단일화된 제도하에서 표준화되고 공개적인 업무처리절차가 중시되며, 업체 정보의 공동이용 등 관련 컨텐츠의 통합이 가능하다. 이에 따라 다수의 수요자인 공공기관과 다수의 공급자인 조달기업이 하나의 시장에서 만나는 e-마켓플레이스의 모델 정립이 가능한 시장 특성을 지니고 있다.

한편 국방조달본부는 1996년부터 전자조달시스템을 구축해 개방형인 DPA 전자조달시스템과 내부 폐쇄망으로 전자조달시스템을 지원하는 국방조달 관리정보체계(DPAMIS)를 구축하였고, 2001년 4월부터는 전자입찰시스템을 운영중에 있다.

또한 자체 조달물량이 많은 공기업의 경우에도 전자조달시스템의 구축이 진행되었는데, 일부 공기업을 중심으로 전자입찰을 운영하고 있으며, 일부 지방자치단체의 경우에도 소규모 전자입찰시스템을 개발하여 운영하고 있다.[20]

〈표 13〉 전자상거래 거래주체별 거래내역

단위: 십억원, %

구분		2008년		2009년				증감률		
		4/4 분기	구성비	1/4 분기	구성비	**2/4 분기**	**구성비**	전분기비	전년 동분기비	전년 동반기비
총 거래액		166,458	100.0	149,898	100.0	**166,903**	**100.0**	11.3	6.0	6.7
거래주체별	기업간(B2B)	139,482	83.8	127,820	85.3	**143,218**	**85.8**	12.0	1.0	0.4
	기업정부간(B2G)	22,342	13.4	17,518	11.7	**18,976**	**11.4**	8.3	64.7	97.1
	기업소비자간(B2C)	3,051	1.8	3,018	2.0	**2,964**	**1.8**	-1.8	6.4	6.1
	소비자간(C2C)	1,582	1.0	1,542	1.0	**1,745**	**1.0**	13.2	21.9	14.5
사이버쇼핑		4,780	3.0	4,693	3.1	**4,843**	**2.9**	3.2	11.0	8.4

주) 사이버쇼핑은 B2C + C2C 등 + B2B 일부 거래액 포함
자료: 통계청 www.kostat.go.kr

20) 산업자원부(2004).

〈표 14〉 전자상거래 상품 군별 거래액 구성비

단위: %, %

	2008년	2009년		증감		
	4/4분기	1/4분기	2/4분기	전분기비	전 년 동분기비	전 년 동반기비
합계	100.0	100.0	100.0			
의류·패션 및 관련상품	18.3	17.0	17.2	0.2	0.2	0.4
가전·전자·통신기기	13.8	13.1	13.4	0.3	0.0	0.0
여행 및 예약서비스	13.7	12.5	12.4	-0.1	-3.9	-3.3
컴퓨터 및 주변기기	9.2	10.9	9.6	-1.3	1.0	1.1
생활·자동차용품	9.6	8.3	9.6	1.3	0.3	-0.6
아동·유아용품	5.7	5.9	6.4	0.5	0.4	0.3
음·식료품	5.5	6.5	6.3	-0.2	0.9	1.1
화장품	5.1	5.5	5.4	-0.1	0.2	0.3
서 적	4.7	5.7	4.5	-1.2	0.0	0.2
스포츠·레저용품	3.5	3.2	4.5	1.3	1.1	0.6
농수산물	2.7	3.1	2.7	-0.4	0.4	0.2
사무·문구	1.4	1.6	1.6	0.0	0.1	0.1
소프트웨어	0.6	0.7	0.6	-0.1	0.0	0.0
음반·비디오·악기	0.6	0.7	0.6	-0.1	0.0	0.1
꽃	0.3	0.3	0.3	0.0	0.0	0.0
각종 서비스	0.3	0.3	0.3	0.0	0.0	0.0
기타	5	4.6	4.4	-0.2	-0.8	-0.5

자료: 통계청 www.kostat.go.kr

Check Point

e-procurement

전자구매(e-procurement)는 인터넷을 통해 기업의 구매와 조달을 처리하여 구매와 조달 부분을 효율적으로 개선시키는 시스템이다.

이러한 전자구매의 장점은 구매자와 판매자의 거래비용과 구매 리드타임이 줄어들며, 구매절차가 간소화되고 구매정보의 관리가 편리해 진다(박금룡, 2007: 421).

4) C2C

Consumer to Consumer는 소비자들끼리 물건을 매매할 수 있도록 중개해 주는 서비스로 Peer to Peer라고 한다. 이러한 C2C거래는 소비자간에 중간유통과정을 거치지 않고 직접 인터넷을 통해 직거래를 하여 비용과 시간을 절감하는 비즈니스이다.

제4장
소비트렌드의 변화

1. 소득 증대에 따른 소비행위 변화

온·오프라인 유통업체는 소비자의 소비패턴 변화에 많은 영향을 받는데, 소비자의 소비패턴변화는 개인소득 증가와 상당한 관계를 갖고 있다. 특히 전자상거래를 가능하게 하는 요인 중에 하나는 컴퓨터를 구입해서 인터넷을 사용할 수 있는 사람이 급증하고 있다는 점이다. 소득증대 후의 주요 특징은 다음과 같다. 소득증대에 따라 가계소비지출의 구성이 재화중심에서 서비스중심으로 확대된다. 즉, 소비자의 니즈는 재화에서 비재화(레저, 스포츠, 문화, 정보)등으로 변하게 된다.

소득증대에 따른 고학력화로 정신적 문화적 욕구만족을 위한 서비스에 대한 지출이 증대되고, 고령화로 건강에 대한 관심이 높아지면서 건강 및 복지관련 서비스에 대한 지출이 증대된다. 또한 여가시간 활용을 위한 레저에 대한 지출이 증대되고, 여성의 사회진출이 증대되면서 서비스에 대한 지출이 증대한다.

〈표 15〉 소득증대 후의 주요 특징

• 소비규모 확대, 소비패턴 다양화(소비자주도형 경제시대) • 서비스산업에 대한 수요 증가, 사회복지에 대한 욕구 증대 • 생산구조와 취업구조에서 3차산업 비중 증대(산업구조의 소프트화, 정보화) (노동집약형업종 비중 감소→ 지식기술 집약형업종 비중 증대) • 고령화, 고학력화, 여성의 사회진출 증대

〈표 16〉 기업경영 변화

소득증대 전	소득증대 후
• 기업경영(이윤추구)	• 기업경영(이윤추구 + 사회적인 책임증가 → 공해문제, 안정성문제)
• 제품생산(생산자주도 방식)	• 제품생산(소비자주도 방식 → 소비패턴다양화로 다양한 상품개발)

〈표 17〉 소비문화 변화

소득증대 전	소득증대 후
• 기업경영(이윤추구) • 제품생산(생산자주도 방식)	• 가치관 (여가중시 → 레저, 여행 등 서비스 수요 증가) • 최종 소비 지출(선택적 소비의 비중 증대) • 시장개방 가속화(소비자 선택의 폭 확대)

유통에세이 *essay*

"소비 트렌드는 'SALT' "

올해 상반기 지속되는 경기 불황속에서 소비자들은 알뜰하게 절약하면서도 필요한 곳에는 지갑을 여는 '소금'(SALT)형 소비를 한 것으로 나타났다.

신세계 이마트는 올해 1월부터 지난 14일까지 전국 122개 점포에서 1억1천 만 명 구매고객에게 판매된 2천724가지의 상품군 매출을 분석한 결과 이같이 나타났다고 16일 발표했다.

SALT는 Small(소용량), Alternative(대체상품), Leisure(여가를 위한 가치소비), Traditional(전통상품 인기)의 앞 글자를 모은 것으로, '짠돌이 형(Salt소금)' 소비를 했다는 의미도 담고 있다.

◆ **소용량(Small)** 지난해부터 이어진 경기침체와 고물가로 인해 소비자들의 상품 선택 기준에서 가격 영향력은 더욱 커지면서 절약형 소용량 상품이나 가격 대안 상품 등 가격메리트 높은 상품을 선호한 것으로 조사됐다.

이마트가 올해 3월에 초저가로 기획한 '990 야채' 상품은 출시 3개월 만에 600만개가 판매됐고 해당 상품군 안에 매출구성비도 30~80%를 육박하며 고객들로부터 선풍적인 인기를 얻었다.

◆ **대체상품(Alternative)** 고물가로 가벼워진 지갑으로 인해 소비자들은 지출을 줄일 수 있는 가격 대안상품을 선호, 관련 상품들이 높은 매출 신장세를 보였다.

특히 인기 외식메뉴인 파스타 재료의 경우 파스타면이 73%, 소스류 82%의 높은 신장을 보이며 지난해 같은 기간보다 2배 가까이 판매됐으며, 바비큐나 치킨 역시 각각 27%, 45% 매출이 늘어난 것으로 집계됐다.

같은 상품군 내에서도 좀 더 낮은 가격의 대안상품을 찾는 트렌드가 뚜렷하게 나타났다.

육류의 경우 돼지고기와 닭고기는 각각 21%, 82%의 높은 매출 신장을 보인 반면 한우는 8%로 한자리수 신장에 그쳤다.

돼지고기 내에서도 삼겹살은 14% 신장으로 평균 돼지고기 신장률보다 낮았지만 삼겹살의 절반가격인 돈뒷다리나 돈등심은 각각 89%, 38%로 높은 매출 신장세를 보였다.

◆ **여가를 위한 가치소비(Leisure)** 소비자들은 소비심리가 위축되어 있는 가운데도 여가활동이나 가치추구 등 자기만족을 위한 소비에는 아낌없이 지갑을 열었다.

대표적으로 레저용품인 스포츠관련 상품의 경우 지난해 대비 매출이 44% 증가했고 등산웨어 역시 17% 매출이 늘었다. 특히 WBC선전으로 인기가 가속된 야구용품은 무려 매출이 319% 늘면서 지난해보다 4배나 더 판매됐다.

친환경과 웰빙 트렌드로 사회적 관심이 높았던 자전거의 경우는 10만 원 대의 일반 자전거는 4% 신장에 그쳤지만 30만 원 이상의 고급자전거는 17%, 관련 웨어나 용품은 28% 매출이 늘어난 것으로 조사됐다.

◆ **전통상품(Traditional)** 올 상반기에는 막걸리, 한방화장품 등 '우리 것'과 관련 소재나 성분을 이용한 상품들이 이슈 상품으로 떠오르며 각광을 받았다.

막걸리의 경우 다양한 상품 개발을 통한 품목 확대와 발효주의 웰빙 이미지가 부각되면서 매출이 82% 신장, 지난해 같은 기간보다 2배 가까이 많이 팔리며 상반기 최대 히트상품이 됐다.

과자류는 '우리쌀'을 원료로 한 다양한 제품이 새롭게 출시됐고 밀가루나 부침가루 등도 '우리밀'을 원료로 한 제품들이 30~40% 이상 높은 신장세를 보인 것으로 집계됐다.

(inews.2009.6.16)

2. 최근 소비패턴의 특징

최근 들어 소비자들은 고가 브랜드 위주의 과시형 소비보다는 각자의 개성에 맞는 차별화된 소비를 하고 있다. 특히 Well-being 소비, 선택·집중형 소비, 관계지향형 소비가 강화되는 움직이다[21].

1) Well-being 소비

최근 들어 소비자들의 건강 및 정신적 여유에 대한 관심이 고조되면서 웰빙은 상품소비에 있어 중요한 트렌드가 되고 있다. 이러한 웰빙 트렌드가 확산되면서 소비자들은 건강지향·환경지향적 소비를 추구하고 있다.

2) 선택 · 집중형 소비

최근 들어 소비자들은 소비에서 개인가치를 중시하여 소득 중에서 검약 항목과 투자항목을 분명하게 구분하고 투자항목 분야에 집중 투자한다. 소비자들은 품질과 무관한 부대비용을 줄이기 위해 1회분 과일, 1회분 채소 등의 구매를 증대하고 있다.

3) 관계지향형 소비

최근 들어 소비자와 기업들은 상품의 구매와 판매 이후에도 상호간에 정보를 주고받는 장기적 관계를 구축하고 있다

4) 모빌리티(Mobility)

스마트폰의 등장으로 무선인터넷이 활성화되어 소비자들은 언제나 휴대용단말기를 이용하여 인터넷에 접속할 수 있기 때문에 길거리나 정거장 등이 무심코 지나는 길이 아닌 유익한 쇼핑공간으로 변모되고 있다. 특히 모바일 소비자들의 PC 이용시간, 휴대폰 사용시간, TV 시청시간 등의 기존 미디어를 통한 소비의 이용 행태가 변모할 것이다. 유통업체는 이러한 모바일 소비자들의 변화에 기민하게 대응해야 한다(Lg경제연구원, 2010: 24).

---

21) 대한상공회의소(2004)

Check Point

착한 소비란?

착한소비는 개인이 상품을 구매할 때 사회적으로 좀 더 바람직한 방향으로 소비를 하자는 운동이다. 우리나라에서는 커피나 초콜릿 등을 구매할 때 저개발 국가의 농산물에 대한 공정무역 또는 공정거래(Fair Trade)를 중심으로 착한소비 또는 윤리적 소비(Ethical Consumerism)라는 용어가 사용되기 시작했다. 이러한 착한소비는 그 범위가 확대되어 최근에는 친환경 제품을 구매하는 운동, 사회공헌 활동에 적극적인 기업의 상품을 구매하는 것으로 착한 소비 운동이 확산되고 있다(김재문, 2009: 18).

품질의 차이가 없다면, 조금 비싸더라도
공정무역 상품을 구매할 의사가 있습니까?
만 19세이상 한국 성인남녀 1000명, 2007년10월8일~9일 조사

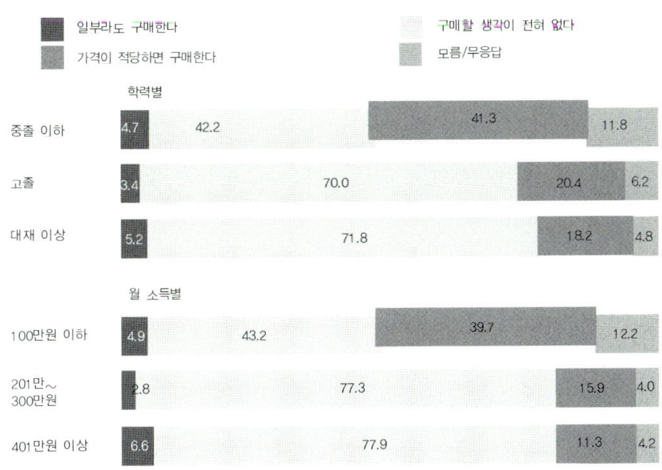

자료: TMS, 아름다운 가게

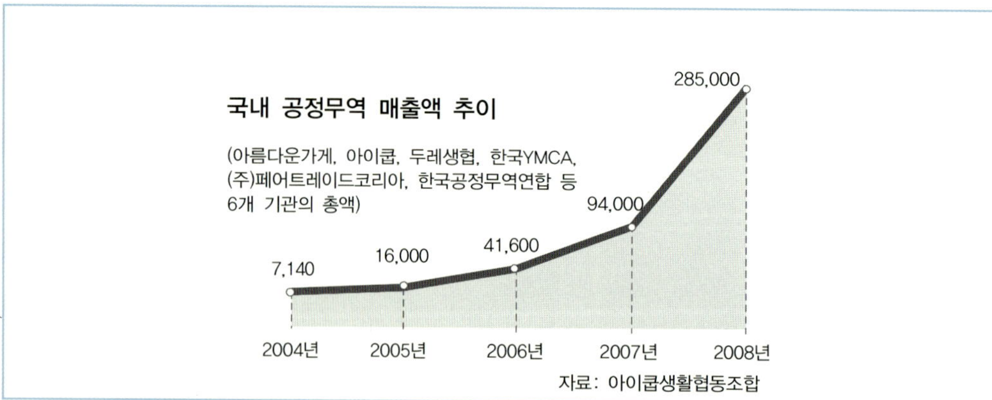

3. 소비자의 가치관 변화

Single(싱글), Safety(안전), Self-Satisfaction(자기만족)의 3S를 바탕으로 한 상품이 주요 키워드(Key-word)로 등장할 전망이다[22].

〈표 18〉 소비키워드와 기업의 대응

소비 키워드	기업의 대응	관련 제품군
Single (싱글)	개인별 맞춤화 상품개발	• (복합 IT 상품) 복합기능모니터, 복합기능휴대폰, 대용량 MP3 • (1인용 상품) 1인 금융서비스, 원룸, 테이크아웃 • 할인형 패키지 상품 • 결혼정보업체, 파티문화
Safety (안전)	건강과 환경중시 마케팅 확산	• 웰빙 관련시장은 팽창지속 • 보안 서비스 : 휴대폰 · 인터넷의 안전사고 감시 시스템, • 이민, 홈스쿨링, 대안학교 등
Self-Satisfaction (자기만족)	고객중심의 컨버전스 마케팅 실현	• 미니홈피 서비스 • 치아뷰티 상품 • 퓨전 레스토랑 등

1) Single

최근 싱글족이 증가하면서 싱글문화가 확산되고 있다. 1인 가구 수가 해마다 증가하여 2010년에는 3백만 가구를 육박할 것으로 전망된다. 이러한 싱글문화는 유통산업에 지대

22) 대한상공회의소, 「2005년 소비키워드 전망」, 2004.12.

한 영향을 미치고 있다. 싱글족들은 상품을 구매할 때 한 번에 모든 것을 해결하는 복합다기능 제품을 선호하고 다종다양한 상품을 소량구매하기를 원한다.

2) Safety

최근들어 핵가족화 및 야간활동의 증가, 사회범죄 증가 등으로 인해 개인안전에 대한 수요가 증가하고 있다. 무인경비 시스템, CCTV와 디지털기술이 결합된 핸드폰 등의 수요가 증가하고 있다.

【그림 13】 연간 1인 가구수의 변화

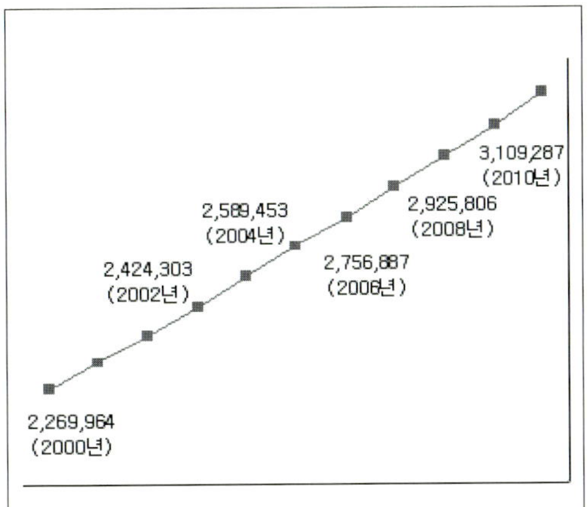

자료 : 통계청

3) Self-Satisfaction

최근 들어서 사회 전반적으로 자신이 주위 사람들에게 어떻게 비치든 상관 않는 자기중심적 사고방식이 확산되면서 자기만족(Self-Satisfaction) 소비를 통해 자신을 표현하는 나르시스트가 증가하고 있다. 이러한 현상은 신세대 뿐만 아니라 중장년층 소비자들에게도 나타나고 있다.

일본 니혼게이자이 신문이 2005년 히트 Best20을 발표하면서, 일본 욘사마 열풍의 진원지인 나르시스트를 주요 소비집단으로 발표하였다. 2004년 4월 일본 공중파에서 겨울연가가 방영된 이후 일본여성들의 한국관광이 급증하였다.

【그림 14】 2004년 월별 국내 일본인 입국자 수 추이

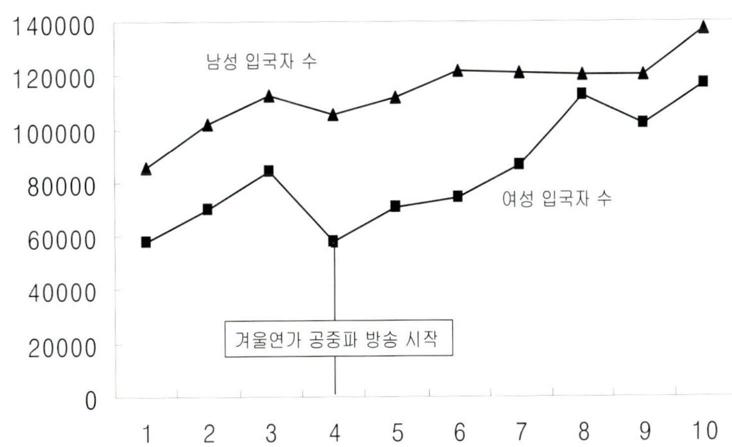

통계청(2004)

4) Bravo Senior Life

최근 들어 중년들이 자신을 위한 삶을 찾고 있고, 자아를 위한 소비를 늘려가고 있다. 무조건 자녀에게 헌신하는 것보다 자신의 건강, 취미, 여가 생활 등에 지출을 확대하고 있다.

5) Family 2.0

온라인에서 가족간의 교류를 편하게 할 수 있는 사이트를 패밀리 2.0 사이트라고 부른다. 국내에는 씨넷(sie.net) 등이 있다 싸이월드가 친구를 중심으로 한 사회네트워크 서비스라면 Family 2.0 사이트는 가족을 중심으로 한 새로운 유형의 Social Network Service이다.

이러한 Family 2.0 사이트는 가족중심주의의 연장선이다. 이처럼 가족중심주의가 확산되고 있는 이유는 수년간에 걸친 구조조정의 한파 속에 단란한 가족의 소중함을 더욱 느끼고 있기 때문이다. 가족중심주의의 확산으로 가족중심의 소비가 증가하고 있다.

6) Hobby-holic

최근 들어 취미에 흠뻑 빠진 사람들이 늘고 있다. 가장 큰 이유는 가처분소득이 증가하고 여유시간이 늘어났고, 인터넷 커뮤니티가 증가하였기 때문이다. 사람들은 사이버 커뮤니티에서 자신이 관심이 있는 취미에 대한 정보를 얻고 간접경험을 통해 취미를 지속적으로 할 수 있다.

7) Molling

몰링은 소비자들이 대형복합쇼핑몰에서 쇼핑뿐만 아니라 다양한 엔터테인먼트를 즐기는 소비행위를 말한다. 최근 들어 소비자들은 주 5일근무제가 정착되었지만, 즐기고 싶은 여가활동이 많아져 이곳저곳 옮기지 않고 시간을 절약하면서 쇼핑도 하고 다양한 여가활동을 할 수 있는 토탈소비공간을 선호하고 있다(LG연구원, 2010: 29-30)

유통에세이
essay

"소비자들 '나이의 경계' 무너진다"

딸과 함께 영캐주얼 입는 엄마... 엄마와 함께 한방화장품 쓰는 딸...

지난 14일 서울 명동의 캐주얼 의류 브랜드 갭(GAP) 매장. 주부 김희조(48)씨가 자식뻘쯤 되는 20대들 사이에서 인기인 후드 티셔츠를 고르고 있었다. 김씨는 "아들이 아닌 내가 입을 옷"이라며 "활동적이고 젊어 보이면 좋을 것 같다"고 말했다. 길 건너 롯데백화점 본점 모피 매장에선 여대생 김모(23)씨가 회색 모피 조끼를 만지작거리고 있었다. 김씨는 "예전엔 모피를 주로 중년 부인들이 많이 입었지만, 요즘엔 그런 구분이 없다"며 "짧은 조끼는 고급스러워, 친구들도 많이 구입한다"고 말했다.

소비시장에서 나이 구분이 사라지고 있다. 중년층이 젊은 캐주얼 의류를 구입하고, 20대가 중년의 전유물로 생각되던 한방 화장품을 구입하는 것이다. 유통업체들도 디자인 등에서 여러 계층을 함께 아우를 수 있는 제품을 내놓고 있다.

'나이 파괴' 현상은 의류 시장에서 두드러진다. 우선 부유한 중년 부인의 상징이던 모피의 구입 연령대가 부쩍 낮아졌다. 모피전문업체 근화모피의 20대 고객 비중은 전체의 약 15% 정도. 곽미경 매니저는 "특히 올 겨울에는 지난해보다 20대 고객이 50% 가까이 늘어났다"고 말했다.

10~20대를 겨냥한 모피를 생산하는 회사도 늘었다. 엘페와 진도모피, 국제모피 등은 '패션 모피'라는 이름을 붙여 모피로 만든 조끼와 짧은 소매의 재킷 등을 선보였다. 가격대도 100만~200만 원 정도로 일반 모피의 절반 가격이다. 사틴이나 미니멈 등 젊은 층이 주로 찾는 캐주얼 브랜드도 올해 모피 제품을 전년보다 20% 정도 확대했다.

같은 백화점에서 이와는 정반대의 현상도 나타난다. 50대 초·중반의 여성들이 '영캐주얼' 매장을 찾는 것. 몸매가 드러나는 청바지 제품이나 몸에 붙는 스판덱스 소재의 운동복도 적극 구입한다. 10~20대를 겨냥한 BNX는 30대 이상의 소비가 전체 매출의 15% 가까이 이른다. 매니저 천현희씨는 "10대 딸과 40대 어머니가 함께 같은 옷을 사는 '모녀 커플룩'이 요즘 유행"이라고 말했다.

40대 이상 중년 남성의 청바지 구매도 부쩍 늘었다. 로가디스와 마에스트로, 맨스타 등 정장 브랜드도 최근 캐주얼 의류를 선보이고 있으며, 이들 브랜드의 청바지 매출은 해마다 25~30% 이상 급증하고 있다.

◆ 나이 파괴 겨냥한 브랜드·디자인 봇물

소비시장에서 나이 파괴 현상이 가속화하자, 업체들은 이를 흡수하기 위한 브랜드와 제품을 속속 선보이고 있다. '설화수'로 40대 이상 중년 사이에서 한방화장품 유행을 이끌었던 아모레퍼시픽은 최근 젊은 한방화장품을 내세운 '한율'이라는 새 브랜드를 선보였다. 25~34세가 전체 한방화장품 소비자의 23%를 차지하는 등 젊은 층의 한방화장품 수요가 급증했다는 분석에 따른 것이다.

현대약품은 젊은 여성의 다이어트 음료로 인기가 높던 '미에로화이바'의 페트병 제품을 새로 출시했다. 중년 남성들로 제품의 소비층이 확대되면서, 기존의 100㎖와 210㎖의 병 제품이 이들에게 너무 작다는 건의가 많이 제기됐기 때문이다. 제일기획 브랜드마케팅연구소 박재항 소장은 "최근 중년층은 조금이라도 젊어지려고 하는 반면, 젊은 세대는 또래에서 차별화를 위해 중년층의 제품을 적극 소비하고 있다"고 말했다.

에이지리스(ageless)

사전적으로 '불로(不老)의' 또는 '영원(永遠)한'이라는 뜻을 갖는다. 마케팅에선 나이를 초월해 자신의 스타일을 추구하는 소비계층을 일컫는다.

(조선일보, 2008.1.6)

유통에세이 *essay*

"갖고 싶은 것 쇼핑하러 날아간다…내 이름은 쇼플러"

대학생 A씨가 비판받는 이유는 단 하나.

2년째 일본만 간다는 사실 때문이다. 벌써 7번이나 도쿄를 방문했다. 그는 이번 설 연휴 기간에도 망설임 없이 도쿄행 비행기 티켓을 손에 쥐었다. 이번에는 도쿄의 '용산'이라 불리는 전자상가 밀집지역인 아키하바라에서 게임기 '플레이스테이션3'의 60GB(기가바이트) 모델을 구입하는 게 목적이다.

자칭 '게임마니아'인 박 씨가 2년간 일본에 가서 직접 산 게임기는 모두 3대, 게임소프트는 50개가 넘는다. 아키하바라를 비롯해 시부야, 신주쿠 등 대도시를 돌며 여행 겸 쇼핑을 즐기기까지는 우여곡절이 많았다. 군 입대 전 인터넷 쇼핑몰을 통해 '플레이스테이션'이나 '닌텐도DS' 등 게임기와 게임소프트를 구입했지만 일본 현지에서만 나오는 한정판은 좀처럼 구할 수 없었다. 군 제대 후 "직접 현지에 가보자" 고 마음먹은 박 씨는 여행경비를 마련하기 위해 닥치는 대로 아르바이트를 했다. 카페 바텐더 아르바이트를 비롯해 대기업 인턴사원, 영상 제작, 심지어 카지노 보조 일까지 하면서 한 달에 적게는 50만 원에서 많게는 200만 원까지 벌었다. 그렇게 번 돈을 그는 과감하게 일본 여행과 게임기 구입을 위해 아낌없이 쓴다. 그는 "현지에서 직접 만지며 구입하는 쾌감은 이루 말할 수 없다"고 말했다.

자연스레 도쿄 여행도 수준급이 됐다.

게임기와 게임소프트 상점을 따라 이동하다 보니 주변의 음식점이나 백화점, 클럽 등 명소도 들를 수 있기 때문이다. 여행 경비를 줄이기 위해 500엔 이하의 단골 덮밥집, 숙박비를 줄이기 위해 밤새워 놀 수 있는 클럽, 심야 정액제 PC방 등 절약 노하우도 몸에 익혔다. 그는 "내가 원하는 곳에 당당히 투자하며 즐기는 모습에 이제는 부모님도 흐뭇해 하신다"고 말했다.

무작정 여행을 하는 시대는 지났다.

무작정 쇼핑을 하러 해외에 나가는 시대도 옛날 얘기다. 마음에 드는 물건을 위해서라면 지구 끝까지라도 날아갈 준비가 돼 있는 그들, 이른바 '쇼플러(쇼핑+트래블러)'들은 오늘도 세계지도를 펼치며 흐뭇한 미소를 짓고 있다.

미쳤다고? 길게 뻗은 설날 연휴, 출국하기 위해 분주히 짐을 싸고 있는 이들이 한결같이 외친다. "너도 한번 미쳐봐!"

○ '꽂히면' 바로 행동 개시… 쇼플러가 사는 법

정보기술(IT) 회사에 근무하는 직장인 채지형(37·여) 씨 역시 대표적인 '쇼플러'다.

얼마 전 그는 베트남 하노이에서 베트남 전통 여인인형을 비롯해 렁(베트남 농부들이 쓰는 밀짚모자) 농부인형 등 7점을 사왔다. 10년 전부터 각 나라의 전통 인형을 모으고 있는 채 씨가 지금까지 방문한 국가만도 65개국이나 된다. 모은 인형은 수백개가 넘는다.

아시아는 물론이고 목각 인형과 꼭두각시 인형으로 유명한 체코 프라하, 스페인 마드리드 왕궁 앞, 아프리카 인형이 많은 케냐 나이로비의 마사이마켓까지 '단순히'인형을 모으기 위해 5대양 6대주를 넘나든다. 채 씨는 "주로 장터에 인형시장이 형성되다 보니 자연스레 그 나라의 토속적인 시장 근처를 중심으로 여행한다"고 말했다. 인형 박물관을 만드는 게 목표라는 채 씨는 올해 아프리카 마다가스카르에 가서 '바오밥' 나무 인형을 살 예정이다.

나, 청바지 마니아... 8년째 태국행 비행기 탄다.

한국관광공사에 따르면 지난해 해외로 출국한 사람은 총 1336만2129명(추정치)으로 2006년 1160만9878명에 비해 15% 늘었다. 그중 이들이 해외에서 지출한 소비액 역시 2006년 97조 원에서 107조 원(한국은행 자료, 2007년 11월 기준)으로 늘었다. 더는 '쇼핑'을 빼놓고는 해외여행을 설명할 수 없는 시대가 된 것이다. 이런 상황에서 특정 물건 하나를 사기 위해 비행기 티켓을 끊는 이른바 '쇼플러'들이 늘고 있다.

이들은 중국 홍콩, 상하이 등 단순히 쇼핑 명소를 방문하는 사람들과는 다르다. 국내에서 구할 수 없는 물건을 구하기 위해 직접 떠나는 수집광이라는 게 특징이다. 품목은 음반부터 책, 장난감, 낚시용품 등 다양하다. 심지어 국내에서 구할 수 있어도 직접 현장을 가야 쾌감을 얻는다는 쇼플러들도 있다. 이들은 물건을 파는 상점 위주로 여행 코스를 잡거나 쇼핑 후 남는 시간에 여행을 하는 등 여행은 '덤'으로 여기고 있다.

상품 구매가 주목적인 만큼 이들의 목적지는 일본, 태국, 대만 등 대부분 아시아다. 그러나 최근에는 채지형 씨처럼 미국, 유럽 등 항공료에 상관없이 먼 지역으로 가는 쇼플러들도 생겨나고 있다. 반도체회사 직원 김장훈(30) 씨는 3년째 독일 베를린 앞 '베를린 장벽' 내 5일장에 가서 비행기, 탱크 등 '밀리터리 피겨(military figure)'를 직접 구입하고 있다. 그는 "항공료, 숙박비 등 300만 원 정도가 들지만 흥정하며 직접 물건을 구매하는 것에 희열을 느낀다"고 말했다. 3월경 다시 베를린 시장에 갈 예정인 김 씨는 "여행 경비를 모으기 위해 최근 펀드 하나를 가입했고 재테크도 열심히 하고 있다"고 말했다.

○ 나를 위한 투자… 쇼핑의 중심은 나

이런 쇼플러 문화는 해외여행의 대중화와 '마니아' 문화가 맞물리면서 관심을 모으고 있다. 이들이 펼치는 쇼핑의 주체와 객체는 모두 자신이다. 과거 지인들을 위해 면세점에서 사는 '기념품'과는 전혀 다른, 오로지 자신의 만족을 위한 행위일 뿐이다.

특히 수집가적인 면모를 띠는 이들은 여러 곳을 돌아다니기보다 주로 나라 한 곳, 특정 장소에 주기적으로 방문한다. 8년 동안 태국 방콕에 가서 '구제' 청바지만 사고 있는 직장인 장혜민(30·여) 씨는 "방콕에 자주 가다 보니 느린 듯 여유로운 태국의 문화에 흥미가 생겼다"고 말했다. 짜뚜짝시장, 시암스퀘어 등지를 8년간 방문하며 주변의 태국 음식점, 클럽에서 흘러나오는 태국 음악 등에 익숙해진 것이다. 설 연휴 기간을 합쳐 14일간 방콕에 갈 예정인 장 씨는 어느덧 "태국산 구제 청바지를 입고 태국 시내를 걷는 게 더 편하다"라고 말할 정도로 태국 문화가 몸에 뱄다.

소비 습관이 바뀐 경우도 있다. 은 액세서리를 사러 태국 방콕에 간다는 직장인 김진선(24·여) 씨는 "돈을 모은 후 현지에 가서 한 번에 사오다 보니 어느 샌가 돈을 최대한 아끼는 버릇과 한 번에 '지르는' 버릇 두 개가 동시에 생겼다"고 말했다.

이러한 쇼플러 문화가 나타나는 이유는 무엇일까?

서강대 사회학과 전상진 교수는 "쇼플러들은 해외까지 가는 자신의 행위에 대해 특별한 의미를 부여하길 원한다"고 말했다. 전 교수는 "이런 의식적인 행위는 스스로에게 진정성을 부여하고 욕망을 극대화하는 작업"이라고 설명했다.

의식적인 행위를 넘어서 자신에 대한 '투자'라는 의견도 있다. 3년 전부터 해외 문화 트렌드, 인테리어 관련 서적을 사러 미국 뉴욕까지 간다는 스타일리스트 서은영 씨는 "다른 나라 사람들을 만나고 문화적 충격을 맛보는 것만으로 자신에게 값비싼 투자를 하는 것"이라고 말했다.

국내에서도 해외 구매 대행 사이트를 손쉽게 접할 수 있지만 쇼플러들은 이에 개의치 않는 반응이다. 온라인 문화가 주지 못하는 오프라인만의 '직접 체험'을 더 중요하게 생각하기 때문이다.

여행전문가 최미선 씨는 "쇼플러 문화는 쇼핑과 여행을 한 번에 해결하는 형태"라며 "이를 통해 계획적이고 알뜰한 여행 문화가 정착될 것"이라고 내다봤다.

그러나 '마니아' 문화에 뿌리를 둔 만큼 전체적인 공감대를 형성할지는 의문이다. 전 교수는 "남들과 다르고 싶다는 욕구에서 비롯된 문화이기에 쇼플러 문화가 유행처럼 사회 전반에 퍼진다면 오히려 빨리 소멸될 수도 있다"고 분석했다.

(동아일보, 2008-02-01)

제5장 사이버 소비패턴

1. 사이버 소비자의 세분화 전략

인터넷을 사용하는 목적은 사람에 따라 다종다양하다. 따라서 온라인유통업체는 자사의 웹사이트를 방문하는 사이버 소비자들을 정확히 분류하고 소비자군별로 적합한 대응전략을 세워야 한다.

온라인유통업체의 성공여부는 온라인유통업체가 사이버 소비자군을 얼마나 정확히 파악하고, 지속적인 구매로 유도하느냐에 달려 있다. 맥킨지와 미디어메트릭스는 미국 내 고객 5만 명을 대상으로 인터넷 소비자들이 보이는 온라인상의 실제행동을 분석했다. 조사결과 온라인 소비자는 6개 그룹으로 대별되는 것으로 나타났다.

2. 편리추구형 사이버 소비자

사이버 공간에서 상품을 판매하고자 하는 온라인유통업체에게 온라인 쇼핑이 가장 활발한 편리 추구형(simplifiers) 사이버 소비자는 중요한 고객이다. 이러한 편리추구형 사이버 소비자는 온라인 거래에서 핵심 고객이다. 이들의 구매는 총 온라인 거래의 절반이나 차지한다. 그런데 온라인유통업체들에게 편리추구형 사이버소비자들은 가장 매력적이지만 동시에 가장 까다롭다. 이들은 목표를 갖고 웹사이트에 접속하므로 다른 사이버 소비자보다 온라인에서 가장 적은 시간을 보낸다. 따라서 온라인유통업체는 편리추구형 사이버 소비자를 지속적으로 자사의 웹사이트로 불러들여 구매하도록 유도하려면 수준 높은 편의성을 제공해야 한다.

3. 온라인 애용형 사이버 소비자

온라인 애용형(surfers) 사이버 소비자는 수적으로는 적지만 온라인 활동시간이 가장 많고, 구매 가능성이 높은 잠재고객군이다, 온라인유통업체가 지속적인 노력을 기울이면 커다란 성과를 거둘 수 있는 온라인애호형 사이버 소비자는 인터넷 사용자 인구 중

8%에 불과하지만 온라인 사용시간은 32%를 차지한다.

이들이 인터넷에 접속하는 이유는 검색, 쇼핑, 정보입수, 오락 등 매우 다양하며 여러 도메인을 신속히 넘나든다. 온라인유통업체들이 이들을 유인하려면 최첨단 디자인과 기능을 제공하고 지속적으로 최신 정보를 업데이트하여 이들에게 강력한 온라인 브랜드로 각인되어야 한다.

4. 저가상품 추구 사이버 소비자

저가상품을 구매하려는 알뜰형(bargainer) 사이버 소비자는 값싼 상품을 구입하기 위해 인터넷에 들어온다. 이들에게는 이성과 감정적인 측면에서 다가가야 하며 경쟁력 있는 가격의 제공과 가격을 비교할 수 있는 장치를 마련하고 상품가격에 대한 커뮤니티를 구축하여 이들의 염가구매의 욕구를 충족시켜야 한다.

5. 통신위주형 사이버 소비자

통신위주형(connectors) 사이버 소비자는 인터넷 초보자로 대부분 시간을 다른 사람과 통신하는 데 보내고, 이러한 통신위주형 사이버 소비자들은 상품을 구매할 때 오프라인에서 유행하고 있는 브랜드에 의존도가 높은 만큼 인터넷을 유용하게 활용할 수 있도록 도와주고 온라인유통업체의 웹사이트에 대한 신뢰를 갖도록 해야 한다.

6. 정보추구형 사이버 소비자

정보추구형(routiner) 사이버 소비자와 스포츠 오락애호형(sportster) 사이버 소비자는 상품구매보다는 웹사이트의 콘텐츠에 더 관심이 있다. 정보 추구형과 스포츠 오락애호형 사이버 소비자는 온라인에서 정보를 얻고 구매는 주로 오프라인에서 하는 경향을 보이고 있다.

7. 온라인유통업체의 판매전략

다양한 사이버 소비자들은 각각 독특한 통신이용과 소비형태를 갖고 있다. 온라인유통업체가 이처럼 다양한 사이버 소비자 그룹의 성향에 적합하게 비즈니스 전략을 개발하지 않으면 온라인유통업체들은 수익성이 없는 방문객만 끌어들이거나, 수익성이 높은 고객을 도외시할 위험이 크다.

그러나 온라인유통업체는 사이버 소비자 그룹별로 관심분야와 요구 사항이 다종다양하므로 한 가지 전략으로 단기간에 모든 사이버 소비자군을 만족시키기는 어렵다.

그러한 전략은 오히려 핵심 소비자군에게 실망을 주거나, 사이버 소비자들의 인터넷 이용의 효과를 반감시켜 사이버 소비자 아무도 만족시키지 못할 위험도 높다. 인터넷수익이 고객의 계속된 구매와 평균거래 규모에 의존하기 때문에 한 소비자군에 집중해 충성도가 높은 고객층을 확보하는 게 전체 소비자를 포용하려고 애쓰는 것보다 수익 측면에서 훨씬 유리하다.[23]

23) 매일경제, 2000.8.22

제6장
e-유통경영 전략

1. 유통경로란?

유통경로(Distribution Channel)는 상품이나 서비스가 생산자로부터 소비자에게 이동하는 통로나 과정 및 단계를 의미한다. 이러한 유통경로에는 생산자와 소비자 사이에 다양한 중간상이 개입하게 된다.

이러한 중간상에는 도매상, 소매상과 같이 소유권을 넘겨받아 판매차익을 얻는 방식도 있지만, 생산자의 직영점이나 거간과 같이 소유권의 이전없이 판매활동만 발생하는 경우도 있다(안영일, 2006: 5).

2. 유통관리란?

유통관리는 유통경로를 어떻게 관리하느냐에 성패가 달려 있다. 유통관리는 생산자 → 도매상 → 소매상 → 소비자로 이어지는 유통경로를 설계·관리하는 과정을 말한다. 이러한 유통경로는 상품별로 각기 다를 뿐만 아니라 같은 종류의 상품이라도 지역에 따라 국가에 따라 다종다양한 유통경로로 상품이 유통된다.

유통경로는 상적유통경로와 물적 유통경로로 구분할 수 있는데 일반적으로 유통경로라고 할 때는 상적유통경로를 의미한다. 또한 유통경로는 판매유통경로와 구매유통경로로 구분할 수 있는데 판매경로는 유통경로를 판매자입장에서 본 개념이고, 구매유통경로는 유통경로를 구매자 입장에서 본 개념이다. 전자상거래가 활성화되면 유통경로는 제품에 따른 경로에서 가상공동체(Virtual Community)로 변모하게 된다.

유통기관은 유통경로를 구성하는 유통업체(도매업, 소매업)를 말한다. 유통경로는 상품을 기준으로 해서 수집, 중계, 분산의 유통기능을 수행하는 다양한 유통기관으로 구성되어 있다. 유통산업은 도매상, 소매상, 물적 유통기관 등과 같이 유통기능을 수행·지원하는 유통기구들의 집합을 말한다.

【그림 15】 유통경로와 유통산업의 구조

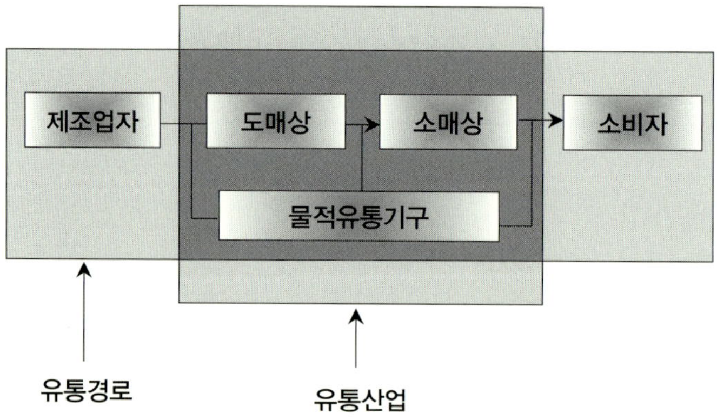

3. 유통경로의 특징

1) 유통경로의 비탄력성

한 사회에서 한 번 결정된 유통경로는 다른 유통경로로의 전환이 쉽지 않다. 예를 들어 우리나라의 제약제품 등의 유통경로는 수 십년간 큰 변화가 없다.

2) 유통경로의 지역성

유통경로는 각 나라의 고유한 역사적 배경과 시장환경에 의하여 영향을 받게 되므로 각국의 유통경로는 매우 다른 양상을 보인다.[1] 우리나라와 일본의 유통경로는 지역적 인접성에도 불구하고 상당한 차이를 보이고 있다.

4. 집중적 유통과 독점적 유통

집중적 유통(intensive distribution)은 제조업체가 유통경로에서 가능한 많은 점포들이 자사제품을 취급하도록 하는 전략이다. 독점적 유통(exclusive distribution)은 전속적유통이라고도 하는데 제조업체가 자사제품을 어떤 특정 점포가 독점적으로 취급하도록 하는 전략이다. 선택적 유통(selective distribution)은 집중적 유통과 독점적 유통의 중간 형태로 특정 지역내 소수의 중간상들에게 자사제품을 취급하도록 하는 전략을 말한다.[2]

1) 안강호외, 「유통관리원론」, 학현사, 2000.
2) 안강호외(2000)

〈표 19〉 점포유형별·제품유형별 구매행동의 특성

구 분	고객의 쇼핑(구매) 행동	경로커버리지전략
편의점-편의품	가장 가까운 점포에서 가장 쉽게 구할 수 있는 상품을 구매한다.	집중적
편의점-선매품	가장 가까운 점포에 진열된 상품들을 비교하여 선택한다.	집중적
편의점-전문품	고객들이 선호하는 상표를 취급하는 점포들 중에서 가장 가까운 점포에서 그 상표를 구매한다.	선택적 · 전속적
선매점-편의품	고객은 특정상표에 대한 선호는 없지만 가격과 서비스 면에서 경쟁점포들을 비교한 후 보다 유리한 곳을 선택한다.	집중적
선매점-선매품	상표와 점포를 함께 비교한 후 특정상표와 점포를 선택한다.	집중적
선매점-전문품	소비자는 가장 선호하는 상표를 구매하지만 그 상표를 취급하는 점포들 중 가격과 서비스 면에서 보다 유리한 곳을 선택한다.	선택적 · 전속적
전문점-편의품	소비자는 어떤 상표를 구매하더라도 상관없지만 특정점포에 대한 애호도가 높다.	선택적 · 전속적
전문점-선매품	소비자는 특정점포를 애용하지만 그 점포에 진열된 상표들을 비교한 후 선택한다.	선택적 · 전속적
전문점-전문품	소비자는 특정점포와 상표에 대한 애호도가 높다.	선택적 · 전속적

자료: 안강호 외(2000).

〈표 20〉 편의품 유통경로 전략

상품 특성	유통전략	
	일반적 유통전략	소매점포 활용
• 차별화 정도가 낮음 • 판매가격이 저렴 • 구입에 시간과 노력을 할애하지 않으려 함	• 진열위치 등으로 상품노출도 제고 • 가까운 점포에서 구입할 수 있도록 대형점과 소형점 복수유통 설계	• 종합슈퍼마켓 • 슈퍼마켓 • 편의점 • 가맹점 등

주) 편의품의 유통경로전략은 개방적 유통전략을 활용
주) 개방적 유통전략:
시장을 더 넓게 개척하기 위해 많은 경로구성원들을 이용함으로써 시장의 노출을 극대화하는 전략
자료: 고창룡(2006).

〈표 21〉 전문품 유통경로 전략

상품 특성	유통전략	
	일반적 유통전략	소매점포 활용
• 강한 브랜드 선호 • 고가격, 낮은 구입 빈도, 불규칙 구입 • 개인적 · 주관적 선호	• 선매품과 동일한 유통전략 • 유통경로 수직적 통합: 제조→소매점 단계의 경로 통합	• 직영점 • 대리점 • 가맹점 등

주) 전문품의 유통경로전략은 선택적 유통과 독점적 유통전략을 활용
주) 전속적 유통전략:
제품과 연결된 유일성(唯一性)의 이미지를 효과적으로 제고하기 위하여 정해진 구역에서 특정 경로구성원만이 활동하는 방식의 유통전략
자료: 고창룡(2006).

〈표 22〉 생산재의 유통경로 전략

상품 특성	유통전략	
	일반적 유통전략	소매점포 활용
• 2차 생산품의 원료 또는 실비 등이 해당됨 • 2차 생산품의 특성에 따라 거래단위의 큰 차이 발생	• 전문품과 동일한 유통전략→선택적 유통, 독점적 유통 • 유통경로 수직적 통합: 제조→소매점 단계의 경로 통합	• 전문상가 • 직영점 • 대리점

자료: 고창룡(2006).

5. 직접유통과 간접유통

유통경로구조는 유통경로의 길이를 말하는 것으로 일반적으로 직접유통과 간접유통으로 구분할 수 있다. 직접유통(direct distribution)은 생산물의 이전에 유통기관이 게재하지 않고, 생산자로부터 소비자에게 직접적으로 상품을 유통시키는 것을 말한다.

이에 비해 간접유통(indirect distribution)은 생산물의 이전에 독립적인 유통기관이 게재하는 유통시스템을 말하는 것으로 상품의 유통은 간접유통(indirect distribution)이 일반적이지만 1차 산품(농수산물)이나 소비용 공업제품에는 직접유통(direct distribution)이 많이 있다.

【그림 16】 유통경로구조의 유형

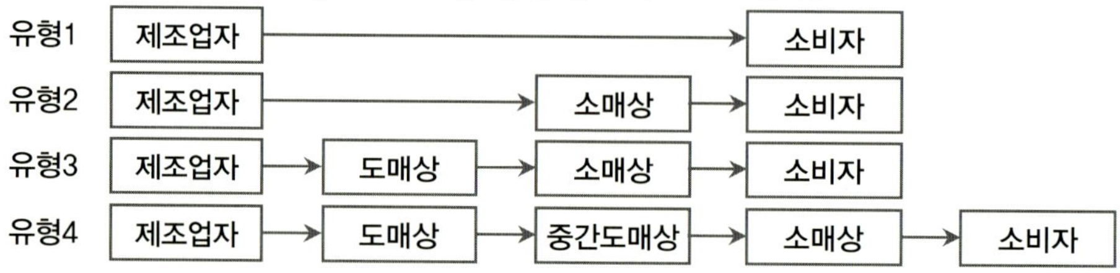

【그림 17】 일본 가전 유통업의 유통경로

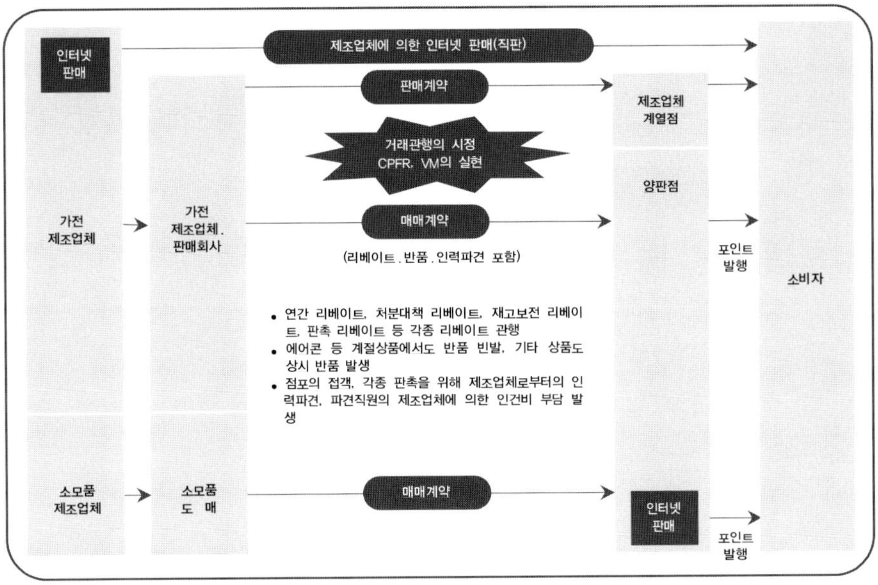

자료: NRI(2008).

【그림 18】 일본 청과물 유통업의 유통경로

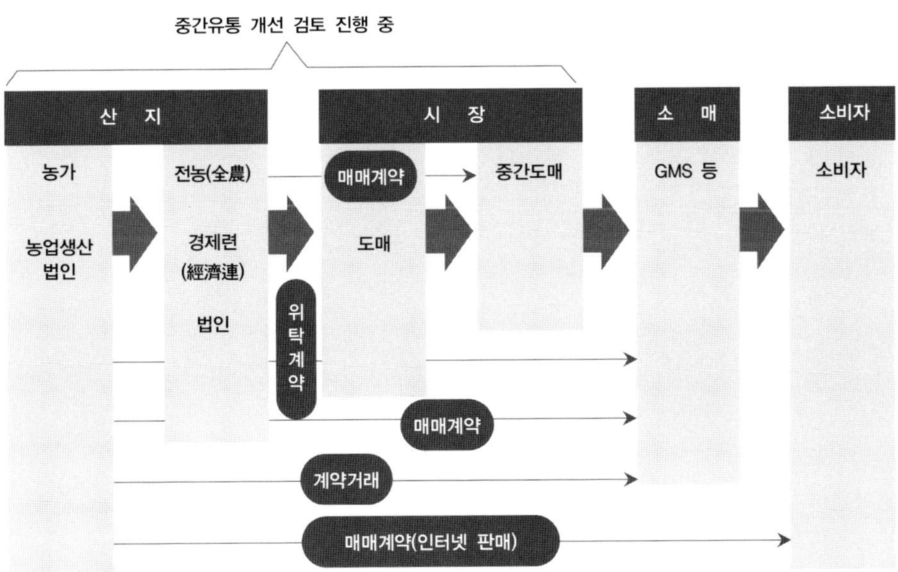

자료: NRI(2008).

【그림 19】 일본 수산물 유통업의 유통경로

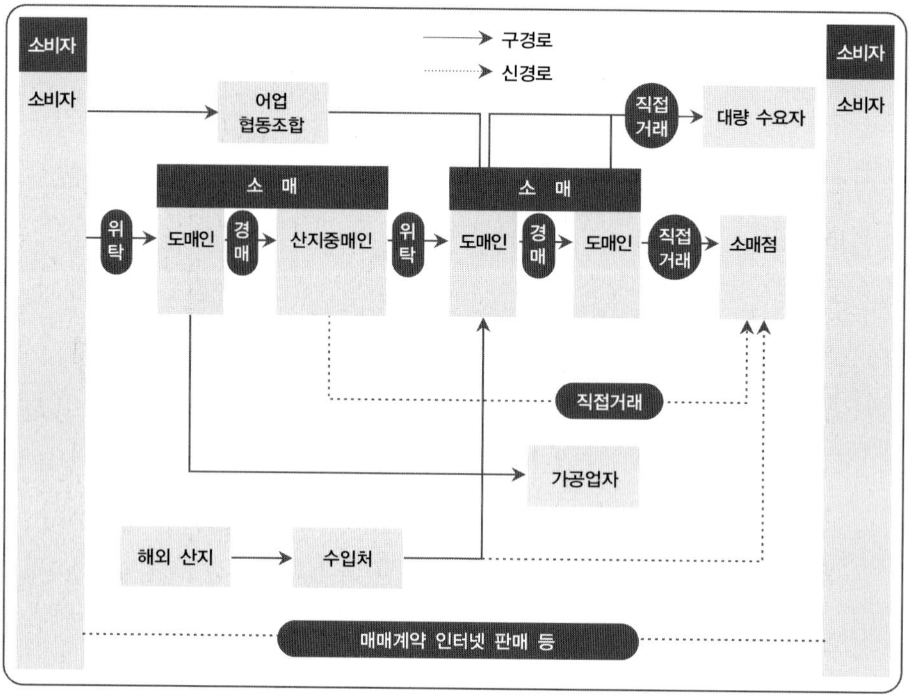

자료: NRI(2008).

제7장
e-유통경로 관리

1. 유통경로 파워와 갈등

유통경로 파워란 어떤 유통경로 구성원이 유통경로내의 다른 구성원을 통제할 수 있는 파워를 말한다. 일반적으로 유통경로가 효율적으로 유지되기 위해서는 유통경로의 리더가 개별 유통경로 구성원을 어느 정도 통제할 수 있고, 유통경로 구성원간에 갈등이 발생한 경우 유통경로파워로 갈등을 해결할 수 있어야 한다.

1) 유통경로 파워의 종류

(1) 보상적 파워(reward power)

유통경로 구성원중 한 유통경로 구성원이 다른 유통경로 구성원에게 어떤 형태로든지 보상을 할 수 있는 파워가 있는 경우

(2) 강제적 파워(coercive power)

유통경로 구성원중 한 유통경로 구성원의 통제에 다른 유통경로구성원이 따르지 않을 때 패널티를 줄 수 있는 파워

(3) 전문적 파워(expert power)

유통경로 구성원중 한 유통경로 구성원이 탁월한 전문적인 지식이나 첨단 기술을 보유함으로써 다른 유통경로 구성원에게 영향력을 행사할 수 있는 파워

(4) 정보적 파워(information power)

유통경로 구성원중 한 유통경로 구성원이 다른 유통경로 구성원이 갖고 있지 않은 중요한 정보를 제공할 수 있는 능력이 있는 경우의 파워

2. 유통경로 갈등관리

유통경로 갈등이란 유통경로 구성원간의 유통경로 목표에 대한 견해 차이와 유통경로 목표를 달성하는 과정에서 개별 유통경로 구성원들의 역할을 둘러싼 갈등을 의미한다.

【그림 20】 경로갈등의 발생과 전개과정

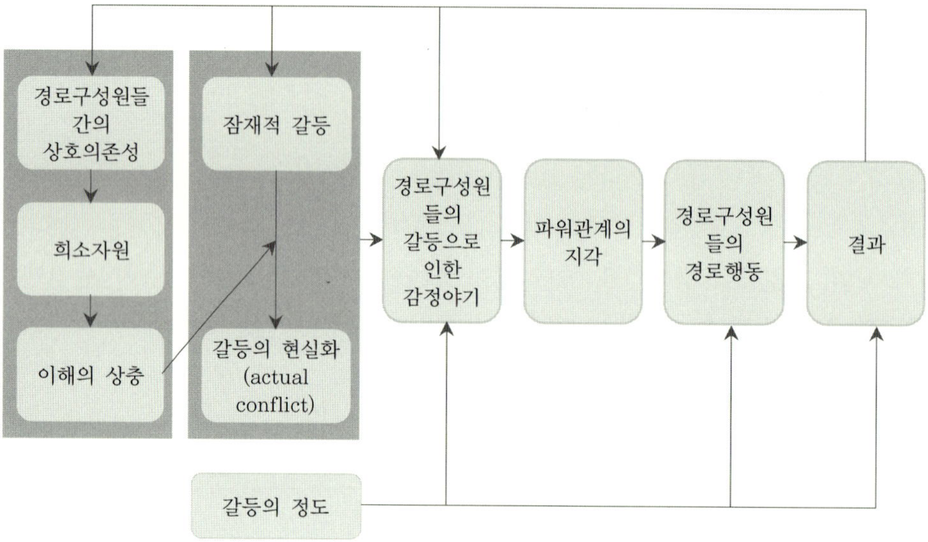

1) 수평적 경로갈등(horizontal conflict)

유통경로상의 동일한 유통단계에 있는 유통경로 구성원간의 갈등

2) 수직적 경로갈등(vertical conflict)

유통경로상의 서로 다른 유통단계에 있는 유통경로 구성원간의 갈등

3) 역기능적 갈등(dysfunctional conflict)

유통경로 갈등이 유통경로 구성원간의 협력을 저해시키는 결과를 가져오는 경우

4) 순기능적 갈등(functional conflict)

유통경로 갈등을 통해 오히려 유통경로내에 잠재되어 있던 문제가 발견되고 이를 해결함으로써 결과적으로 유통경로의 효율화를 가져오는 갈등

〈표 23〉 유통경로 갈등관리 방안

- 구성원 전체의 공동목표(superordinate goals) 설정
- 중재(arbitration)에 의한 해결
- 법적수단 또는 조정(conciliation)에 의존
- 회원들의 대표기구를 활용
- 경로구성원간의 상호교환 프로그램의 개발
- 협회에 공동가입(joint membership) 유도
- 계속적인 교육을 통한 갈등발생의 예방

자료: 안강호외(2000)

유통에세이 *essay*

"대량맞춤과 판매채널 다양화를 국내 불황 타개책으로"

경기침체가 장기화되고 있는 가운데, 고객맞춤형 마케팅전략과 다양한 판매채널 확보 등 미국 기업들이 추구하는 전략을 활용해 국내 판매부진을 극복하자는 주장이 제기됐다. 대한상공회의소가 최근 발표한 「미국 마케팅의 최근 동향과 국내에의 시사점」보고서에 따르면, 최근 미국 마케팅전략은 「대량맞춤(Mass Customization)시대의 도래」와 「판매채널 다양화(Multichannelling)」"로 요약된다면서, 정부와 업계 모두 새로운 패러다임에 대한 대비가 시급하다."고 주장했다.

'대량맞춤' 방식은 얼핏 모순관계의 결합으로 보이나 유일함을 추구하는 고객의 욕구에 부합하고 있어 각광받고 있다. '나이키'는 10달러의 추가비용으로 모양, 소재, 색상 등을 직접 설계할 수 있고, 여기에 자신의 이름까지 새겨 세계에 단 하나밖에 없는 "나만의 운동화"를 제작하고 있다. 미국의 남성복 브랜드인 "브룩스 브라더스(Brooks Brothers)" 뉴욕매장에서는 바디스캐너(body scanner)를 통해 12초 만에 한 고객의 삼십만 개 치수를 측정하고, 쇼룸에서 원하는 색상, 디자인, 직물 등을 선택하면 3주 후에는 "나만의 정장"을 가질 수 있다.

의류관련 전문컨설팅 회사 KSA(Kurt Salmon Associates)[3]에 의하면, 미국 소비자의 36%가 대량맞춤옷에 12~15% 더 높은 가격을 지불할 용의가 있다고 보고되고 있다. 미국 내에서 가격에 비해 가장 우수한 컴퓨터로 알려진 "델컴퓨터(Dell Computer)" 역시 고객이 직접 인터넷을 통하여 자신이 원하는 컴퓨터 사양을 직접 선택주문하고 있으며, 이런 방식의 판매가 현재 전체매출의 50%를 넘어서고 있다.

국내에서도 맞춤형 케잌, 맞춤형 부엌가구, 피부 맞춤형 화장품 등 대량맞춤의 방식을 도입하는 업체가 하나둘씩 생기고 있으나, 아직까지는 걸음마 단계에 있다. 또한 10년 전 사람들은 온라인점포가 등장하면 오프라인점포를 장악하리라

예상했다. 그러나 지금 미국에선 온라인·오프라인·카탈로그 등 여러 유통채널망을 통합적으로 관리하는 이른바 다채널 점포(Multichannel Retailer)가 온라인시장의 최종 승리자가 되고 있다.

순수 온라인점포의 매출성장률은 13%에 불과한데 반해, 다채널점포 매출은 이보다 4배 이상 높은 59%의 성장을 구가하고 있다(2002년). 이러한 무서운 성장세로 2002년에는 전체 온라인 매출의 72%를 기록하였고, 2003년에는 75%를 장악할 것으로 기대되고 있다(Forrester Research 2002).

실제로 세계 최대 온라인 서점 '아마존(Amazon)'은 오프라인 채널구축을 위해 오프라인 대형 경쟁서점인 '보더스(Borders)'와의 동침도 불사, 온라인 매출을 끌어 올리고 있다. 또한 젊은 층에 선풍적 인기를 끌고 있는 캐주얼 의류업체 J crew는 카탈로그업체로 시작하여 오프라인 및 온라인으로 진출, 현재는 세 채널 중 온라인에서 가장 높은 매출을 올리고 있다.

대한상의 관계자는 "순수 온라인점포의 수익성이 낮은 이유는 보지 않은 상품을 주문한다는 불안감 때문일 것"이라며, "고객이 직접 상품을 만지고 볼 수 있도록 전시매장의 오픈 등 판매채널 다양화를 조심스럽게 검토해야 할 것"이라 지적했다.

(대한상공회의소, 「미국 마케팅의 최근 동향과 국내에의 시사점」, 2001.1)

3) http://www.tc2.com/About/AboutMass.htm

유통에세이 essay

"델의 굴욕, 어디까지?"

왕년의 PC 제왕 델이 2위 자리를 지키기도 힘에 부칠 것이라는 전망이 나왔다. 이대로 가다가는 넷북을 내걸고 승승장구 판매량을 늘리는 에이서에 올해 안에 2위 자리를 내줄 것이란 굴욕적인 예측이다.

30일 인포메이션위크는 에이서가 현재의 상승세를 올해 하반기까지 유지한다면 전세계 PC 판매량 2위인 델의 자리를 탈환할 것이라고 전했다. 에이서는 29일(현지시각) 1분기 실적을 발표하는 자리에서 하반기 노트북PC 출하량이 30~40% 가량 뛸 것이라고 공언했다. 넷북 판매량은 다소 예측치를 낮췄지만 여전히 1000만~1200만대를 팔 수 있을 것이라 자신했다.

◇델, 3위로 추락하나 = 최근 시장조사업체 IDC가 발표한 1분기 델의 성적표는 최악이다. 델은 1년 전보다 전 세계 판매량이 16.7%, 미국에서는 16.2% 급감했다. 8년간 미국 PC시장 부동의 1위를 지켰던 델은 판매량을 12%나 늘린 HP에 자리를 내줬다. 이제 델은 간발의 차로 3위 에이서에도 쫓기는 형국이다. IDC에 따르면 1분기 2위 델과 3위 에이서의 미국 판매량 차이는 110만대에 불과하다.

'어스파이어' 넷북으로 대박을 낸 에이서의 전 세계 시장 점유율은 11.6%로, 13.6%로 추락한 델을 바짝 추격하고 있다. 지난해 같은 기간에 델은 14.7%로 에이서를 5%포인트(p) 이상 앞섰다.

또 다른 시장조사업체 가트너는 델이 13.1%, 에이서가 13%로 델이 고작 0.1%p 앞섰다며 둘의 판매량이 거의 같다고 발표했다. 더그벨 IDC 연구원은 "에이서가 예측치대로 성과를 낸다면 2위 자리에 오르는 것이 가능하다" 며 델이 하락세를 역전시키지 않으면 에이서의 추격을 감당하기 어려울 것으로 봤다.

◇ 자구책 안 먹히네 = 델의 굴욕이 시작된 것은 2006년이다. HP에 전 세계 PC 판매량 1위를 빼앗기며 'PC 제왕' 자리를 내줬다.

경영 일선에서 물러났던 창업자 마이클 델이 2007년 CEO로 복귀하며 델은 다양한 실험을 했다. 신앙처럼 여겨 온 직접 판매를 버리고 소매점에 진출하는 등 간접 판매 모델을 받아들였다. 컬러 노트북PC, 초박형 노트북PC '아다모'를 선보이는 등 디자인 개선에도 힘썼다.

하지만 여전히 일반 소비자 시장에서 델의 입지는 불안하다. 로렌 러버드 IDC 연구원은 "델의 매출 중 76%는 기업용 시장에서 나온다"며 델의 수익 구조를 지적했다. 소비자 시장은 PC 시장의 절반 가량을 차지한다. 기업용 시장이 정체하는 가운데, 소비자 시장이 PC 시장을 이끌고 있지만 델은 이를 제대로 잡지 못했다.

조지 시플러 가트너 연구원은 델이 해외시장에서 고전하고 있음을 꼬집었다. 델은 전통적으로 강세를 보여 온 미국 시장 의존율을 낮추기 위해 2년간 수출에 공을 들였다. 그럼에도 지난 분기 미국 밖 매출은 17.4%나 떨어졌다. 데이비드 프랭크 델 대변인은 이에 대해 "델은 장기적인 성장을 위해 노력하고 있다"며 "다음 달 말 분기수익을 발표하는 시점에 더 나은 소식을 전하겠다"고 밝혔다.

(전자신문, 2009.5.3)

제8장
도매 유통기관

〈표 24〉 유통기관

구분		내용
도매상	제조업자 도매상	• 판매지점이나 판매사무소와 같이 제조업자에 의해 운영되는 도매상 • 재고통제와 판매 및 촉진관리의 향상이 목적
	상인 도매상	• 자신이 취급하는 상품에 대한 소유권을 갖는다. • 제조업자나 소매상과는 별도로 독립하여 운영하는 사업체
	브로커와 대리인	• 대리 중간상 또는 기능 중간상 • 취급하는 상품에 대해 소유권은 없고, 상품거래의 촉진과 판매가격의 일정비율을 수수료로 받는다.
소매상	소유권	• 독립적 소매상 • 체인소매상 • 프랜차이즈 • 소비자조합 등

자료: 박금용(2007).

1. 도매업의 역할

도매상은 재판매 또는 사업을 목적으로 상품을 구입하는 자에게 상품이나 서비스를 판매하는데 관련된 모든 활동을 수행하는 상인을 말한다. 도매업은 유통경로에서 생산자의 판매대리기능과 소매업자의 구매대리기능을 수행하고 있다. 도매업은 다양한 상품을 메이커로부터 구매하여 각지에 분산된 소매점에 공급하는 역할을 하고, 특히 도매업은 메이커와 소매업의 중간에서 수요조정기능을 한다.

1) 도매업의 생산자에 대한 역할

(1) 유통경로 장악

생산자는 도매상을 통해 적은 비용으로 유통경로를 장악할 수 있다.

(2) 생산자의 재고부담 경감

생산자는 최종소비자에게 상품을 판매하기 이전에 도매상에게 상품을 인도함으로서 재고부담을 줄일 수 있다.

(3) 다수의 소량 주문처리

생산자는 다수의 소매상들의 소량주문을 도매상을 통해 행하고 있다.

(4) 시장정보제공 기능

소비자들의 상품에 대한 니즈를 생산자에게 전달

(5) 소매상들에 대한 서비스 제공

다수의 소매상들에 대한 다양한 부가서비스를 생산자를 대신하여 제공

2) 도매업의 소매상에 대한 역할

(1) 다양한 상품구색 갖춤

소매상은 다양한 상품구색을 도매상을 통해 갖출 수 있다

(2) 소량으로 구매

도매상들은 생산자로부터 상품을 대량 구매하여 각지의 소매상들에게 소량으로 판매하므로 소매상들은 소량으로 상품을 구매할 수 있다.

(3) 신용 및 금융제공

도매상은 자본력이 부족한 군소 소매상들에게 외상판매 등의 금융적 편의를 제공하여 영업활동을 지원한다.

(4) 상품 및 점포운영에 관한 다양한 서비스 제공

도매상들은 소매상에게 상품 및 점포운영에 관한 기술적, 마케팅적 다양한 서비스를 제공한다.

2. 도매업과 소매업의 차이점은?

(1) 도매업은 소비자를 직접 상대하는 비즈니스가 아니므로 소매업에 비해 상대적으로 점포의 입지나 외형적인 점포 꾸미기에 투자를 하지 않는다.

(2) 도매업은 각지의 군소 소매상을 상대로 비즈니스를 하므로 소매업에 비해 상대적으로 상권의 범위가 넓다.

(3) 도매업과 소매업은 유통관련 제도 및 세제 등에서 상이한 법규정의 적용을 받는다.

3. 도매상의 종류

【그림 21】 도매상의 종류

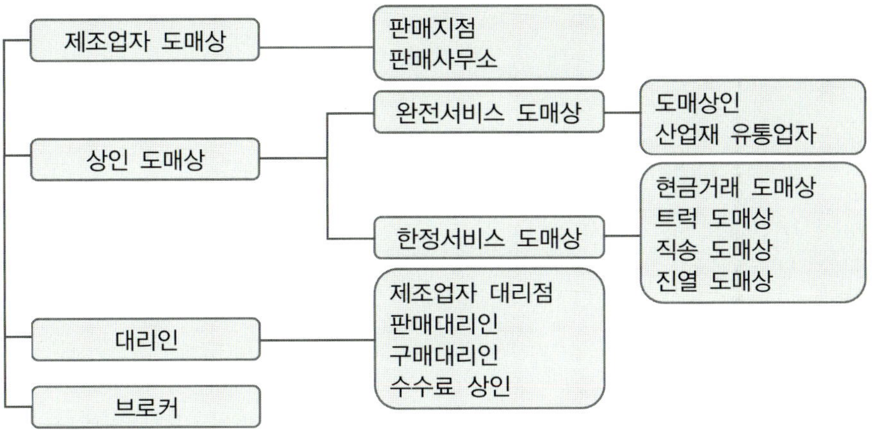

〈표 25〉 도매상의 분류

구분	상인도매상	대리도매상	제조업자 도매상
통제와 기능	도매기관이 도매기능을 통제하고 일부, 전부의 기능을 수행	제조업자와 도매기관이 약간의 통제와 기능을 분담	제조업자가 기능을 통제하고 모든 기능 수행
소유권	도매기관의 제품소유권	제조업자의 제품소유권	제조업자의 제품소유권
현금의 흐름	도매기관이 제조업자에게 대금을 지불하고 제품을 구입하며 다시 그 제품을 고객에게 판매	제품 판매 후 도매기관은 대금을 제조업자에게 지불하고 커미션·수수료를 받음	제조업자가 판매 후 대금 회수
최적이용	제조업자가 많은 제품을 보유하거나 지역적으로 분산된 고객에게 판매시 최적	고객지명도가 약할 시 적당	고객의 수가 적을 시, 지역적으로 집중되어 있을 시 최적

자료: 박금용(2007).

1) 제조업자 도매상

제조업자에 의해 직접 운영되는 도매상

2) 상인 도매상

제조업자나 소매상으로부터 완전히 독립된 전형적인 도매상

(1) 완전서비스 도매상

소매상에게 도매상으로서 제공할 수 있는 모든 서비스를 제공할 수 있는 규모와 역량을 갖추고 있는 대규모 도매상

(2) 한정서비스 도매상

소매상에게 특화된 서비스만을 제공하는 도매상

3) 대리인 및 브로커

상품에 대한 상품 소유권을 갖고 있지 않으면서 중간에서 상품거래를 연결하고 촉진시키는 도매상

4. 유통경로에서 도·소매 구조

1) 전통적 유통경로

유통경로에 존재하는 유통경로기관들이 상호 독립적이고 누구의 통제도 받지 않는 유통경로를 말한다.

2) 수직적 마케팅시스템(vertical marketing system: VMS)

유통경로구성원들이 본부에 의해 통제되는 네트워크형태의 유통경로시스템을 말한다.

【그림 22】 VMS의 주요유형

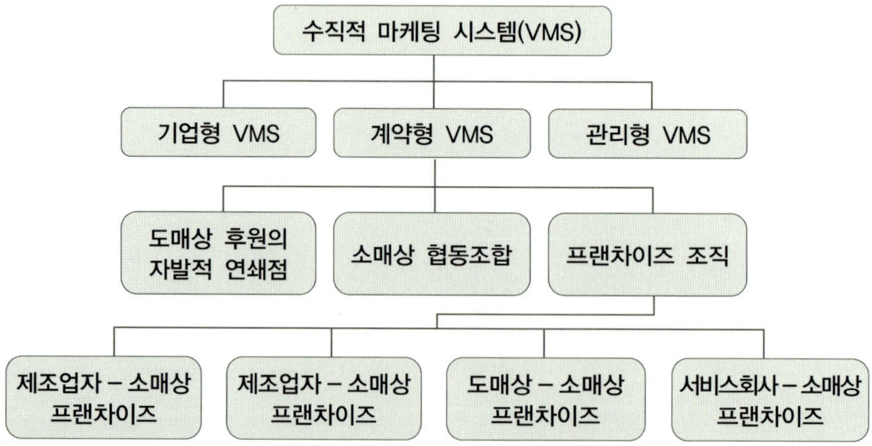

〈표 26〉 전통적 유통경로와 수직적 유통경로의 특성 비교

구분	전통적 유통경로	수직적 유통경로
구성원	• 독립적이고 자치적 단위 • 각각 전통적인 마케팅 기능을 수행 • 주로 흥정과 협상으로 조정	• 상호 관련적 단위 • 각각은 최적결합의 마케팅 기능을 수행 • 상세한 계획과 포괄적 프로그램으로 조정
안전성	구성원의 충성심이 낮고 진입이 상대적으로 용이한 개방적 시스템	개방적 네트워크이지만 시스템의 요구와 시장 조건에 의해 진입은 엄격히 통제
분석	마케팅의 한 단계에서 비용, 판매량, 투자관계에 관심	마케팅 전체 단계의 비용, 판매량, 투자관계에 관심, 유리한 경제적 상충관계 분석
의사결정 과정	일반인에 의해 결정되는 판단에 크게 의존	전문가나 전문위원회가 판단하는 과학적 결정에 크게 의존
책임	의사결정자는 전통적 형태의 경로에 감정적으로 책임	의사결정자는 마케팅 개념과 생존력 있는 기관에 분석적 책임

자료: 안영일(2006).

3) VMS의 종류

(1) **관리형** VMS(Administered VMS)

유통경로구성원들은 상호 독립적이나 어느 한 유통경로구성원의 파워나 정보등에 의해 조정되는 VMS를 말한다.

(2) **계약형** VMS(Contractual VMS, Chain Operation)

계약형 VMS는 체인 오퍼레이션(chain operation)으로 체인 오퍼레이션(chain operation)은 다수의 점포를 체인본부가 일괄 관리하는 경영방식이다. 연쇄점(連鎖店, chain store)은 다수의 점포가 협동체제로 조직화된 대형소매집단으로 체인본부가 경영노하우를 제공하고, 개별점포는 판매에만 전념하는 시스템이다.

일반적으로 유통시장에 첫발을 내딛는 단독소형점포는 일반소비자에게 알려지는데 상당한 시간이 소요되지만, 연쇄점이 되면 기존 체인스토어의 대중인지도를 가질 수 있고, 체인본부의 대량구입에 의해 구매비용을 절감할 수 있다.

① **도매상 후원 자발적 연쇄점**(wholesaler-sponsored voluntary chain)

도매상을 중심으로 독립적인 소매상들이 수직통합된 유통경로조직으로 소매상들은 상호독립성을 유지하면서 대규모 도매상의 후원 및 조정을 받는다.

② **소매상 협동조합**(retailer cooperative voluntary chain)

중소 소매상들이 도매기능을 가진 공동소유의 조직체를 결성하여 이를 공동으로 운영하는 경로조직으로 전형적인 볼런터리체인의 형태이다. 볼런터리체인(voluntary chain)은 자유독립형연쇄점, 임의연쇄점이라고 하는데 볼런터리체인은 독립소매점들이 개별점포의 독립은 유지하면서 자본을 출자하여 체인본부를 만들어 체인화하는 시스템이다. 독립소매점은 개별점포의 독립성은 상실하지 않은 채 체인화로 규모의 경제와 인지도 향상의 이익을 얻을 수 있다.

③ **프랜차이즈 시스템**(franchise system)

프랜차이즈란 프랜차이즈 본부(franchisor)가 계약에 의해 가맹점(franchisee)에게 일정기간 동안 특정지역 내에서 자신들의 상표, 상호, 사업운영방식 등을 사용하여 제품이나 서비스를 판매할 수 있는 권한을 주는 유통경로조직이다.

즉, 프랜차이즈체인(franchise chain: FC)은 프랜차이지(franchisee: 가맹점)가 프랜차이저(franchisor: 체인본부)에게 개업시 가맹료(간판사용료)를 지불하고 체인본부로부터 판매권(franchise)을 받아 운영하는 시스템이다.

판매권(franchise)이란 가맹점(franchisee)이 프랜차이즈 체인본부(franchisor)의 상호와 상표를 사용하여 상품을 판매할 수 있는 권리이다. 프랜차이즈시스템에서 franchisor는 상품을 개발하고, 체인전체를 운영하며, 프랜차이지(franchisee, 가맹점)는 상품과 경영지도를 받고, 체인의 상호를 사용하여 오로지 판매에만 전념한다.

일반적으로 프랜차이즈체인은 체인본부가 가맹점을 모집하여 체인화하고, 가맹점은 체인본부로부터 지속적인 경영지도를 받고 매출액의 일정비율을 경영지도료로 체인본부에 지급한다.

프랜차이즈 체인본부는 상품과 경영노하우만 있으면 단기간에 다수의 가맹점을 모집하여 소자본으로도 개설자금을 거의 들이지 않고 여러 점포를 체인으로 할 수 있고, 가맹점으로부터 가맹료와 경영지도료를 받는 장점이 있다.

〈표 27〉 좋은 체인본사 고르려면

- 본사의 재정, 운영상태, 임원의 전직을 확인하라
- 실제 영업 중인 가맹점 수가 몇 개나 되는지 확인하라
- 안정적인 제조, 유통라인이 구축되어 있는지 확인하라
- 가맹점 지원을 확실히, 지속적으로 하는지 확인하라
- 모집광고를 지나치게 많이 하는지 확인하라
- 급부상하는 신종업종은 추이를 지켜본 후 판단하라
- 관련법규가 없어 제재가 예상되는 신흥업종은 피하라.
- 신규 브랜드를 마구 늘리는 본사를 주의하라.
- 독점 영업권을 주는지 확인하라.
- 가맹점주들의 사업 경험담을 직접 들어보라.

〈표 28〉 프랜차이즈 시스템의 형태

형 태	내 용
지역프랜차이즈 (territorial franchise)	시, 도, 국가 등의 단위로 프랜차이즈가 주어진다. 프랜차이즈 권한을 부여받은 기관은 자기 영역 내에서의 가맹점 설립, 교육 등의 책임을 지며 이들로부터 각종 수익을 취득한다.
운영프랜차이즈 (operating franchise)	개별 독립가맹점이 자신의 프랜차이즈를 운영하는 가장 일반화된 형태이다. 가맹점은 본부 또는 그 지역 프랜차이즈권을 가진 기관과 계약을 맺는다.
이동프랜차이즈 (mobile franchise)	자동차 등의 이동성 도구를 통해 특정의 제품을 판매하는 프랜차이즈 시스템을 말한다.
총판 (distributorship)	다양한 제품의 독점판매권을 가지며 자체적으로 가맹점을 모집할 수 있다. 대체로 총판권을 가진 기관은 지역적 배타성을 갖는다.
공동소유 (co-ownership)	본부와 가맹점이 공동으로 투자하고 소유한다.
공동관리 (co-management)	본부가 투자의 대부분에 참여하며 경영에도 참여하여 이윤을 나누는 형태이다.
임대 (leasing)	본부가 소유하고 있는 토지, 건물, 설비 등을 가맹점에게 임대하는 형태이다. 이 경우에는 가맹점의 탈퇴를 방지할 수 있는 장점이 있다.
라이센싱(licensing)	가맹점에게 상호나 경영기법을 사용할 수 있는 허가를 해주는 제도이다.
제조프랜차이징 (manufacturing)	가맹점이 생산 기술까지 전수 받음으로써 생산과 판매의 기능을 수행하는 형태이다. 이러한 형태는 판매지역이 매우 넓어서 한 지점에서 제조하여 유통하기엔 비용이 많은 경우에 행해지며 미국의 침대 제조회사인 Sealy사가 이 제도를 채택하고 있다.
서비스프랜차이징 (service)	본부가 가맹점에게 전문적 서비스를 제공하는 표준화된 기법들을 제공하는 형태이다. 호텔, 식당, 렌트카 산업의 프랜차이즈가 이에 해당한다.

〈표 29〉 프랜차이지(가맹점)가 얻는 장점

- 가맹점은 본부가 경영이나 상품판매의 노하우를 지도해주기 때문에 판매에만 전념.
- 사업경험이 없이도 프랜차이즈 본부의 지도를 받기 때문에 실패위험 감소.
- 체인본부의 일괄적인 광고, 캠페인으로 개별점포보다 효과적인 판촉가능.
- 체인본부를 통해서 대량 구매된 상품을 싸게 매입할 수 있고, 유명한 체인의 간판덕분에 대량으로 팔 수 있게 되면 로열티를 지불해도 순수익이 늘어난다.

〈표 30〉 프랜차이지(가맹점)이 직면하는 단점

- 본부에 대한 의뢰심으로 자사이미지 제고노력 부족.
- 표준화된 통일적 운영으로 독자적인 경영기법 적용 불가.
- 본부와 가맹점간의 이해상반시 본부이익의 최우선.
- 본부가 모든 시책을 입안, 실시하므로 가맹점의 실정을 무시
- 타가맹점이 도산할 때 전체적인 이미지가 실추됨
- 본부가 약화되었을 때 본부의 지도, 원조가 충분히 이루어지지 않음..

(3) 기업형 VMS(Corporate VMS)

한 경로구성원이 다른 경로구성원들을 법적으로 소유·관리하는 형태로 회사형 연쇄점을 말한다. 회사형연쇄점(CC: corporate chain or RC: regular chain)은 기업형 연쇄점, 레귤러체인, 직영체인점이라고 한다. 회사형연쇄점은 한 기업(체인본부)이 자기자본과 자기책임하에 다수의 직영점을 각지에 설립하고 체인본부가 일괄하여 관리하는 체인방식이다. 이러한 회사형연쇄점에서 체인본부와 개별점포는 동일한 회사이므로 개별점포는 모든 것을 체인본부의 지시에 따른다.

① 후방통합 기업형

소매상이나 도매상이 제조업체를 소유하거나 제조업체가 부품공급업체를 소유하는 유형을 말한다.

【그림 23】 제조업체의 후방 진출 사례

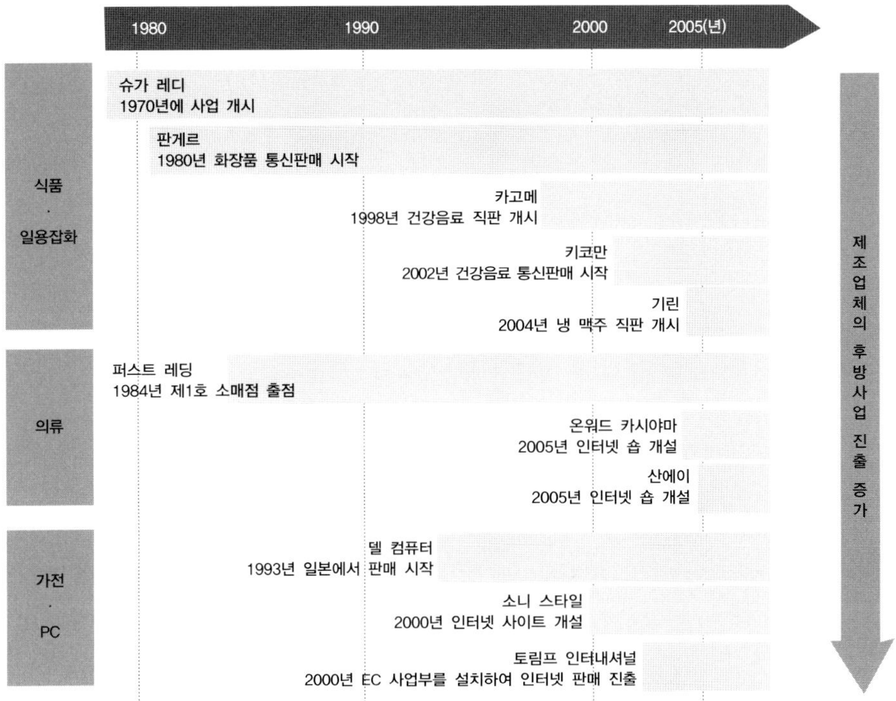

자료: NRI(2008).

② 전방통합 기업형

제조회사가 도·소매업체를 소유하거나 혹은 도매상이 소매업체를 소유하는 유형으로 유통계열화라고도 한다. 대기업이 자신의 그룹 내에 새로운 분야의 회사를 설립하거나 기존 기업을 인수하여 그룹에 소속시키는 것을 대기업의 계열사 확장이라고 하는 것처럼, 유통계열화란 생산자가 직접 판매회사나 소매점을 설립하거나 기존의 유통기관을 인수하여 유통기관을 계열화하는 것을 말한다.

생산자들이 막대한 자금이 투입되는 유통계열화를 하는 이유는 첫째, 생산자가 유통경로를 장악하여 유통기관에 간섭받지 않고 자신의 제품판매를 지속적으로 증가시키려는 경영전략의 측면과 둘째, 소비자의 상품에 대한 니즈를 직접 파악하여 급변하는 시장환경 변화에 대처하려는 경영전략으로 볼 수 있다.

최근 들어 유통시장은 대형소매점(백화점, 할인점) 등을 중심으로 유통경로상에서 생산자와의 관계가 과거 종속적인 관계에서 유통우위로 바뀌고 있다. 이러한 유통시장의 변화 속에 대기업을 중심으로 대형 생산자들은 유통경로상에서 생산자우위를 유지하는 가운데 자사상품의 시장점유 증가와 판매이익 극대화를 위해 유통계열화를 하는 경우가 증가하고 있다.

또한 국내외적으로 상품경쟁이 더욱 치열해지고 있는 생산환경에서 생산자가 소비자의 상품에 대한 니즈와 구매패턴 변화를 신속하고 정확하게 파악하여 제품설계에 반영하는 것은 경쟁력차원을 넘어선 생존전략이다. 그런데 소비자니즈와 구매패턴 변화는 소비자를 직접 대면하는 유통현장에서 가장 정확하고 신속하게 접할 수 있다. 생산자는 이러한 유통현실을 인식하고 경영전략차원에서 유통계열화를 한다.

〈표 31〉 소매업체에 의한 전방사업 자본 참여

기업명	자본참가 대상	활동개요
세븐일레븐재팬 (CVS 업계)	와라베야 나치요 (조리식품)	• 와라베야의 주식을 3.18% 보유하고, 창업가, 금융기관을 제외한 최대 주주 • 와라베야는 매출의 70%가 세븐일레븐에 집중, 세븐일레븐 도시락의 50%가 와라베야에 의존 • 사이타마현에 세븐일레븐 전용의 자회사를 설립하고, 상품 공급체제를 강화
이온 (GMS업계)	오리진 토슈 (조리식품 소매)	• 대형 홈센터인 돈키호테에 의한 TOB에 대해 이온이 경합하고, 최종적으로 이온의 자회사화 • 이온은 그룹 내의 조리식품 강화가 오랜 과제이며, 제조기능을 흡수하여 해결의 실마리 도모
마츠모토 키요시 (드럭스토어)	이토히데 종합상사 (일용품 도매)	• 일용품 도매업자인 이토히데의 자회사화 및 상품구매력 강화 • 지주회사의 재무본부가 M&A 기능을 갖고 있으며, 다음 단계로 의약품 도매업자의 매수 검토 후 의약품 제조업체를 인수할 방침

자료: NRI(2008).

〈표 32〉 전통적 유통경로와 VMS의 특징

특 성	전통적 유통경로	관리형 VMS	계약형 VMS		기업형 VMS
			자발적 연쇄점과 협동조합	프랜차이즈	
시스템 차원의 목표	없다	제한적, 비공식적	제한적, 비공식적	광범위, 공식적	완전, 공식적
조정 메커니즘	교섭력, 협상력	마케팅 프로그램	계 약	계 약	기업정책
의사결정자	개별조직	비공식적 협력단체	승인된 도소매업체	승인된 본부	집중적
결속력	불안정적	약 함	중 간	매우 높다	매우 높다
규모의 경제 실현 가능성	희박	약 함	높 다	매우 높다	매우 높다
유연성	매우 높다	높 다	중 간	낮 다	매우 낮다
재고수준	매우 낮다	중 간	높 다	높 다	매우 높다

5. 도매업의 생존전략

일반적으로 도매업은 생산자, 소매업, 소비자가 영세하면 할수록 역할이 커지고, 반대가 되면 도매업의 역할이 감소한다. 즉, 생산자와 소매업이 대형화되면 상품의 유통에서 도매업을 거치지 않는 직거래가 증가한다.

생산자가 대형화되면 자체 판매회사를 설립하여 도매업을 거치지 않고 소매점에 상품을 직접 공급하는 경우가 증가하고, 대형소매점과 소비자조합도 도매업을 거치지 않고 생산자와 직거래하는 경우가 증가한다. 특히 소매점이 볼런터리체인화할 경우 볼런터리체인본부는 도매업의 기능을 대신한다.

초기산업사회에서는 대형도매상이 영세한 생산자와 소매상의 중간에서 자본을 무기로 단순히 생산자로부터 대량구매하여 보관하였다가 소매상에게 소액, 소량으로 분산판매하는 역할만으로도 사업을 영위할 수 있었으나 이러한 단순한 도매활동만으로는 더 이상 유통경로에서 생존할 수 없다. 도매상이 유통경로에서 필요한 존재가 되려면 생산자가 중소소매상에게 지원할 수 없고, 중소소매상도 자체적으로 한계를 느끼는 마케팅, 물류 등의 경영활동을 지원해주는 서비스머천다이저로 탈바꿈해야 한다.

【그림 24】 도매상 쇠퇴의 구도

1. 외국의 경우

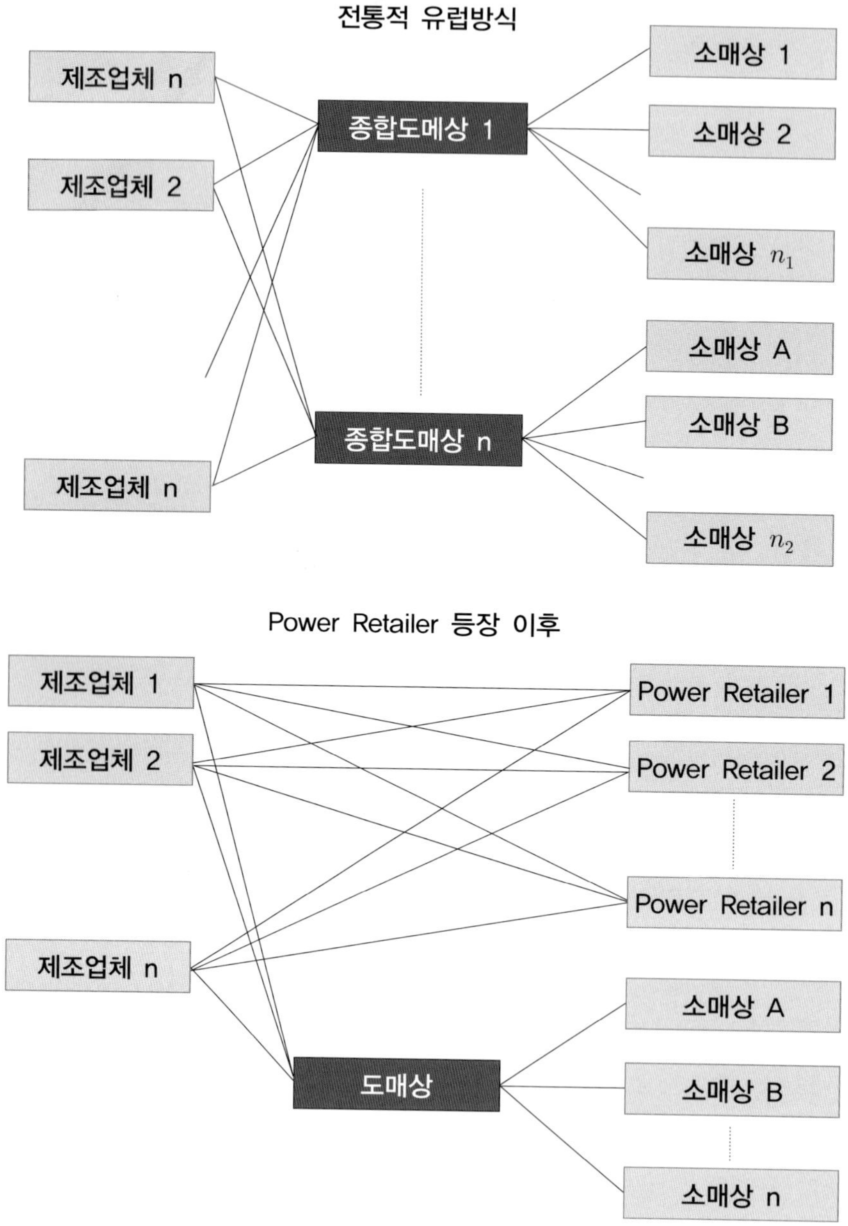

2. 한국의 경우

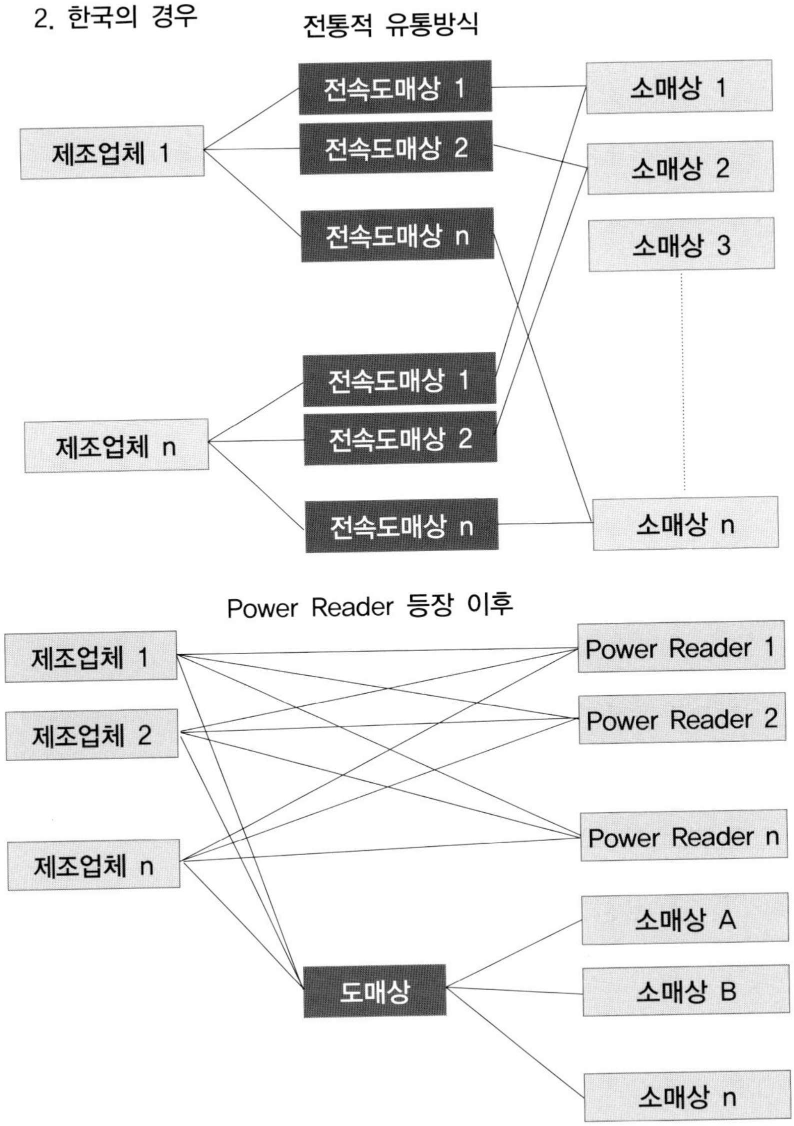

자료: 안강호(2008).

제9장
소매 유통기관

1. 소매상의 역할

소매상이란 최종소비자에게 재화나 서비스를 판매하는 것에 관련된 활동을 수행하는 상인을 말한다. 온·오프라인 소매업은 생산자의 판매대리 기능과 소비자의 구매대리 기능을 수행하고 있다. 그런데 많은 사람들이 소매업체는 소비자에게만 역할이 있다고 생각하는데 소매업체는 소비자뿐만 아니라 생산자에게도 해야 될 역할이 있다. 치열한 경쟁 속에서 살아남으려면 소매업체는 생산자, 소비자 모두에게 충실한 역할을 해야 한다. 소매업자는 생산자와 소비자 쌍방의 대리기능을 수행한다.

1) 소비자에 대한 역할

(1) 소비자가 원하는 상품구색과 적절한 재고유지

소매업은 다양한 상품 중에서 소비자가 원하는 상품을 제공하고 소비자가 원하는 수량만큼 상품을 살 수 있는 기회를 제공해야 한다. 소매업은 국내외의 수 많은 생산자들로부터 제공되는 다종다양한 상품 중에서 품질이 좋고 가격이 적당한 상품을 소비자를 대신해서 선별하여 소비자에게 제공해야 한다. 소매업은 단순히 생산자로부터 상품을 구매해서 매장에 진열했다고 해서 소비자에 대한 역할을 다한 것이 아니다. 소매업은 철저한 상권분석을 통해 소비자가 원하는 상품을 제공해야 한다.

Check Point

유통정보의 활용과 재고관리

60~70년대를 돌이켜보면 국내에 유통되는 치약은 모 회사의 하얀색치약 하나였다. 그러나 최근 우리가 사용하는 치약의 종류는 가격, 색깔, 성분 등에서 다종다양하다. 과거 60~70년대 동네 슈퍼사장님은 치약을 갖다 놓으면 그냥 팔렸고, 무슨 치

약이 잘 팔릴까 고민할 필요가 없었다. 그러나 2000년대 슈퍼마켓 사장님은 치약 때문에 처절한 고민을 해야 한다. 고객들이 어떤 치약을 원하는지 철저한 소비자 분석을 해야 한다. 고민하지 않는 사장님은 유통기관으로서 소비자에 대한 역할을 하지 않고 있는 것이고, 손님들은 발길을 돌리고 만다. 유통은 단순히 생산과 소비를 연결하는 역할이외에 유통활동을 통해 효용과 부가가치를 창조해야 한다.

유통기관은 국내외의 수 많은 생산자들로부터 제공되는 다종다양한 상품 중에서 품질이 좋고 가격이 적당한 상품을 소비자를 대신해서 선별하여 소비자에게 제공해야 한다. 유통기관은 단순히 생산자로부터 상품을 구매해서 매장에 진열했다고 해서 소비자에 대한 역할을 다한 것이 아니다. 유통기관은 철저한 상권분석을 통해 소비자가 원하는 상품을 제공해야 한다.

또한 소매업의 적절한 재고유지는 그 소매업을 믿고 찾는 소비자에 대한 역할을 넘어선 의무이다. 기쁜 마음으로 소매업을 찾은 소비자가 상품이 품절되어 구매할 수 없거나 대량구매를 원하는데 충족시켜주지 못하는 소매업은 결국엔 소비자로부터 외면당한다.

소매업의 경영에 있어 적절한 재고유지는 필수불가결한 사안이다. 우리가 음식을 너무 많이 먹어도 적게 먹어도 탈이 나듯, 재고가 너무 많아도, 너무 적어도 탈이 난다. 재고가 너무 많다는 것은 팔리지 않는 물건이 소매업의 창고나 진열대에 수북이 쌓여서 한가히 놀고 있는 형상으로 소매업체는 이에 따른 다음과 같은 비용부담을 감수해야 한다.

상품구매비용은 자신의 현금으로 구매한 경우 기회비용측면에서 보면 상품구매에 들어간 돈을 상품구매를 하지 않고 은행에 맡겨두었을 경우의 이자소득이 발생할 수 있었는데 하는 가지 않은 길에 대한 기회비용이 발생한다. 그리고 설상가상으로 금융기관이나 타인으로부터 차입금에 의해 상품을 구매한 경우 상품이 팔리지 않은 상태에서 꼬박 꼬박 이자부담을 해야 한다.

또한 팔리지 않은 상품은 그 자체가 미운 오리세끼인데 마냥 오리세끼취급을 할 순 없다. 왜냐면 더 큰 손해를 안겨주기 때문이다. 냉동식품이 잔뜩 재고로 남은 경우 성질 같아선 아무창고에나 처박아 두고 싶겠지만...... 전기세 등이 팍팍 들어가는 대형냉장고에 보관해야 한다.

수북이 쌓여있는 재고는 그 자체가 스트레스덩어리이지만 만약 그냥 바람과 함께 사라진다면 예를 들어 도난을 당한다거나, 화재로 전손되거나 하면 이건 스트레스를 넘어서 히스테리가 된다. 이런 걸 방지하기 위해서 소매업은 도난방지시스템을 설치하거나, 보험에 가입하거나 아니면 로보캅을 채용하거나...... 다 금쪽 같은 돈이죠!

이처럼 과도한 재고유지는 소매업에 큰 부담을 안겨주고 심한 경우 도산의 원인으로 작용할 수 있다. 소매업은 흔히 말하는 잘 맞지도 않는 감(필링)등에 의해 주먹구구식으로 재고관리를 해서는 안 된다. 상품과 소비자에 대한 객관적인 조사와 유통정보화 등으로 적절한 재고관리를 해야 한다.

Check Point

결품은 고객을 떠나게 한다.

강군은 일요일 오랜만에 집에서 느긋하게 망중한으로 여기저기 케이블TV를 시청하고 있었는데 채널을 돌리던 중 그동안 꼭 녹화해 두고 싶었던 다큐멘터리를 10분 후에 방영한다는 안내방송을 보고 급히 집 앞 슈퍼마켓으로 비디오테이프를 사러 뛰어 갔다. 마음속으론 당연히 있겠지 하면서...... 그러나 슈퍼마켓 사장님 왈 "다 떨어졌는데요", 누구나 살다보면 한번쯤은 이런 일을 겪을 것이다. 슈퍼마켓 사장님의 재고유지 실패가 소비자인 강군에게 쓰라린 아픔을 준 것이다. 이처럼 유통기관의 적절한 재고유지는 그 유통기관을 믿고 찾는 소비자에 대한 역할을 넘어선 의무이다. 기쁜 마음으로 유통기관을 찾은 소비자가 상품이 품절되어 구매할 수 없거나 대량구매를 원하는데 충족시켜 주지 못하는 유통기관은 결국엔 소비자로부터 외면당한다.

(2) 상품 관련 정보의 제공

우리는 일반적으로 소매업은 단순히 상품만을 판매하는 역할을 한다고 생각하는데 소매업은 상품판매뿐만 아니라 상품과 관련된 무형의 가치인 다양한 정보(상품, 유행, 생활)를 소비자에게 제공해야 한다. 특히 오늘날처럼 상품의 종류가 다양해지고, 상품의 유행패턴이 급속히 변하는 유통환경에서 소매업의 소비자에 대한 신뢰할 수 있는 상품에 대한 정보제공은 더욱 필요하다.

일반적으로 소매업이 소비자에게 상품에 대한 다양한 정보를 제공할 수 있는 방법은 다음과 같다. 첫째, 매장의 판매원 서비스를 통한 정보전달의 방법이 있다. 우리는 일반적으로 소매업에 종사하는 판매원은 판매, 진열, 포장, 전표기재, 계산 등의 단순한 일만을 한다고 생각하는데 판매원은 소비자에게 전문적이고, 신뢰할 수 있는 정보를 제공하는 전문적인 구매상담자로서의 역할을 해야 한다.

우리나라 유통산업의 경쟁력 취약요인 중에 하나가 유통전문 인력이 턱없이 부족하다는 점이다. 특히 전문판매원에 대한 교육이 제대로 이루어지지 않고 있다. 전문판매원의 양성은 판매원 자신의 노력뿐만 아니라, 정부, 학계, 유통업계의 산학 협력이 필요한 사안이다.

둘째, 상품 디스플레이 및 판촉물을 통한 정보전달 방법이 있다. 어떤 소매업을 방문해 보면 상품과 판촉물이 혼란스럽게 뒤엉켜 있는 경우가 있는데 상품진열대는 소비자에게 상품에 대한 다양한 정보를 쉽게 전달할 수 있는 곳이다. 많은 소매업들이 상품정보라는 의미를 진열된 상품안내에 국한하여 생각하는데 물론 지금 어떤 상품이 있다는 정보를 소비자에게 전달하는 것도 중요하지만 광고와 판촉 홍수 속에 사는 요즘 소비자들은 단순한 판촉정보에는 눈길을 주지 않는다는 점을 명심해야 한다.

매일 아침 신문 속에 뒤엉켜있는 소매업의 판촉물을 다 보는 소비자는 거의 없을 것이다. 대부분의 전단지는 그냥 쓰레기통으로 던져지기 마련이다. 동일한 식품판촉물이라도 그냥 단순한 판촉물과 계절에 맞는 시의적절한 요리법을 담고 있는 판촉물중 어디에 소비자의 눈길이 머물까? 요리법이 잘 정리된 전단지는 냉장고에 걸어두고 보지 않을까?, 생활에 필요한 정보가 실린 판촉정보가 소비자의 눈길을 끌고, 이러한 정보제공은 고객에 대한 작은 배려이다.

셋째, 이벤트를 통한 정보전달 방법이 있다. 소매업들의 이벤트를 통한 정보전달은 판매하는 상품관련 행사를 개최하여 소비자들에게 평소에 접할 수 없는 다양한 정보를 제공하는 장을 마련하는 것인데 예를 들어 의류점의 패션쇼, 컴퓨터점의 컴퓨터관련 전시회, 서점의 유명작가와 독자와의 만남 등이 있다. 최근 들어 거리를 지나다 보면 개업식이 있는 곳이면 어디든 어김없이 대형풍선장식과 현란한 춤의 도우미를 자주 마주친다.

이러한 소매업의 행사는 별로 즐거울 것 없는 현대인들에게 작은 즐거움을 주곤 한다. 아쉬운 점은 이러한 행사가 소비자에게 다양한 정보제공과 소매업의 전문성을 홍보할 수 있는 좋은 기회인데 잘 살리지 못하고 있는 점이다.

Check Point

판매원의 상품에 대한 전문지식은 고객을 부른다.

최근 들어 가요나 팝송에서 여러 가수들의 히트곡을 한데 묶은 베스트앨범이 한창 잘 팔리고 있다 클래식 음악도 옴니버스식의 CD가 나오고 있는데 가요나 팝송에 비해 전문지식을 요하는 부분 때문에 선택하기가 싶지 않다. 그동안 가요와 팝송에 식상한 강군이 어느 날 불현듯 클래식 음악을 듣고 싶어 유통기관을 방문하였다 어떤 클래식CD를 사야 될지 모르고 헤매다가 판매원에게 자문을 구했는데 클래식에 문외한이긴 판매원도 못지않아...... 강군은 그냥 제일 개수가 많은 옴니버스CD를 사가지고 집으로 가던중 발걸음을 멈추고...... 혹시 하는 생각에 CD를 판매하는 다른 유통기관에 들어가 클래식CD에 대해 판매원에게 자문을 구했다. 그런데 이 판매원은 클래식 음악전문가였다. 예를 들어 클래식CD는 연주자 및 레코딩회사에 따라 차이가 많이 난다는 등의 클래식CD사는 방법을 자세히 설명해 주었다. 불현듯 강군은 자신의 손에 들려있는 클래식CD가 무명의 연주자에 의해 연주된 품질이 현격히 떨어진 CD란 걸 알았다! 그리고 되뇌였다. 클래식 아는 만큼 보인다.

Check Point

ISP란?

점내판촉(In-Store Promotion)은 유통업체가 매장내에서 특정상품에 대한 판촉을 함으로써 구매촉진을 강화하는 전략을 말한다. 이러한 점내 판촉은 가격할인, 전단지, 쿠폰 등을 활용한 가격주도형과 샘플링, 연관된 상품의 진열 등과 같은 비가격 주도형으로 구분할 수 있다(고창룡, 2008: 174)

(3) 쇼핑장소 제공

쇼핑은 참 즐거운 일이다. 돈과 시간이 깨지는데 왜 즐거울까?

원하는 물건을 사기 때문에 단지 그 이유만으로...... 좀 더 생각해 보면 쇼핑하는 장소가 즐겁기 때문이다. 한번 생각해 보자! 무더운 여름 에어컨이 빵빵 나오는 청결하고 쾌적한 분위기의 백화점에서 즐거운 음악을 들으면서 상냥한 판매원의 서비스를 받으며 쇼핑하는 것은 그것이 단지 보는 것에 끝나더라도 분명 즐거운 일이다.

소매업은 소비자가 쇼핑하기 편리하고 즐거운 장소를 제공해야 하는데 그 방법은 인적요소와 물적요소로 나누어 살펴 볼 수 있다. 소매업의 판매원이 쇼핑 나온 소비자에게 즐거움을 주는 것은 사소한 것에서부터 출발한다. 유통기관의 모든 종사자는 소비자에게 즐거움을 안겨 주어야 한다. 그럼 모두가 한 두 가지의 개인기를 가지란 말인가...... 판매원의 산뜻한 복장, 단정한 용모, 밝은 표정, 그리고 관련 상품에 대한 전문지식을 겸비한 구매상담자로서의 성실한 태도는 소비자에게 쇼핑의 즐거움을 준다.

또한 소매업의 여러 편의시설들은 쇼핑 나온 소비자에게 즐거움을 줄 수도 짜증을 안겨줄 수도 있다. 소비자에게 즐거움을 주는 소매업의 물적요소는 무엇보다 점포의 입지가 소비자가 접근하기 편리한 곳에 있어야 하고, 점포내의 여러 시설들(주차장, 조명, 환기, 냉난방, 상품의 진열방법, 통로구성 등)이 업주의 주관적인 시각이 아닌 쇼핑 나온 소비자들의 입장에서 편리하게 구성되어야 한다.

(4) 부가서비스 제공

소매업은 생산자를 대신하여 소비자에게 애프터서비스의 제공과 상품의 배달, 설치, 사용방법의 교육 등의 서비스를 제공하고 있다. 최근엔 볼 수 없는 풍경이 되었지만 얼마 전까지 대형소매업체를 중심으로 셔틀버스 운행을 경쟁적으로 했던 적이 있다. 이러한 소매업들의 셔틀버스 운행은 소매업이 소비자에게 제공하는 부가서비스이다.

이외에도 상품배달 및 상품설치 등도 소매업이 소비자에게 제공하는 부가서비스이다. 또한 우리가 일반적으로 서비스라고 생각하지 않은 소매업의 신용판매나 할부판매도 소매업이 소비자에게 제공하는 부가서비스이다. 따라서 카드를 받지 않는 소매업은 소비자에게 부가서비스를 하지 않고 있는 것이다.

소매업의 부가서비스란 의무사항이 아니고 말 그대로 추가하는 서비스이므로 소매업에 따라 부가서비스의 종류와 서비스범위는 천차만별이다. 소비자의 입장에서 필요한 부가서비스를 개발하는 것은 소매업의 소비자에 대한 배려이고, 차별화된 경쟁력의 원천이 된다. 소비자에게 감동을 넘어선 전율을 줄 수 있는 창의적인 부가서비스개발은 소비자입장에서 고민한다면 무궁무진하다.

【그림 25】 소매업의 서비스 3요소

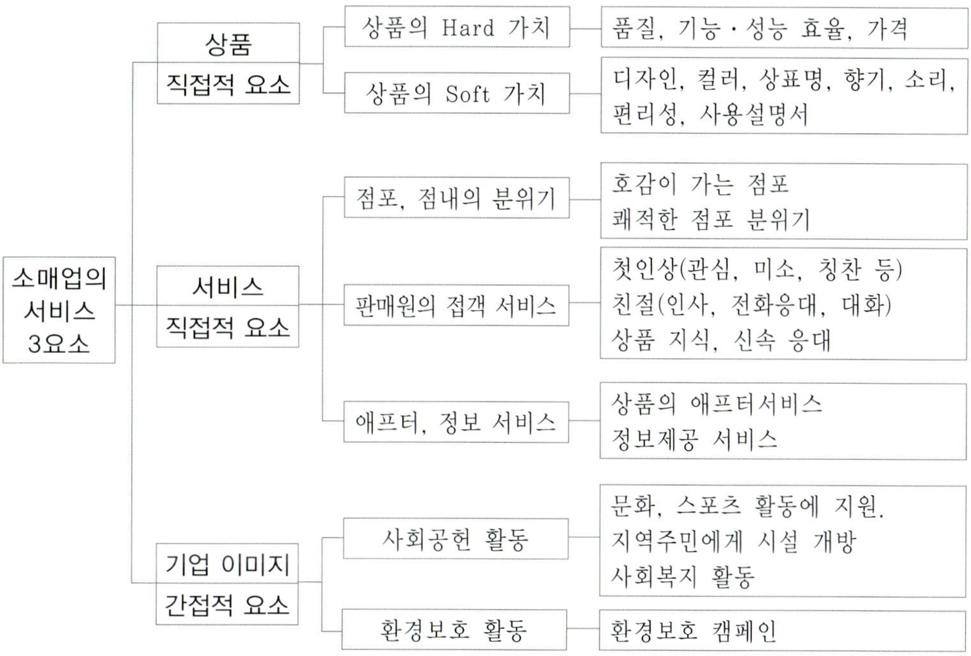

자료: 고창룡(2008).

2) 소매업의 생산자에 대한 역할

(1) 생산자의 판매와 판매촉진을 대행

소매업은 생산자를 대신해 판매활동의 기능을 수행하고 있다. 소매업은 생산자가 본업인 생산에 전념할 수 있도록 생산자를 대신하여 판매활동을 하고 있다. 생산자들은 중간상을 이용하면 적은 비용으로 더 많은 잠재고객에 도달할 수 있다.

특히 소매업은 생산자의 상품의 판촉을 촉진하는 기능을 수행하고 있다. 가전제품 광고를 보면 동일한 가전제품을 메이커에서 하는 경우와 대형소매업에서 하는 경우를 자주 볼 수 있다. 이러한 소매업의 상품광고 및 판촉활동은 소매업 자체판매를 늘리기 위한 것이지만 간접적으로 생산자의 판촉활동을 도와주고 있다.

(2) 소비자 정보 전달

소매업은 소비자들의 상품에 대한 다양한 요구를 신속하게 생산자에게 전달하여 상품계획에 반영할 수 있도록 해야 한다. 몇 해 전 우리나라 모 가전업체는 국내에서 잘 팔리던 진공청소기를 일본에 수출하였으나 판매가 신통치 않았다. 그러던 중

진공청소기를 판매하던 일본판매점은 일본소비자들의 니즈를 우리나라 가전업체에 전달했다. 청소기 크기, 색깔, 디자인 등에 대한 일본소비자들의 니즈를 전달했고, 가전업체는 이를 상품설계에 반영하여 생산한 후 놀랍게도 판매가 증가하였다.

(3) 물류관리와 금융제공

소매업은 생산자로부터 상품을 구매하는 순간부터 소비자에게 판매할 때까지 상품에 대한 물류의 전과정(보관, 포장, 하역, 운송)을 담당하고, 이 과정에서 각종 위험을 부담한다.

【그림 26】 유통경로 구성원의 기능

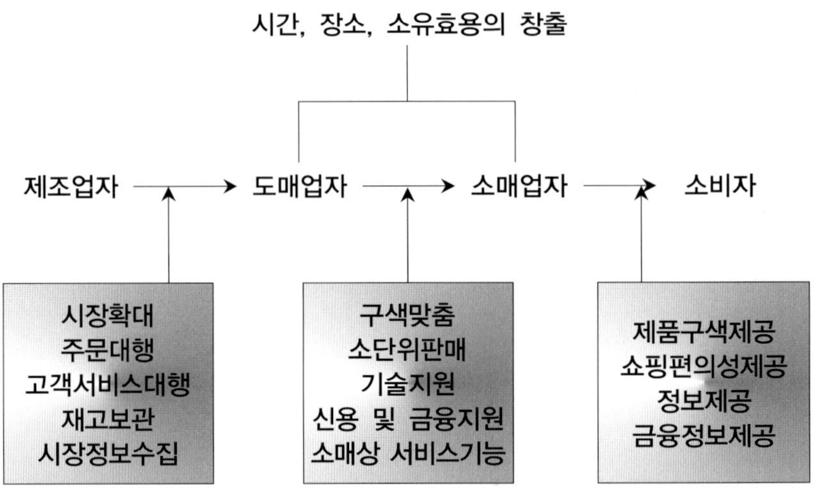

특히 소매업은 상품이 최종소비자에게 판매되기 전에 생산자에게 판매대금을 지급함으로서 생산자의 자금순환을 용이하게 하고, 생산자를 대신하여 소비자에게 외상판매를 하여 생산자의 자금압박을 해소하고 대형소매업은 중소생산자에게 전대금(前代金)을 지원하여 생산활동을 지원하는 경우도 있다.

유통에세이 essay

"유통산업, 소비자 구매대행자 역할을"

90년대에 들어 국내 유통산업에는 전에 볼 수 없었던 커다란 변화가 일었다. 특히 96년 유통시장 개방 이후 수 많은 중소 유통업체들이 도산을 했을 뿐만 아니라 외형 불리기에 주력했던 일부 업체 역시 외환위기를 맞아 힘없이 무너지고 말았다. 이 와중에서 국내 유통시장은 자본력을 앞세운 국내외 대기업들의 치열한 각축장으로 변했다.

그러나 유통산업의 변화는 아직 끝난 것이 아니다. 한국 유통산업을 주도하는 백화점과 할인점 분야에서는 외형 경쟁이 계속되고 있고, 과점화 속도도 점점 빨라지고 있다. 이른바 "빅4"간의 끝없는 선두다툼과 이에 도전하는 국내외 중견업체들의 도전이 줄기차게 이어지고 있어 결말이 어떻게 맺어질지는 속단하기 쉽지 않다. 다만 유통업계에 또 한 번의 지각변동이 있을 것이라는 사실만 명백할 따름이다.

유통업계의 빅뱅을 예고하는 가장 중요한 변화는 전자상거래의 등장이다. 케이블TV 홈쇼핑시장의 급성장과 인터넷 쇼핑몰 등 전자상거래는 가까운 장래에 기존 유통구조를 흔드는 요소로 작용할 것이 분명하다. 특히 TV 홈쇼핑 및 인터넷 쇼핑몰의 이용자와 매출이 급증하고 있는데다, B2B시장이 속속 모습을 드러내고 있어 그 충격은 더욱 커질 것이다.

유통업계에 나타나고 있는 다른 하나의 두드러진 현상은 두타, 밀리오레, 테크노마트 같은 엔터테인먼트형 쇼핑몰의 급속한 확산이다. 젊은 층을 대상으로 중저가의 다양한 상품을 판매하면서 쇼핑과 함께 휴식과 여흥을 제공하는 오락, 문화, 쇼핑의 결합체가 새롭게 각광을 받고 있어서 재래시장 근대화의 활로가 될 공산이 커지고 있다.

이와 함께 소비자의 인식과 행동 변화 또한 중요한 요소로 지적된다. 이른바 "브랜드 로열티 시대"에서 "스토어 로열티 시대"로 변하고 있다. 유통업체들이 대형화, 다점포화되면서 자체 마케팅 능력(시장조사, 소비자조사, 제품개발)이 향상되고 고객들의 신뢰가 높아지면서 마켓파워가 급격히 유통업체로 이동하고 있는 것이다.

소비자들의 높아진 가격 민감도가 유통업체의 위상 변화와 맞물리면서 유통업체마다 PB상품의 비중이 급격히 높아지는 결과를 가져오고 있다. 소비자들의 구매장소 역시 구매상품에 따라 특화되는 경향이 나타나고 있다. 예전에는 상류층은 백화점, 서민층은 재래시장 하는 식이거나 한 점포에서 모든 것을 구매하려는 성향을 보였으나 이제는 같은 소비자라도 옷을 살 때는 백화점에 가고, 가끔은 분위기 있는 레스토랑에 가서 외식을 하지만 생활수준에 관계없이 생필품은 할인점에 가서 한 푼이라도 싸게 사려하는 소비자가 늘고 있다.

이러한 유통환경의 변화는 유통업체들로 하여금 생존을 위한 변신을 요구하고 있다. 요즘 누구나 하는 이야기지만 유통업체도 이제 실속없는 외형추구보다는 내실(이익)위주로 하루 빨리 전환해야 한다. 미국 유통업체들의 평균 수익률이 15~20%인데 비해 국내 유통업체들의 평균 수익률은 10% 정도에 불과하다. 수익성을 무시한 부질없는 외형경쟁의 끝은 불을 보듯 뻔하다.

선진유통기법과 금융비용 부담이 없이 거의 무한자본을 가졌다고 볼 수 있는 선진유통업체들이 적극적으로 영토 확장에 나서지 않는 이유가 무엇이라고 생각하는가. 그들은 한국소비자들을 분석하며 과열경쟁으로 토종업체들이 무너지기를 기다리고 있는 것은 아닐까. 수요에 부응하는 마케팅에서 새로운 수요를 창조하는 마케팅으로 전환하는 자세도 필요하다.

유통업체의 성공은 저원가 저가격이 전부가 아니니다. 고객가치를 창출하고 이를 통해 매출과 이익을 키울 수 있다면 이 또한 훌륭한 전략이 될 수 있다. 유통업체는 이제 제조업체를 위한 판매대행업체가 아니라 소비자들을 위한 구매대행업체가 되어야 한다. 구매대행업체로서의 역할에 충실하려면 먼저 소비자들이 원하는 것이 무엇인지를 정확히 알아야 한다. 소비자들의 문제와 욕구를 정확히 읽어내고 해결책을 제시하는 제안판매가 바로 그 수단이 될 수 있다.

국내유통업체들은 이제 그 아이덴티티를 분명히 할 때가 됐다. 바꿔 말하면 각 업체의 전략적 초점을 명확히 해야 한다는 것이다. 지금까지 국내 유통업체들은 나름대로 업태를 내세워 왔으나 사실상 특색이 없었다. 백화점은 할인점을 모방하고 할인점은 백화점을 흉내냈다. 그렇기 때문에 모든 업태들, 모든 업체들이 혼전을 펼치고 있다. 이제는 표적 고객층을 분명히 하고 그들을 만족시키기 위해 어디에 초점을 맞출 것인가를 확실히 해야 한다. 백화점은 백화점다워야 하고 할인점은 할인점다워야 승산이 있다.

(전자신문, 2005.9.24)

Check Point

소매업체의 상품매입권한에 의한 분류

첫째, 본부매입은 본사의 매입담당부서에서 전국의 전 점포에서 판매할 상품을 매입하는 방식이다. 이 방식은 상품 매입 시 규모의 경제를 실현하는 장점이 있으나 개별 점포의 소비자의 니즈나 인기 판매상품이 배제되는 불합리성이 있다.

둘째, 점포매입은 점포별로 상품을 매입하는 방식인데 아직까지 국내에서는 점포 매입을 하는 경우는 미미하다.

셋째, 병행매입은 본부매입과 점포매입을 혼합하여 상품을 매입하는 방식이다. 이러한 매입방식은 소매업체의 정규 매입이 아니고, 단기적으로 행사상품을 개별 점포에서 매입하는 경우나, 지역별로 점포가 지역의 특산물을 매입하는 경우 등에 발생한다(고창룡, 2008: 153-154)

〈표 33〉 세계 소매업체 상위 순위

	매출액 증가율			이익률 증가율		
순위	국가	기업명	5년 평균(현지통화기준)	국가	기업명	5년 평균(현지 통화기준)
1	미국	Amazon.com	92.8%	일본	Daiei	156.8%
2	미국	The Pantry	42.3%	한국	Shinsegae	89.8%
3	일본	Yamada Denki	37.0%	미국	CVS	79.9%
4	남아공	Metcash	36.4%	미국	Costco	72.4%
5	한국	Lotte Shopping	35.3%	한국	Lotte shopping	71.5%
6	일본	Fast Retailing	35.2%	일본	Fast Retailing	59.4%
7	한국	Shinsegae	31.9%	일본	Hankyu Department Stores	49.2%
8	미국	Bed Bath and Beyond	28.0%	미국	Michaels Stores, Inc.	36.1%
9	미국	Starbucks	27.5%	미국	Kohl's	35.5%
10	스페인	Mercadona	27.3%	일본	Aeon(Jusco)	35.4%

자료: Stores, *2004 Global Powers of Retailing*(2004.1)

2. 소매업의 종류

【그림 27】 소매 유통시장 업계분류

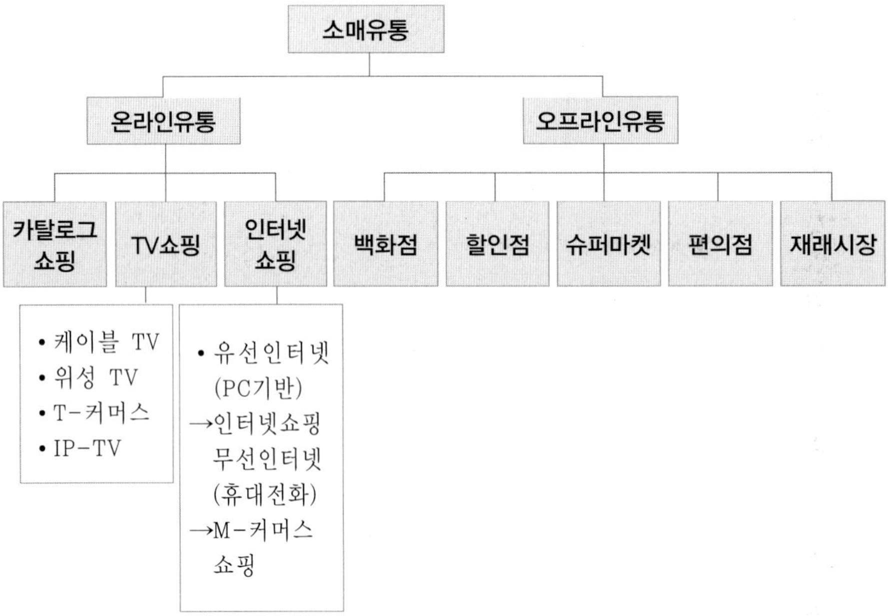

자료: 김윤태(2006).

【그림 28】 소매업의 분류

• 점포 유무에 따른 분류

구분	유점포 판매업	무점포 판매업
유형	• 백화점 • 편의점 • 슈퍼마켓 등	• 주문판매업 • 자동판매업 • 방문판매업

• 인적판매 유무에 따른 분류

구분	대면판매	셀프판매
유형	• 백화점 • 전문점 • 서비스 판매점 등	• 종합슈퍼마켓 • 슈퍼마켓 • 편의점 등

자료: 고창룡(2008)

1) 백화점(department store)

▲ 롯데백화점

▲ 신세계백화점

▲ 현대백화점

〈표 34〉 백화점과 EC Shop의 이점 비교

백화점	EC Shop
• 고객에 대한 친절하고 인간미 있는 대응·서비스 • 점원이 가지고 있는 높은 레벨의 상품 지식을 베이스로 한 상품의 추천, 코디네이트 판매 • 점포의 상품을 둘러보며 쾌적한 점포 공간에서 편한 시간을 보내는 풍요로움을 고객에게 제공	• 컴퓨터에 의한 효율적인 상품추천 • 고객의 구매이력 등을 분석해 개별 고객을 대응 • 상품 권유 등 마케팅 활동에 활용하는 것이 저코스트로 가능 • 소비자 입장에서 다양한 상품을 돌아다니지 않고 구매 가능 • 원스톱 쇼핑성이 점포보다 높음

자료: Business Logistics(2001)

백화점의 명칭에 담긴 의미를 살펴보면 department store는 부문별 조직점이라는 의미이고, 백화(百貨)란 여러 가지 상품이라는 의미이다. 이를 조합하면 백화점이란 다종다양한 상품을 부문별 조직에 의해 취급하는 대형소매점이라고 정의할 수 있다.

우리나라 유통산업 발전법에 의한 정의는 다음과 같다 백화점은 매장면적의 합계가 3천 제곱미터 이상인 점포의 집단으로서 다양한 상품을 구매할 수 있도록 현대적 판매시설과 소비자 편익시설이 설치된 점포로서 직영의 비율이 30% 이상인 점포를 말한다.4)

백화라는 표현은 모든 상품을 갖추었다는 뜻으로 상품을 강조하는 의미이고, department store는 부문별 조직경영을 하는 것을 의미한다(김인호, 2006: 44). 부문별 조직점이란 백화점의 경영관리의 대표적인 특징으로서 다품종의 취급상품을 상품군으로 구분해서 각 구분마다 손익계산 등 독자적인 관리방식을 채택하여 운영하는 것을 의미한다(고창룡, 2008: 26). 백화점은 도시의 상징물이고, 도시의 발전과 함께 성장 발전하였다. 백화점은 하나의 발명품이다. 세계 최초의 백화점은 부시코가 19세기 후반 프랑스 파리에 오픈한 봉마르셰이다.

봉마르셰 백화점은 내외관이 화려하였다. 부시코는 세계적인 건축가 에펠에게 봉마르셰 신관의 건축을 의뢰할 정도로 봉마르셰를 호화살롱 이미지를 갖추었다. 백화점 내부에는 미술관, 도서실 등을 고루 갖추었다.

봉마르셰는 당시 유럽에서는 혁신적인 새로운 판매방식을 도입했다. 첫째, 박리다매의 저마진, 고회전 상품 판매, 둘째, 정찰판매, 셋째, 고객이 자유롭게 출입 가능한 점포, 넷째, 상품 반품을 보장하였다(김인호, 2006: 4-7).

이처럼 봉마르셰는 근대적인 상관행인 강매와 불투명한 상품가격 등을 정찰제, 강매근절, 교환과 반품보장 등의 혁신적인 판매방법의 도입으로 개선하였다. 시대적 배경은 봉건주의에서 자본주의로 넘어가던 시기로 봉마르셰는 전근대적인 상관행을 타파하면서 소비자들로부터 신뢰를 얻기 시작했다.

21세기를 살아가는 현대인의 시각으로 본다면 정찰제나 강매근절이 별로 중요한 사안이 아니지만 19세기후반에는 우리가 좋아하는 개혁이었다.

---

4) 유통산업발전법 2006.6.22.

〈표 35〉 한·미·일 백화점 성장과정 비교

구분	미국	일본	한국
도입	1870년대	1930년대	1970년대
성장	1930~1960년대	1960년대	1980~1990년대
역사	약 130여 년	약 70여 년	약 30여년

자료: 김병도(2006).

Check Point

Department store는 언제부터 사용하였나?

백화점이 프랑스에 처음 등장했을 때 명칭은 Department Store가 아니었다. 그 당시에는 Grand Megasin(커다란 상점)이라는 명칭을 사용하였다. 또한 영국에서는 Universal Provider(무엇이든 있는 곳), Big Store(대형 서점)을 사용하였고, 독일에서는 Warehaus(상품관)이라고 불렀다. Department Store라는 명칭은 미국으로 건너가 사용되기 시작했다.

(김인호, 2006: 41)

(1) 백화점의 특징

일반적으로 백화점은 선매품(Shopping goods)을 판매하는 곳이지만, 종종 편의품(convenience goods) 및 전문품(specialty goods)에 이르기까지 다양한 상품계열을 판매하는 대규모 소매점이다.

특히 백화점은 새로운 상품을 선보이는 패션의 리더로서 유행을 창조하고 보급하는 역할을 수행하고 생활문화의 전당으로서 지역사회의 문화발전에도 기여하고 있다(김병도, 2006: 9-10).

이처럼 백화점의 특징은 다양하게 말할 수 있으나, 백화점과 다른 소매업태와 구분할 수 있는 가장 큰 특징은 고급이미지와 고서비스라고 말할 수 있다. 예를 들어 우리가 옷을 사고 싶을 때 선택할 수 있는 유통기관은 재래시장, 할인점, 백화점 등이 있는데 이 중에서 우리가 백화점을 선택하는 이유는 고품격의 상품을 고서비스를 받으며 구매하기 위한 동기일 것이다. 일반적으로 백화점은 할인점이나 재래시장에 비해 판매원으로부터 세밀한 서비스를 받을 수 있다

또한 백화점은 의식주에 관계되는 다양한 상품을 구비해 놓고 있어 일괄구매할 수 있는 특징을 갖고 있다. 이러한 백화점의 원스톱쇼핑(one stop shopping)과 비교구매(comparison shopping)의 특징은 과거 재래시장이나 슈퍼마켓에 비해 강점이었으나, 최근 들어 원스톱쇼핑은 대형할인점에서도 가능하여 백화점만의 전유물로 말할 수는 없으나 원스톱쇼핑은 백화점의 특징임에는 틀림없다.

백화점의 또 다른 특징은 다른 유통업체에서는 찾아볼 수 없는 백화점의 독특한 상품매입방식에 있다.

첫째, 보통매입은 직매입이라고도 한다. 보통매입은 백화점이 생산자나 도매업자로부터 상품을 구매하고 반품이 인정되지 않는 매입방식이다.

둘째, 위탁매입은 특정매입(selling on consignments basis)이라고도 한다. 위탁매입은 백화점이 생산자 등으로부터 상품을 구매하여 소비자에게 판매하는 것이 아니라 생산자로부터 상품을 위탁받아서 일정기간동안만 판매하는 방법으로, 상품이 팔리면 생산자 등으로부터 수수료를 받고, 팔고 남은 상품은 반품하는 판매방법이다.

셋째, 판매분매입은 소화매입이라고도 한다. 판매분매입은 백화점이 생산자 등으로부터 받은 상품 중에서 소비자에게 팔린 것만 매입하는 방식으로 팔고 남은 상품은 생산자 등에게 반품하는 판매방법이다. 백화점은 상품이 소비자에게 판매가 완료된 시점에 생산자 등의 매입처로부터 상품을 매입하는 방식으로 공정거래법상 불공정행위이다.

(2) 우리나라 백화점의 문제점

우리나라 백화점의 문제점은 다음과 같다.(김인호, 2006. 98-100)

① 과당경쟁

국내 백화점의 점포 수가 가장 많을 때는 1997년에 124개였으나, 2000년에 신규 진입업체의 몰락으로 총점포 수가 87개로 축소되었다. 30만 이상의 도시 수가 1970년도에 6개였던 것이 2000년에는 30개로 증가하였으나, 서울 인근과 일부 광역시로 인구가 집중되고 있고 수도권에 백화점의 62%가 집중하면서 오버스토어 현상이 일어나 백화점간 과당경쟁이 심화되었다. 그러나 최근 들어서는 백화점의 신규매장의 증가가 정체되었을 뿐만 아니라 기존 매장의 업태전환으로 백화점의 전체 매장면적이 오히려 감소하였다.

② 비효율적인 매입 및 운영 방식

우리나라 백화점들의 약 80%는 일본식의 특정매입이라는 일종의 위탁판매 형태로서 판매가 이루어지며 공급업체에서 파견된 파견사원이 매장운영을 하고 있다. 이로 인해 체계적인 상품 기획력 및 경쟁력 향상이 획기적으로 개선되고 있지 않다.

③ 빈번한 바겐세일

1998년부터 바겐세일에 대한 제한이 풀리면서 백화점 총매출에서 바겐세일기간의 매출이 차지하는 비중은 30~35%까지 달하고 있다. 이처럼 높은 바겐세일 의존도는 백화점의 비용구조를 악화시키고 있다.(김인호, 2006. 98-100) 특히 백화점의 고유한 고급스러움, 차별화된 품격을 떨어드리는 요인으로 작용하고 있다.

백화점 봄 바겐세일

Check Point

세계 각국의 백화점 역사

백화점의 출발 국가인 프랑스의 백화점들은 봉마르셰를 포함하여 대부분 양품점에서 백화점으로 변신하였다. 해롯(Harrods)을 비롯한 영국의 백화점들은 대부분 식료품점에서 출발하였다. 일본의 대표적인 백화점들인 미츠코시, 다이마루, 다카시마야, 이세탄 등은 대부분 기모노점에서 출발하였다. 미국의 메에시 백화점은 잡화상에서 출발하였다.

(김인호, 2006: 8-11)

【그림 29】 일본 대형 백화점과 지역 백화점의 경상이익률 추이

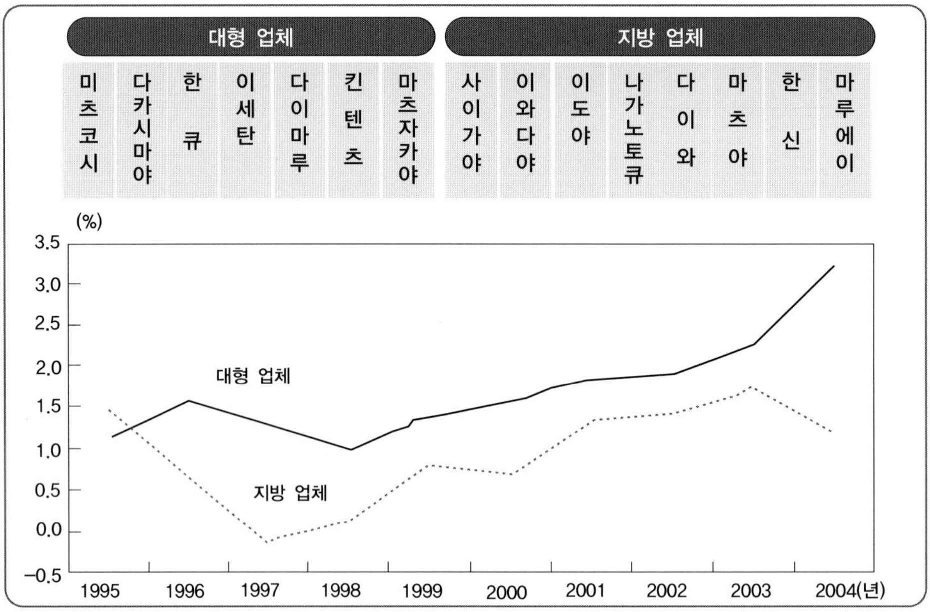

자료: NRI(2008).

〈표 36〉 주요 국가들의 백화점 효시

프랑스	• 봉마르셰(1852년)
영국	• 휘틀리(1863년)
미국	• 메이시(1858년)
독일	• 베르트하임(1870년)
일본	• 미쓰꼬시(三越) 오복점(五服店, 1904년)
한국	• 미쓰꼬시 경성지점(1930년) • 화신백화점(국내 자본으로 설립된 백화점, 1931년)

자료: 고창룡(2008), 박금룡(2007).

건설중인 화신백화점

화신백화점 서관

화신백화점 동관

미쓰코시 경성지점 건축 장면

자료: 신세계백화점

(3) 백화점 종류

우리가 쉽게 접할 수 있는 백화점은 백화점이 위치하고 있는 입지에 따라 도심백화점, 교외형백화점, 터미널백화점, 50백화점 등으로 구분할 수 있다. 도심백화점은 서울 등 대도시의 도심에 입점해 있는 신세계백화점, 롯데백화점 등의 본점이 이에 속한다. 교외형백화점은 주요 도시의 교외에 입점해 있는 백화점으로 롯데백화점 분당점이 교외형백화점에 속한다.

터미널백화점은 전철역, 철도역 고속버스터미널 등에 입점해 있는 백화점으로 역이나 터미널의 이용자를 주고객으로 하는 백화점이다. 롯데백화점의 영등포점, 현대백화점의 무역센터점, 광주신세계백화점이 터미널백화점에 속한다.

전문백화점이란 일명 50백화점으로 불리는 백화점으로 일반적으로 백화점에서 취급하는 상품분야를 대폭 줄이고, 그 공간에 특정상품을 전문적으로 취급하는 백화점이다.

백화점은 전체면적이 넓어도 다양한 상품매장을 운영하다 보면 개별 상품매장이 전문점이나 전문할인점에 비해 좁아 충분한 상품구색을 갖출 수가 없다. 96년 도쿄의 신주쿠(新宿)에 문을 연 다카시마야(高島室)은 점포의 약 절반정도를 부인복과 부인잡화매장으로 집중시켜 구조조정에 성공하였다.[5)]

압구정동 갤러리아 백화점 패션관

(4) 백화점 사양화 논쟁

국내 백화점은 미국이나 일본의 백화점과 유사한 사이클을 경험하고 있는데 즉, 국내 백화점은 도시화와 함께 동반 성장하였고, 경제호황과 가처분 소득의 증대로 고속성장을 질주하다가 할인점과 같은 신업태의 등장과 경기정체 및 침체로 고전을 겪고 있다(이수동, 2006: 443-444).

이러한 가운데 국내 백화점의 사양화논쟁이 등장하고 있다. 국내에서 백화점의 사양화논쟁은 할인점의 성장이 확산되던 1990년대 중반부터 시작되었다. 이러한 가운데 1997년에 불어 닥친 외환위기를 겪으면서 많은 국내 백화점들이 줄도산하자 백화점 사양화논쟁은 더욱 가속화되었다.

특히 그동안 국내 소매업계의 맏형 노릇을 했던 백화점이 2003년에 소매업계 리딩업태 자리를 국내 할인점에 내놓고 국내 경기침체 등으로 인해 백화점이 마이너스 성장을 하면서 백화점의 사양화론이 탄력을 받고 있는데 백화점 사양화론의 배경은 다음과 같다.

백화점이 국내에서 승승장구하던 시기는 고도 성장기였으나, 국내경제가 고도성장기에서 저성장기로 접어들어 소비자들의 소비패턴이 변하고 있다. 특히 할인점과 TV홈쇼핑, 인터넷쇼핑 등과 같은 새로운 업태들이 유통시장에 등장하면서 다양한 상품을 판매하던 백화점의 독보적인 경쟁력이 상실되었고, 이러한 가운데 소비자들은 백화점을 이탈하여 할인점등으로 발길을 돌렸다. 또한 백화점은 경기 민감도가 여타 업태에 비해 상대적으로 높아 경기 침체기나 저성장 시기에 더 악영향을 받고 있다(김인호. 2006. 96-98).

5) 오세조, 「유통마케팅」, 중앙경제평론사, 2001, p.68.

〈표 37〉 백화점 주요 경영효율성 지표

연도	점포당 매출액(10억 원)			서울 백화점 경영효율성 지표		
	전국	서울	지방	1일 평당 매출액(원)	1일 종업원 1인당 매출액(원)	매출 총이익률(%)
1990	62.9	97.9	37.9	58,515	581,933	21.8
1991	78.8	119.7	49.5	72,693	752,509	21.7
1992	90.9	135.6	61.2	89,420	894,463	20.1
1993	90.6	118.1	67.7	91,544	818,248	21.7
1994	106.0	132.7	83.7	105,916	976,568	21.5
1995	120.4	150.1	96.3	129,859	1,220,804	19.6
1996	127.2	174.0	100.9	138,819	1,386,268	22.4
1997	122.1	169.9	96.8	119,706	1,381,698	20.8
1998	112.6	165.2	87.2	134,878	1,549,356	20.7
1999	141.0	217.0	106.7	176,054	2,075,899	22.5
2000	169.3	201.7	123.5	136,102	2,341,463	23.1
2001	195.5	335.1	137.7			
2002	220.7	387.0	151.9			
2003	217.7	374.2	147.2			

자료: 상공회의소, 『소매업 경영동태조사보고서』, 각년호

(5) 국내 백화점의 명품 브랜드 도입전략

국내 백화점들은 명품으로 다른 소매업태와 차별화를 이루어 가고 있다. 국내 백화점의 매출액에서 명품이 차지하는 비중은 2001년 4.6%에서 2004년 6.3%로 경기 불황에도 불구하고 점진적으로 증가하고 있다.

1990년대 초반부터 국내 백화점들은 할인점의 등장과 유통시장 개방에 따른 글로벌 경쟁체제에 다각적으로 대응하기 위해 해외 유명브랜드를 도입하기 시작했다.

이처럼 국내 백화점들이 명품을 도입하게 된 배경은 다음과 같다.

첫째, 할인점과 차별화 둘째, 국제화된 소비자의 눈높이를 리드 셋째, 매장내 브랜드들의 경쟁력 향상 넷째, 명품기업들과 전략적 제휴 다섯째, 내외가격차 개선이다. 내외가격차 개선은 백화점이 명품브랜드를 도입하기 이전에 병행 수입업자들에 의해 좌우되던 명품의 가격을 백화점내 판매가격의 고정화로 내외가격차를 줄이면서 명품에 대한 소비자의 신뢰를 얻었다(이수동, 2006: 437-439).

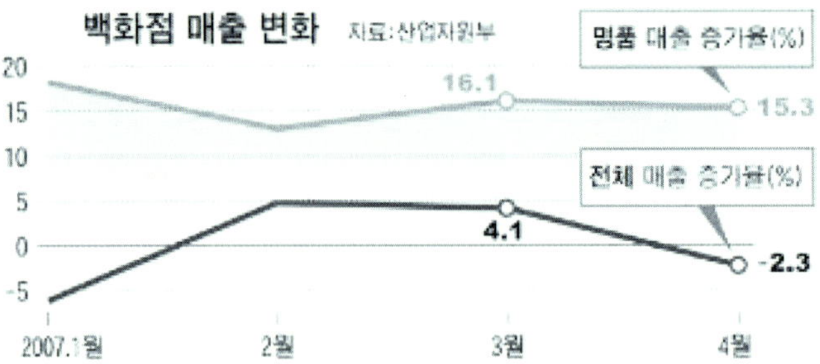

유통에세이
essay

"백화점 1층, 화장품 매장인 이유는"

현대百, 화장품 고객 지출액이 전체 매출의 78.5% 차지

백화점의 노른자위 자리인 1층을 화장품 매장이 점령할 수밖에 없는 이유를 고객들의 실제 매출 기여도를 통해 분석한 자료가 나와 눈길을 끈다.

현대백화점에 따르면 올 한 해를 결산하며 11월까지 자사의 신용카드 회원들의 구매실적을 상품군별로 조사한 결과, 매출 기여도가 가장 높은 고객은 화장품 구매고객인 것으로 나타났다.

상품군별 기여도는 각 상품군의 매출 실적 자체를 말하는 것이 아니라, 특정상품을 구매한 고객이 연간 백화점에서 지출한 모든 금액을 합산한 액수가 백화점 전체 매출에서 차지하는 비중을 계산한 것이다.

이 같은 방식으로 계산한 결과 화장품을 한 번 이상 구매한 고객들의 경우 이들이 백화점에서 지출한 총 금액은 백화점의 연간 전체 매출의 78.5%를 차지했다.

이어 베이커리. 디저트류 등 조리식품을 구매한 고객의 총 지출액은 백화점 전체 매출의 76.5%를 차지해 화장품에 이어 기여도가 높은 것으로 나타났다. 이에 반해 절대적인 매출 규모가 화장품보다 큰 명품의 경우에는 이들 고객이 지출한 금액이 전체 매출의 46.4% 정도밖에 기여하지 못했다. 이는 화장품 고객이 명품 고객보다 백화점에 자주 방문하고 다른 상품을 더 많이 구입하는 '효자' 고객임을 보여주는 것이라고 현대백화점은 분석했다.

'상위 20% 고객이 매출의 80%를 차지한다'는 백화점의 파레토 법칙에 따르면 화장품 고객이 전형적인 상위 20%에 속하는 고객이라는 것이다. 게다가 화장품 고객의 매출 기여도는 2004년 68.7%에 비해 올해 9.8%포인트 늘었고, 점점 커지는 추세다.

화장품 매장을 4회 이상 방문한 단골고객을 대상으로 화장품 구매주기와 1인당 구매금액(객단가)을 조사한 결과 올해 11만7천173명이 38.9일 만에 방문해 104

만6천 원어치를 구입한 것으로 나타났다.

이는 2004년에 8만7천190명이 41.6일 만에 방문해 92만9천 원어치를 구입했던 것에 비해 고객수와 객단가가 각각 34.4%, 12.5% 증가한 것이다. 결국 화장품이 백화점의 매출 신장률을 높여줄 뿐 아니라 단골고객을 늘려 평균 구매금액도 키워 준 효자 노릇을 톡톡히 해 온 셈이다.

특히 올해에는 불황에 자신을 더 꾸미려는 '립스틱 효과'와 함께 상반기에는 일본인, 하반기에는 중국인 등 외국인 관광객 특수까지 겹쳐 화장품 매출이 더욱 올랐다.

현대백화점 정재훈 화장품 바이어는 "화장품 고객의 기여도가 가장 높은 만큼 매장 위치도 고객이 오기에 가장 편한 1층에 두고 있다"며 "매출 비중과 집객효과 등 모든 면에서 '화장품 1층 법칙'은 깨지지 않을 것"이라고 말했다.

(중앙일보, 2009.12.3)

유통에세이 essay

"백화점 숨은 VIP를 모셔라"

상위 1% 집중하던 VIP마케팅에 새 바람

중간급 고객들에도 최우수고객 혜택 '맛뵈기'

마케팅 세분화... 기존 VIP엔 등급상승 효과도

40대 직장 여성 김모(서울 강동구 천호동) 씨는 요즘 현대백화점 천호점을 자주 찾는다. 그는 지난해까지만 해도 직장과 집 주변의 백화점을 두루 이용했다. 하지만 최근 이 백화점에서 무료 주차권과 VIP라운지 이용권을 받으면서 생각이 바뀌었다. 현대백화점이 한 해 1000만 원 정도 물건을 사는 김 씨를 '잠재적 VIP 고객'으로 분류해 혜택을 준 결과다.

상위 1% 고객(구입 금액 기준)만을 대상으로 한 'VVIP(Very Very Important Person) 마케팅'에 주력하던 백화점들이 '숨은 VIP'를 잡기 위해 차상위 계층 고객으로 눈을 돌리고 있다.

○ 기존엔 年3000만 원 넘게 사야 VIP

백화점들은 보통 연간 3000만~3500만 원 이상 구입 고객을 대상으로 '초우량 고객 마케팅'을 해 왔다. 주차 대행과 전용 라운지 이용 서비스는 기본이고 패션쇼와 공연 초대권, 해외여행권도 준다. 상시 할인 서비스는 물론 요즘엔 재테크 컨설팅이나 이브닝 파티에까지 초대한다. 백화점들이 '소수 마케팅'에 집중한 이유는 상위 1% 고객이 전체 매출의 20%를 차지하기 때문이다.

하지만 최상위 고객의 바로 아래 단계인 차상위 고객도 소홀히 하면 당장 매출에 차질을 빚을 정도로 무시하지 못하는 존재다. 이들은 여러 백화점을 나눠 이용하거나 특정 상품을 구입할 때만 백화점을 찾는다는 게 업계의 분석이다. 실제 구매력에 비해 돈을 덜 쓰는 고객이기 때문에 이들에게 공을 들이면 'VVIP'가 될 수 있는 계층이다.

현대백화점이 무료 주차권 등 기존 VIP급 이상 고객에게 제공하던 혜택의 일부를 이런 '중간 VIP'들에게 제공하는 것도 '숨은 VIP'를 회사 단골로 만들기 위해서다.

롯데백화점도 최상위 계층인 MVG 고객 바로 아래 단계 고객을 대상으로 무료 주차권과 VIP라운지 이용권, 기념일 선물 등을 제공하고 있다. 갤러리아백화점은 레스토랑 이용권과 할인 혜택으로 이들을 붙잡으려 하고 있다.

○ 年800만~1500만 원 소비하면 '숨은 VIP'

백화점들은 잠재적 VIP를 관리하기 위해 VIP 고객의 등급을 세분화하고 범위도 넓혔다. 신세계백화점은 구입 금액에 따라 트리니티 - 퍼스트 - 아너스 - 로열로 VIP고객을 세분화해 놓고 있다. 롯데백화점도 프레스티지 - 크라운-MVG로 VIP고객을 나눴다. 현대백화점은 재스민 - 플래티넘으로, 갤러리아백화점은 스타 - 프레스티지 - SVIP - VIP로 우량고객을 관리한다.

백화점의 고객 세분화 전략은 고객의 '업그레이드 욕구'를 자극하는 측면도 있다. 갤러리아백화점의 'VIP'는 연간 800만~1500만 원어치를 구매하는 고객층으로 '숨은 VIP'로 분류되는 계층이다. 갤러리아백화점 박용범 고객관리팀장은 "VIP층에 대해 집중 마케팅을 한 결과 2006년 VIP 가운데 13%가 지난해 한 단계 위의 등급인 SVIP로 올라섰다"고 말했다.

(동아일보, 2008.2.18)

2) 슈퍼마켓(supermarket)

롯데슈퍼마켓 web site

슈퍼마켓이란 셀프서비스방식으로 저가격에 의해 식료품을 주로 판매하고 있는 종합식품소매업태이다. 세계최초의 슈퍼마켓은 1930년 8월 미국 뉴욕에 설립한 King Kullen이라는 대규모 식품점이다. 시대적 배경은 1930년 대공황으로 소비자들이 경제적으로 곤란으로 겪었던 시기로 대부분의 소비자들이 선택적 소비는 최대한 줄이고 필수소비에 치중하던 시대이다. 이러한 시대적 배경 속에 King Kullen은 대규모매장에서 셀프서비스를 통한 염가판매방식으로 소비자들로부터 큰 호응을 얻었다.

슈퍼마켓의 급성장에 큰 기여를 한 것은 텔레비전과 신문의 광고였다. 셀프서비스방식은 백화점과 같은 대면판매방식에 비해 판매원이 소비자에게 자세한 상품안내를 할 수 없는 단점이 있는데 소비자들이 상품정보를 텔레비전 등의 광고를 통해서 접했기 때문에 판매원의 도움없이 상품을 살 수 있게 되었다. 따라서 소비자는 대면판매방식의 다른 소매업태에 비해 상대적으로 가격이 저렴한 슈퍼마켓에 몰리게 되었다.

우리나라에 슈퍼마켓이 도입된 것은 1960년대 말이다. 1968년에 서울 중림동에 뉴서울슈퍼마켓이 문을 열면서 우리나라의 슈퍼마켓은 시작되었다(신창락, 2006: 599).

북적대는 할인점

한산한 동네슈퍼

유통에세이 essay

"日 슈퍼마켓 "24시간영업" 본격화"

불황 속 일본에서 편의점과 슈퍼마켓의 24시간 대결이 가속화하고 있다. 애초부터 24시간 체제로 출범한 편의점에 대해 슈퍼마켓들이 속속 24시간 체제에 가세하면서 도전에 나서는 양상이다.

대형 슈퍼마켓 체인점인 '다이에'는 11일 업적이 부진한 슈퍼마켓을 식품전문 슈퍼마켓으로 전환하고 운영 시간도 24시간 체제로 바꾼다고 발표했다. 밤낮을 가리지 않고 다양한 서비스를 제공하는 편의점에 대응하는 한편 수익성이 높고 고객이 몰리는 식품 쪽에 전력을 기울이기로 한 것이다.

이에 앞서 일본 내 최대 슈퍼마켓 체인인 '이온'은 2001년 8월 일부 점포에서 24시간 영업을 개시한 후 올 7월까지 불과 2년 사이에 1백 21개 점포를 24시간 체제로 바꿨다.

보통 오후 8~9시만 되면 문을 닫던 슈퍼마켓들이 이처럼 잇따라 밤샘 영업에 들어간 것은 소비가 침체돼 가뜩이나 고객이 줄어든 상태에서 그나마 있는 고객들도 24시간 영업을 하는 편의점에 빼앗기고 있다는 판단에 따른 것이다. 일본 내에서는 1991년 버블 붕괴 이후 맞벌이가 급증하고 구조조정으로 시간외 근무가 늘어나면서 일반 소비자들의 생활패턴 자체가 야간으로 옮겨가고 있다.

이처럼 슈퍼마켓들이 24시간 체제로 변신하자 편의점들도 긴장하고 있다. 실제 24시간 영업을 하는 대형 슈퍼마켓 인근 편의점들의 매출이 상당히 감소하고 있기 때문이다. 편의점들은 단지 물건을 파는 게 아니라 독자적인 주먹밥 개발, 인터넷 쇼핑 대금지급 등 서비스의 양과 질로 계속 우위를 점하겠다는 입장이다.

(중앙일보 2003. 8. 13)

〈표 38〉 롯데-신세계 유통사업 매출비교

(단위 : 억원)

구분		롯데	신세계
백화점	점포	23	7
	매출	76,671	24,154
대형마트	점포	50	109
	매출	37,081	92,770
슈퍼마켓	점포	52	
	매출	4,392	
홈쇼핑	매출	6,578	
편의점	매출	6,954	
소계		131,676	116,924

자료 : 산업연구원(2006).

(1) 슈퍼마켓의 종류[6)]

슈퍼마켓의 분류는 취급하는 상품의 종류에 따른 구분으로 우리나라의 경우 식품슈퍼마켓을 일반적으로 슈퍼마켓이라 한다.

첫째, 식품슈퍼마켓은 식품을 70%이상 취급하는 슈퍼마켓이다.

둘째, 의료품슈퍼마켓은 일반적으로 drugstore로 알려진 슈퍼마켓으로 의료품을 70%이상 취급하는 슈퍼마켓이다.

셋째, 종합슈퍼마켓은 일반적으로 양판점 또는 GMS로 알려진 슈퍼마켓으로 의식주 관련상품을 10%이상 70%미만으로 취급하고 있는 슈퍼마켓이다. 양판점(종합슈퍼마켓: General Merchandising Store; GMS)은 규모측면에서 보면 백화점과 슈퍼마켓의 중간정도로 대체로 우리나라의 지방백화점규모이다. 일반적으로 슈퍼마켓이 대형화된 것으로 백화점에서 판매하는 상품보다는 중저가 상품을 판매한다. GMS는 일본 등의 선진국에서는 성공한 소매업태이지만, 우리나라에서는 불명확한 업태구분과 중저가상품의 부족 등으로 인해 크게 성공하지 못한 업태이다.

이외에도 슈퍼렛(superette)은 초미니슈퍼를 말하는 것으로 일본의 경우 연간매출액이 5,000만 엔 미만인 셀프서비스 방식의 식품점을 슈퍼렛이라고 한다.

6) 오세조, 전게서, pp.69-70.

SPAR는 1932년 네덜란드의 에드리안 반웰에 의해 처음 주창된 업태로 소비자협동조합적인 소매업태를 말한다. 슈퍼스토어(SUPER STORE)는 미국에서 발전된 소매업태로 대형슈퍼마켓이다. 일반적으로 매장크기는 보통슈퍼마켓의 2배정도이다.

〈표 39〉 유럽과 북미 각국의 슈퍼마켓 상위 5개 사의 시장 점유율

40%~	50%~	60%~	70%~	80%~	90%~
이탈리아 미국 아일랜드		스페인 독일	캐나다	포르투갈 벨기에 프랑스 영국 스웨덴 스위스	핀란드 오스트리아 덴마크 네덜란드 호주 뉴질랜드 노르웨이

자료: NRI(2008).

유통에세이 *essay*

"신개념 대형슈퍼 'SSM' 뜬다"

포화상태 할인점 대안 영토확장 가시화

유통업체들의 슈퍼슈퍼마켓(SSM) 영토 확장이 가시화하고 있다. 포화상태에 이른 할인점의 대안일 뿐 아니라 할인점과 SSM을 함께 운영하면서 누릴 수 있는 시너지효과가 크기 때문이다.

SSM이란 할인점과 일반슈퍼마켓의 중간형태로, 영업면적 350~1,000평에 30~150대의 동시주차가 가능한 신개념의 슈퍼마켓을 말한다.

■ **SSM영토 확장** = 롯데는 최근 한화유통의 한화마트 9개점과 한화스토어 17개점 매각에 우선협상대상자로 선정됐다. 롯데는 이들 한화 점포 인수와 신규 점포 개점을 통해 SSM 확장에 박차를 가할 방침이다.

2001년 롯데레몬으로 SSM 사업에 진출, 현재 13개 점포를 운영하는 롯데는 200개 이상을 목표로 하고 있다. 롯데 관계자는 "한화 슈퍼부문을 인수하면 단숨에 업계 1위인 LG슈퍼의 절반수준으로 성장하게 된다"며 "할인점이 진출하기 힘든 지방 중소도시와 아파트 밀집지역 등을 집중 공략할 계획"이라고 밝혔다.

롯데와 함께 한화 점포 인수전을 벌인 삼성테스코도 SSM 진출을 적극 추진하고 있다. 삼성테스코는 최근 영국 현지의 테스코 메트로를 모델로 1,000여평 규모의 SSM 개발을 위한 태스코포스팀을 발족한 것을 알려졌다.

지난해 70개의 SSM을 운영하며 6천8백억 원의 매출을 올린 LG유통은 매년 10

개 이상의 점포를 새로 열면서 끊임없이 확장을 꾀하고 있다. 최근엔 부산 해운대에 일반 할인점과 SSM의 중간 형태인 '도시형 할인점'3호점을 열고 차별화를 강화하고 있다.

할인점업계 1위 이마트가 운영하는 '이마트 에브리데이'는 SSM 진출을 위한 안테나 숍 역할을 하고 있다.

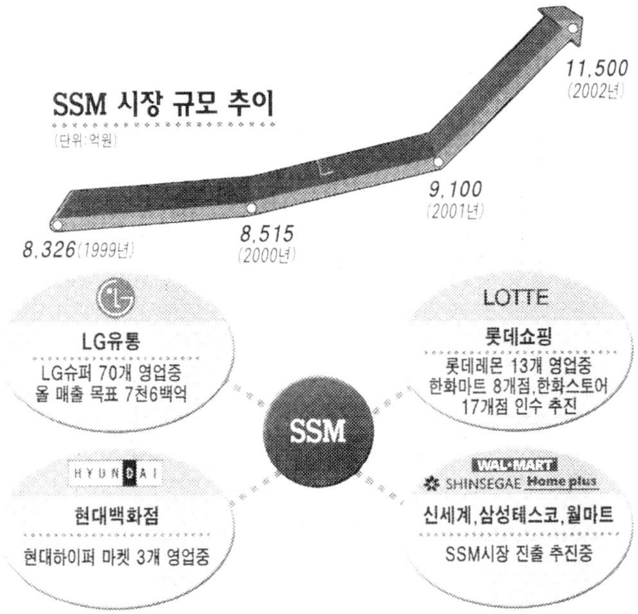

■ 왜 뜨나 = SSM이 각광받는 것은 할인점 수가 포화수준에 점점 다다르고 있다는 업계의 판단 때문이다. 웬만한 곳이면 할인점이 들어서 있고, 신규점을 열기 위한 부지 확보마저 쉽지 않은 상태라는 것이다. 실제로 현재 할인점은 모두 270여개인 데다 유통업체들이 출점을 위해 이미 매입한 부지도 100개를 넘어 적정수준(10만명당 1개 꼴)으로 판단되는 400개에 거의 육박한 상태다.

이에 반해 SSM은 점포 열기가 할인점보다 상대적으로 쉽다. 인허가가 수월하고 2만명 규모의 상권에도 출점이 가능하기 때문이다. 투자 및 운영비가 할인점보다 싸고, 소비자들의 다양한 취향과 소비패턴의 변화에도 재빨리 대응할 수 있다는 점도 장점이다. 신선식품을 비롯해 1만여 종의 상품을 갖추고 있으며, 할인점의 서비스와 편의성까지 느낄 수 있어 가까운 곳을 선호하는 소비자들에게 안성맞춤이다.

(경향신문. 2003. 10. 21)

Check Point

대형 할인점과 SSM(슈퍼슈퍼마켓)의 비교

대형할인점이 20만여 명 규모의 상권에 출점하는 것에 비해 SSM은 10분의 1 수준인 2만명 정도의 상권에도 출점할 수 있다. 또한 개점 비용도 할인점이 약 400~600억원이 소요되는 것이 비해 SSM은 개점 비용이 50억원 가량으로 저렴하다. 또한 SSM은 임차방식의 출점이 많아 출점의 실패에 대한 위험도 상대적으로 적고, 매장 운영비 역시 적어 투자에 대한 회수율도 높고 접근성도 할인점에 비해 좋아 우리나라의 거의 모든 대형 유통업체는 SSM에 진출하고 있다. 이러한 SSM은 동네슈퍼, 편의점을 위협하고 있다(김영호, 2009: 51).

유통에세이 *essay*

"대형슈퍼가 갈라놓은 '20년 이웃'"

대형슈퍼마켓(SSM)이 들어서면서 '골목 상점'들이 갈수록 설 자리가 없다. SSM 진출 이후 주변 골목 상점들의 하루 평균 매출액이 34% 줄어들었다는 통계가 이를 말해 준다. 한 동네에서 수십년 동안 가게를 운영해온 '골목 상점' 주인들은 하루아침에 등돌리는 이웃이 야속하기만 하다. 내쉬는 건 한숨뿐이다.

서울 신길동 사러가시장 사거리 부근에서 20년째 슈퍼마켓을 운영해온 이강자(60·여·가명)씨는 벌써 몇 시간째 멍하니 하늘만 쳐다보고 있다. 24일 이씨는 "이웃 주민이 대형 슈퍼마켓보다 참치캔이 500원 비싸다고 염장을 지르기에 다시는 오지 말라고 쫓아버렸다. 단골이 아니라 한 가족이라고 생각했는데 20년 우정이 무너지는 게 순식간이더라."며 달라진 세상 인심에 넋두리를 늘어놓았다.

하루에 80만원이 넘던 매출은 딱 절반으로 줄었다. 곁에서 지켜보니 동네 사람들은 이씨의 가게 앞을 지날 때면 고개를 푹 숙이고 걸음을 재촉하기 바빴다.

지난 15일 길 건너 사거리에 대형슈퍼마켓(SSM) '홈플러스익스프레스(EX) 신길 3호점'이 들어선 지 불과 열흘 만에 달라진 풍경이라는 것이 이씨의 설명이다.

사러가시장 사거리에 있는 20여개의 다른 소형 슈퍼마켓 역시 사정은 비슷하다. 홈플러스EX에서 30m가량 떨어진 J슈퍼의 백장호(50)씨는 "하루 20만원어치 팔아서 2만원 남는다."며 고개를 저었다. 백씨는 "슈퍼에 와서 수다를 떨던 사람들이 점점 줄더니 오늘은 계속 혼자 앉아 있었다."면서 "며칠 전 가게를 내놨는데 전화 한 통 없다."며 막막해했다.

같은 시간 홈플러스EX는 장을 보려는 주부들로 북적대고 있었다. 시식행사와

멤버십카드, 포장된 생선과 육류 등 규모만 다를 뿐 대형 할인점과 다를 바 없었다.

주부 정민주(29)씨는 "단골가게에는 미안하지만 가격도 싸고 품질도 좋은 것 같다."면서 "배달도 해주기 때문에 옆에 있는 대형 할인점에서 물건을 찾고 줄서서 계산하는 것보다 이익"이라고 말했다. 중산층 밀집지역인 신길동은 홈플러스EX의 중점 공략 지역이다. 2007년 11월 1호점을 시작으로 1년6개월 만에 3개의 점포가 들어선 데다 오전 9시~자정까지 성업 중이다. 반대로 이 일대 골목상점들은 일찍 불이 꺼졌다.

중소기업중앙회가 지난 21일 기업형 3사(GS슈퍼, 롯데슈퍼, 홈플러스EX) 주변 300개 소매업체를 대상으로 실시한 'SSM 입점이 중소유통업에 미치는 영향조사'에 따르면 SSM 입점 후 이들 업체의 고객은 36.7% 줄었다. 흑자를 낸 슈퍼마켓은 2.7%에 불과했다. 지난달 현재 기업형 SSM은 전국적으로 450여개, 매출은 2조원을 넘는다. 한국슈퍼마켓협동조합연합회측은 "국내 13만개 이상의 중소 슈퍼마켓이 모두 고사 위기"라면서 "현행 SSM의 등록제를 허가제로 변경하고 심야시간 영업제한 등 보완책을 마련해야 한다."고 주장했다.

(서울신문, 2009.05.25)

유통에세이 *essay*

"동네 슈퍼 성공 마케팅"

예스마트란 공동 상호를 쓰는 경기도 부천시 10여 곳의 동네 슈퍼 주인들은 매달 친목을 다진다. 오정구 예스마트 주인 최중화씨는 "사업에 의기투합한 것 외에도 애경사도 꼬박꼬박 챙긴다"며 "우리는 사회에서 맺어진 의형제"라고 말하며 어깨를 으쓱했다. 슈퍼 건너편에는 그가 운영하는 청과물 가게도 있다. 지난달 가본 이곳 매장 입구에는 배추와 무, 쌀 등이 가지런히 놓여 있었다. 가게 안에 들어서자 적갈색 타일 바닥에 밝은 조명이 눈에 띄었다. 매장 안에선 은은한 음악이 흘러나왔다. 작은 매장이지만 상품을 빼곡하게 쌓지 않았다. 고객 동선을 고려해 매장 벽면과 중앙에 주로 물건을 배치했다. 청과물과 육류를 고객이 한 곳에서 살 수 있도록 가게 한쪽에는 정육점도 갖췄다. 장을 보던 장혜란(42·오정구 여월동)씨는 "다른 야채가게보다 깨끗하고 물건도 싸서 자주 찾는 편"이라고 말했다.

 # 서비스, 거듭 진화한다.

최씨 가게로부터 1㎞ 안에 대형마트와 기업형 슈퍼마켓(SSM)이 있다. 150m 떨어진 곳에는 개인이 운영하는 대형 소매점도 자리 잡았다. 2년 전쯤 이런 점포가 들어서면서 최씨 가게 매출은 타격을 입었다. 직원들 월급 줄 걱정을 하는 처지까지 갔다. 최씨는 기본으로 돌아가 '저렴한 값에 좋은 품질의 제품을 내놓자'는 결론을 내렸다. 그때부터 농산물은 대리점이 아닌 서울 가락시장에서 직접 떼어 왔다. 손님들이 먹기 좋도록 당일 새벽에 사온 야채를 다듬어 진열했다. 손질을 하느라 일감이 늘었지만 가격은 올리지 않았다. 원가보다 못한 값을 받더라도 그날 들여온 야채·생선은 모두 그날 판다는 원칙도 세웠다. 신선도 유지를 위해 시간대별로 할인을 해주고, 저녁에는 가격을 대폭 낮춰 마감세일을 했다. 김장철에는 직접 산지를 돌며 배추와 무 같은 김장거리를 구입한다. 유통단계를 줄여 가락시장보다 더 저렴하게 구입할 수 있어서다.

상품 진열과 매장 청결 유지는 최씨가 특히 신경 쓰는 부분. 대형마트와 백화점을 수시로 돌며 진열 방법을 적어뒀다가 이를 매장에 적용했다. 단골고객 확보에 도움이 된다고 생각해 매장 직원은 가급적 지역 주민을 고용한다. 최씨는 "경쟁이 격화될수록 친절을 우선으로 해야 한다"며 "이런저런 시도를 하니 매출도 점점 회복되는 것 같다"고 말했다.

경기도 시흥시 킹마트 주인 윤중식씨는 인근 대형마트에서 할인행사를 하는 품목이 뭔지를 사전에 파악한다. 오래 장사하다 보니 제품을 공급하는 대리점과의 관계가 좋은 덕이다. 그는 대형마트가 할인행사를 시작하면 자신의 점포에서도 비슷한 행사를 한다. 그는 "한 달에 한 번꼴로 20%가량 할인판매하는 제품을 선보이는데, 포인트카드 발급 고객에게 문자메시지를 발송한다"며 "대형마트나 백화점에 갈 사람은 어차피 가기 때문에 얼마나 색다른 서비스로 그들을 모셔 오느냐가 관건"이라고 강조했다. 그는 또 기혼자만 직원으로 채용한다. "동네 가게의 경쟁력은 직원"이라고 생각하기 때문이다. 책임감을 갖고 일하는 데다 동네 주민들의 일거수일투족에 관심을 기울여 단골 확보에 유리하다는 설명이다.

종로 푸른마트 주인 정홍우씨는 깨끗한 매장이 대형마트의 강점이라고 보고 4년 전부터 해충박멸 전문업체와 계약해 매장을 관리한다. 특히 그의 가게는 매장에서 산 물건뿐만 아니라 인근 시장에서 산 것까지 집으로 배달해 준다. 보통 소비자가 차를 몰고 가는 대형마트와의 차별점이다. 내년에는 매장에 소형 카트도 선보일 생각이다.

 # 재래시장도 살아있다

이달 4일 오후 경기도 의정부 제일시장. 구역별로 디자인을 통일한 간판이 먼저 눈에 띄었다. 규격화된 간판에는 상호와 전화번호가 적혀 있었다. 장을 보던 주부 김미순(38)씨는 "집 근처에 대형마트가 있지만 물건을 많이 살 때는 꼭 시장에 들른다"며 "이곳이 더 싼 것 같다"고 말했다.

면적이 1만5537㎡(약 4700평)인 제일시장에서는 상인 700여 명이 장사를 한다. 1978년 문을 열었는데, '경기 북부에서 가장 잘 나간다'는 소리를 들었다. 97년 외환위기 때도 거의 영향을 받지 않았다. 그런 이곳도 2000년대 초반부터 대형마트가 인기를 끌면서 고객 발길이 줄었다. 반경 4㎞ 이내에 대형마트 세 개가 들어선 탓이다. 하루 2만5000여 명이던 고객 수는 절반으로 떨어졌다. 손님이 줄면서 빈 가게가 매물로 나왔다. 결국 시장 내 점포의 30%가 폐점하거나 휴업에 들어갔다. 하지만 상인들은 좌절하지 않았다. 2004년 말부터 시설 현대화에 착수했다. 비만 내리면 시장 곳곳에 물웅덩이가 생기는 환경으로는 대형마트를 당할 수 없다는 판단에서였다. 중소기업청과 경기도 지원에다 상인 자체 부담금 등 29억원을 들여 시장 전체를 덮는 아케이드형 지붕을 설치했다. 300여 대를 세울 수 있는 주차장도 마련했다.

또 다른 변신은 점포 배치를 새롭게 한 점이다. 시장 통로에 쌓아 놓았던 물건들을 모두 가게 안으로 치웠다. 고객이 편하게 다니며 상품을 구경할 수 있도록 동선을 확보한 것. 업종에 따라 점포 배치도 구획화했다. 비슷한 점포끼리 가까이서 경쟁하다 보니 취급 상품의 질이 좋아지고 가격은 낮아졌다.

겉모습만 바뀐 게 아니다. 시장번영회 주도로 매주 한 번꼴로 특가행사를 연다. 행사에서는 생필품을 20% 싸게 판다. 한 상인은 "특가행사가 열리는 날이면 손님들이 50m씩 늘어서곤 한다"고 소개했다. 특히 상인 교육에 힘을 쏟았다. 제품교환을 거부하거나 고객에게 불친절한 상인에게는 경고를 주고, 그래도 개선되지 않으면 단전·단수했다. 밤이면 자체 상인대학을 열고 제품 진열법이나 고객 응대 등 장사 노하우를 전파했다. 이 같은 노력이 쌓이면서 현재는 한창때의 고객 수와 매출을 거의 회복한 상태다.

시장번영회 고병빈 총무과장은 "장사가 된다는 소문이 나면서 노점에까지 권리금이 붙는 자리가 있다"고 말했다. 그는 "요즘 우리 시장의 성공 노하우를 배우고 싶다며 찾아오는 타 지역 시장 상인들의 발길이 끊이지 않는다"며 즐거워했다.

(중앙일보, 2009.12.22)

유통에세이
essay

"동네 슈퍼의 힘"

대형마트나 기업형 슈퍼마켓(SSM)과 만만치 않게 경쟁하는 동네 슈퍼마켓들이 속속 나오고 있다. 이들은 거대 유통체인처럼 공동 상호를 사용하고 포인트 카드제를 운영한다. 또 원가를 낮추기 위해 산지와 도매시장을 누빈다. 살아남기 위한 치열한 마케팅을 펼치고 있는 것이다.

지난달 경기도 부천시 오정구 66㎡(20평) 규모의 동네 슈퍼. '예스마트'라는 간판이 달려 있다. 부천 시내에는 같은 명칭을 쓰는 가게가 10여 곳 더 있다. 슈퍼 주인 최중화(45)씨는 "비슷한 규모의 동네 슈퍼를 운영하는 상인들이 모임을 해왔는데, 5년 전 힘을 합쳐 보자고 의견을 모았다"고 말했다. 각 점포의 분위기를 비슷하게 꾸며 소형 점포 연합을 만든 셈이다.

이들은 공산품을 대리점에서 들여올 때 한꺼번에 가격 협상을 한다. 점포별로 필요한 양을 파악해 대량으로 산 뒤 나눠 쓰기도 한다. 화물차 한 대 분량을 공동 구매한 적도 있다. 최씨는 "혼자서는 살 수 없지만, 여러 점포가 모이니 가능해지더라"고 소개했다. 대형마트가 싼 가격을 표방하고 나선 상황에서 이런 협조가 없었다면 가격 경쟁력을 갖추는 것은 불가능했을 것이라고도 했다.

지난 주말 서울 종로구 통인시장에 있는 푸른마트. 이곳의 특징은 포인트 카드제다. 구매액에 따라 점수를 줘 현금처럼 쓸 수 있다. 그런데 일반적인 포인트 카드제와는 사뭇 다르다. 재래시장에 있는 점을 활용해 오히려 대형마트가 못 하는 서비스까지 한다. 일정 포인트가 쌓이면 시장에서 물건을 살 수 있는 쿠폰을 주는 것이다. 지금까지 발급한 포인트 카드가 9000여 장이나 된다. 정흥우씨는 "2년 전 대형마트가 인근에 들어선 직후 매출이 20~30% 줄었다. 궁리 끝에 동네 가게로도 생존할 방안을 도입했다"고 말했다.

경기도 시흥시에서 킹마트를 운영하는 윤중식(52)씨는 조만간 매장의 상품구색을 확 바꾸기로 했다. 그는 "공산품으로는 대형마트나 SSM을 당할 수 없다"고

말했다. 그래서 매장의 3분의 1 가량을 전기 코드나 양초·냄비·화분 받침대 같은 생활용품으로 채우려 한다. 이런 제품은 그가 도매시장을 돌아다니며 골라 올 작정이다. 고객이 집 가까운 곳에서 손쉽게 구입하면 편리해할 만한 물건으로 틈새시장에서 살아남겠다는 구상이다.

(중앙일보, 2009.12.22)

3) 편의점(CVS ; Convenience Store)

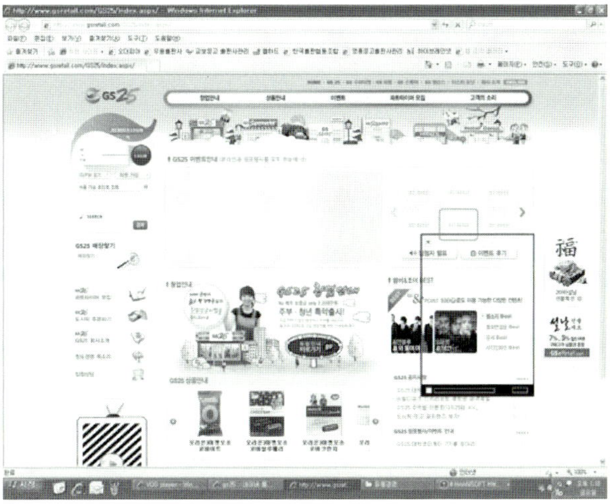

GS25 web site

편의점(CVS; Convenience Store)이란 편의성을 파는 소매점이다. 편의(Convenience)란 의미는 다른 소매업태가 해줄 수 없는 편리함을 소비자에게 제공한다는 의미이다. 즉, 편의성이나 편리성은 소비자 입장에서의 표현이다.

편의점이 소비자에게 제공하는 가장 큰 편의는 다른 소매업태가 영업하지 않는 시간에도 소비자가 항상 상품을 구매할 수 있는 편리성을 제공하는데 있다. 최근 들어 많은 편의점들은 대부분 연중무휴의 24시간 영업을 하고 있다.

세계 최초의 편의점은 1927년 미국에서 사우스랜드사가 시작한 세븐일레븐이다. 상호에서 보여주는 것처럼 기존의 소매업태가 상품을 판매하지 않는 저녁 7시부터 11시까지 상품을 판매하여 소비자들로부터 큰 호응을 얻었다.

1927년 7월 미국 텍사스주에 있는 사우스랜드사가 12개의 체인점포인 얼음 배급소에서 빵, 우유와 같은 간단한 일용품을 장시간 판매하는 영업전략으로 시작한 것이

7-Eleven의 출발점이다. 이렇게 출발한 편의점은 1930년대에 대공항이 발생하면서 1950년대 까지는 성장이 정체되었다가 1960년대 들어 급성장 하였다.

편의점은 각 나라의 국민소득 수준과 밀접한 관계를 갖고 있다. 일반적으로 각 나라들은 국민소득이 3,000달러인 미국(1927년), 일본(1969년), 대만(1979년)에 편의점이 도입되었고, 국민소득이 7,000달러를 넘어서면서 고도성장하였다(변명식, 2006: 533).

국내에서 최초의 편의점은 1981년 뉴코아 CVS이다. 그 이후 1988년 8월 미국 세븐일레븐과 기술 제휴한 코리아 세븐이 출점하면서 확산되었다(고창룡, 2008: 28).

이처럼 편의점은 미국에서 슈퍼마켓의 보완책으로 생겨난 소매업태로 초창기에는 주로 식품류를 판매하였으나 최근에는 소비자의 다양한 니즈를 반영하여 비식품류도 판매하고 있다. 대부분의 편의점들은 단독점보다는 프랜차이즈체인방식으로 운영하고 있다.

대부분의 편의점들은 대형유통업체들이 입지할 수 없는 주택가 등에 입지하여 소비자들이 집근처에서 생활필수품을 구매할 수 있는 편의를 제공하고 있다. 편의점들은 식품을 주로 판매하나 최근 들어서는 소비자의 니즈가 다양해짐에 따라 다양한 상품을 폭넓게 구비하여 아무 때나 소비자가 집근처에서 다양한 상품을 구매할 수 있는 편의를 제공하고 있다.

【그림 30】 CVS가 소비자에게 주는 편의성

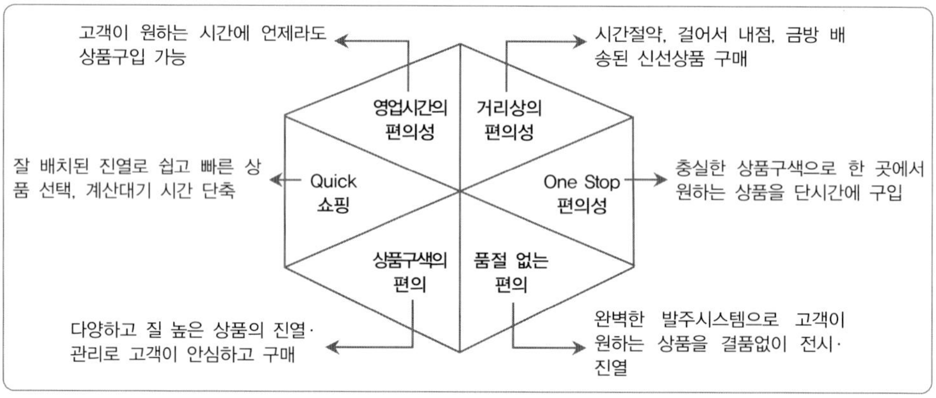

자료: 변명식(2006)

【그림 31】 다양화 된 사회현상 및 고객들의 특성과 요구하는 가치에 적응하는 CVS

여러 가지 다양화	• 소비기호의 다양화 • Life Style의 변화 • 소비자의 다양화 • 정보화의 진전	• 생활의식의 변화 • 생활시간의 변화 • 생활의 Fashion화	• 가족세대 구성 (세대구조)의 변화 • 인구, 도시구성의 변화 • 취업구조의 변화
특성	"시간의 효율적 이용"	"소비행동의 다양화"	"개인적 생활편익의 중시"
고객이 CVS에 요구하는 가치	"편리성이라는 가치" • 점포입지 • 영업시간 • 점포시설, Lay-out	"상품에서 얻을 수 있는 가치" • 좋은 품질 • 구색의 풍부함 • 상품선택의 쉬움	"영업방법에서 얻을 수 있는 가치" • 청결한 점포 • 친절한 서비스 • 신속한 대응

자료: 김점욱(2006).

① 우리나라 편의점의 성장배경

우리나라의 편의점 수가 1만개를 넘었다. 또한 우리나라의 편의점 1점포당 인구수는 4천명 이하이고, 편의점을 이용하는 고객은 모든 유통업태 중에서 가장 많은 하루 60만 명에 이른다(김영호, 2009: 54).

일반적으로 경제상황과 사회구조의 변화는 소비자들의 생활양식과 소비방식에 많은 변화를 가져온다. 최근 들어 이러한 소비 패턴의 변화와 맞물려 성장한 소매업태가 편의점이다. 국내에서 편의점이 성장한 배경은 다음과 같다.

첫째, 소득의 증가이다. 소비자들의 소득이 증가하면 소비자들의 여가시간이 늘어나면서 구매시간 등의 소비패턴도 다양해진다.

둘째, 세대구조의 변화이다. 독신세대가 증가하면서 먹는 양, 먹는 방식, 먹는 시간 등에 변화가 생기게 된다.

셋째, 도시구조의 변화이다. 도시가 확대되고 베드타운이 조성되면서 출퇴근 시간 등이 변화되면서 소비형태도 변하게 된다.

넷째, 취업구조의 변화이다 여성의 취업증가와 맞벌이 부부 증가로 여성이 일을 하게 되면 지출 패턴에 변화가 생기게 되고, 간편 내지 시간을 중시하는 소비성향으로 변화하게 되는 것이다(김현철. 2006. 140).

〈표 40〉 편의점 업계의 성장 전망

구분	2005년	2006년	2010년	2010년
점포수(개)	9,000	10,000	11,000	14,000
1CVS당 인구수(명)	5,400	4,850	4,400	3,500
매출액(억원)	50,000	56,000	63,000	90,000
소매업태 점유율(%)	약 2.5	약 2.7	약 3.0	약 4.7

자료: 변명식(2006)

〈표 41〉 슈퍼마켓과 편의점의 취급상품 변화

(단위: %)

슈퍼마켓			편의점		
상품별	1996년	2003년	상품별	1996년	2003년
생 식 품	30.9	31.7	1차 식품	7.6	2.1
가공식품	42.5	40.3	패스트푸드	6.9	7.6
건 어 물	5.8	5.5	음 료	13.5	11.9
비식품류	20.8	22.5	주 류	14.7	8.0
			가공식품	27.8	28.1
			화장품·액세서리	3.2	0.4
			문 구 류	2.2	0.9
			도서·잡지	3.0	0.8
			잡 화	10.2	7.0
			기 타	10.8	32.0

자료: 대한상의(2004).

유통에세이 essay

"日 편의점-제조업 '끝없는 동맹'"

일본의 대형 편의점들과 제조업체들이 본격적인 짝짓기에 나섰다. 그동안은 쌀·주먹밥·도시락 등 '필수품'에 한정했던 제조업체들과 편의점들의 '동맹관계'가 장난감·화장품·음료수 등 다양한 분야로 확산되고 있다.

편의점 입장에선 다양하면서도 차별적인 여러 상품을 제공해 매력적으로 만들어야 하는 절박함이 있는 반면 제조업체 입장에선 전국 곳곳에 뻗어 있는 편의점 판매망에 욕심이 날 수 밖에 없다. 예컨대 코카콜라 500㎖짜리의 경우 세븐일레븐 한 곳에서 팔리는 물량이 다이에 등 대형 슈퍼 5곳을 합한 것의 3배나 된다. 이같이 편의점과 제조업체간의 상호 이해가 맞아 떨어지면서 '누이좋고 매부좋은' 식의 제조·판매 동맹관계를 맺는 곳이 늘고 있는 것이다.

편의점 업계 3~4위인 패밀리마트는 올해 매출이 지난해 동기에 비해 20~30% 가량 늘었다. 화장품 회사인 가네보와의 제조·판매 동맹 전략이 맞아 떨어졌기 때문이다.

패밀리마트는 편의점을 이용하는 여성 고객층이 기존 중·고교생에서 최근 젊은 직장인으로 확산되고 있는데 착안, 가격을 30% 가량 올리는 대신 직장인들이 만족할 만한 정도로 제품의 질을 확 올렸다. 동시에 가네보는 백화점이나 대형 슈퍼에 대해 5천개 단위로 정했던 기존 주문 단위를 '기동성'을 요구하는 패밀리마트의 요구에 맞춰 1천개로 낮췄다. 가네보로서는 판매량 증가와 여성 소비자의 욕구 파악이라는 두 가지 토끼를 동시에 잡을 수 있다는 판단에 따른 것이다. 패밀리마트도 화장품 코너를 편의점에 독점적으로 설치함에 따라 구매력이 높은 젊은 여성들을 매장에 끌어들이는 부수적인 효과를 누리고 있다.

업계 2위인 로손은 지난 5월 말부터 판매를 개시한 체지방 감소 음료인 '헬시아 녹차'(350㎖ 1백80엔)의 대히트로 짭짤한 효과를 거뒀다. 샴푸·비누 생산이 주력이었던 가오가 처음으로 음료수 시장에 뛰어들자 로손은 동맹관계를 맺고 자체 판매량을 최대한 활용하였다. 다른 편의점에서는 그냥 낱개로 파는 것을 6개 들이와 24개 들이 팩을 별도로 만들고 배달 서비스까지 했다. 체지방에 신경을 많이 쓰는 회사원과 주부들이 낱개로 사마시기보다 팩으로 산 다음 매일 마시는 것을 선호한다는 점에 착안한 것이다.

일부 점포에서는 점장이 스스로 "전 헬시아를 마신 후 이렇게 체중이 줄었습니다"라며 자신의 체중변화를 보여 주는 그래프까지 붙여놓고 고객의 관심을 끌었다.

이 같은 제조·판매 동맹전략에 따라 헬시아는 4개월여 사이에 1백억 엔(약 1천억 원)의 매출을 올리는 대성공을 거뒀다. 세븐일레븐의 경우 장난감 제조업 체인 반디아와 손을 잡고 흘러간 애니메이션 캐릭터를 휴지나 과자 표지에 삽입한 제품을 이달 말부터 판매할 계획이다. 반다이는 세븐일레븐을 통한 판매를 위해 최근 '편의점 전문 부서'까지 만들었다.

(중앙일보. 2003. 10. 5)

유통에세이 *essay*

"편의점 물류기지화, 과연 효과있을까"

「편의점을 전자상거래(EC) 물류센터로 활용할 수 있다면 고객 호응도는 얼마나 될까.」 요즘 유통업계에선 편의점을 EC 물류센터로 재구축하는 움직임이 초미의 관심사로 떠오르고 있다. 지난달 LG유통(대표 강말길)과 보광훼미리마트(대표 오광렬), 동양마트(대표 박용규) 등 국내 편의점 3사가 「e-CVS NET」이라는 EC 물류서비스 전문업체를 설립한데 이어 국내 1위 업체인 롯데 세븐일레븐도 다음 달 롯데닷컴과 손잡고 대대적인 EC 물류센터를 추진키로 했다. e-CVS NET에 지분 참여중인 편의점 3사의 전국 점포망을 합치면 1600여개.

이에 질세라 세븐일레븐도 계열사인 롯데리아를 끌어 들여 총 점포수 1400여개에 육박하는 점진적인 확대에 나설 예정이어서 온라인과 접목하기 위한 소위 「클릭앤모타르」 전략에서도 유통업체들의 치열한 접전이 예상된다. 하지만 유통점포의 EC 물류거점전략은 그 효과를 놓고 벌써부터 의견이 엇갈리고 있다. 사업모델을 본격적인 시험무대에 올려 보기도 전에 회의적인 시각도 만만찮게 고개를 들고 있는 것이다.

■ **회의론** = 부정적인 시각의 가장 대표적인 근거는 고객편리성이다. 정확한 상품배달 시각 등 기존 택배서비스로는 만족시킬 수 없는 특정 EC 고객층을 겨냥하고 있지만 여전히 편의점까지 다리품을 팔아야 하는 수고를 덜 수 없는 것이다. 편의점의 협소한 매장공간도 점주 입장에서는 고민거리다. 매장활용도를 이미 극대화한 마당에 EC 배송상품이 불규칙적으로 쏟아질 때 시의적절하게 대처할만한 물리적 공간확보가 문제점으로 등장할 수 있기 때문이다. LG유통 관계자는 『이같은 문제를 해소하기 위해 3사간 제휴를 통한 물류체계 확대에 최대 역점을 두었다』면서 『그러나 EC 고객들의 호응은 여전히 미지수』라고 언급했다.

특히 당장 현실적으로 대두할 수 있는 장애물은 정보시스템 구축과 대형 택배사와의 연계 문제다. 롯데 관계자는 『이미 지난 1년동안 서울지역 세븐일레븐 5

개 점포를 대상으로 시범서비스를 실시한 결과 정보시스템 구축이 결코 만만치 않은 작업이었다』면서 『편의점의 POS 단말기와 관리시스템을 전면적으로 손봐야 한다』고 말했다. 불특정다수를 위해 설계된 편의점의 기존 유통정보시스템으로는 「특정 고객을 위한」 물류정보를 수록하기 쉽지 않다는 설명이다. 이와 함께 대형 택배사와의 연계를 통해 편의점주나 고객 모두에게 배송에 따른 비용절감 효과를 제공해야 하는 점도 숙제다.

■ **긍정론** = 업계는 편의점의 EC 물류기지화 전략이 무엇보다 맞벌이부부 등 EC 주수요층을 겨냥한 서비스 마케팅이라는 점에서 가능성을 엿보고 있다. 어차피 EC 고객층은 바쁜 생활에 쫓기는 만큼 자신들이 편리한 시간대에 인근 매장에서 언제나 물건을 찾아갈 수 있다는 것이다. 여기다 신속한 반품·교체 등 고객들이 여전히 EC를 꺼리는 요인을 해소함으로써 쇼핑몰 사업자들에게도 득이 된다는 설명이다. 편의점 입장에서는 잠재고객들의 잦은 매장방문을 유도함으로써 매출증가 효과를 기대할 수 있는 것은 물론 보관수수료도 챙길 수 있는 이점이 있다. 롯데닷컴 강현구 이사는 『당장은 눈에 띄는 성과를 기대하기 힘들지만 결국 사업주체인 쇼핑몰사업자나 편의점의 이해관계가 맞아 떨어진 공조전략』이라고 설명했다.

■ **전망** = 일단 참여업체들은 눈앞의 실익보다는 미래 성장성에 주목하고 있다. 편의점 매장 수 확대와 EC 시장성숙이 맞물린다면 새로운 비즈니스모델로 저력을 발휘할 수 있다는 시각이다. 롯데정보통신 김창보 차장은 『편의점 등 생활주변의 유통매장을 온라인과 접목한 종합적인 대소매 마케팅채널로 발전시키고 있다』면서 『면밀한 사전조사를 통해 점포선정 및 시스템구축에 각별한 주의를 기울인다면 성공가능성은 있을 것』으로 내다봤다.

(전자신문,2004.2.26)

4) 할인점(discount store)

E-mart 웹사이트

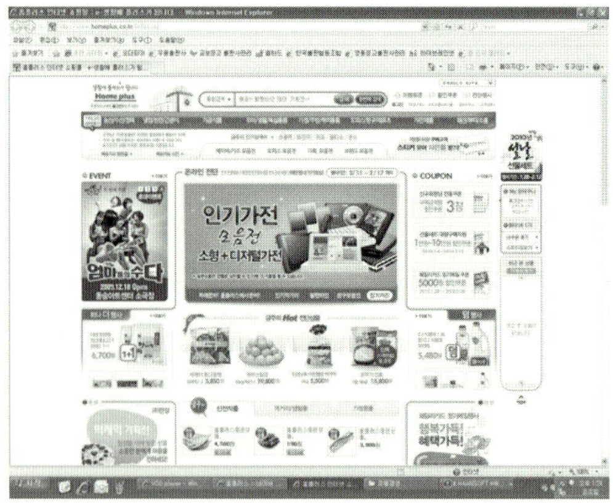

Homeplus 웹사이트

할인점(discount store, discounter)이란 일반적으로 상품을 싸게 파는 소매업태로 세계최초의 할인점은 1948년 미국의 콜벳(korvette)이라는 소매점이고, 1950년대 후반부터 1960년대 초에 미국에서 급성장한 소매업태이다.

여기에서 싸게 판다는 의미는 항상, 모든 상품을 정가이하로 판매한다는 것이다. 백화점의 바겐세일도 상품을 정가이하로 판매하고 있으나, 바겐세일기간 동안에 일부품목만을 정가이하로 판매하는 것이다. 이에 비해 할인점의 염가판매는 항상 모든 품목을 정가이하로 판매하는 것으로 시기나 품목에 제한을 두지 않고 정가이하로 판매하는 것을 의미한다.

5m 사이를 두고 경쟁하는 이마트 사상점과 홈플러스 서부산점. 최저가격제 · 마일리지 · 사은행사 등 두 점포의 마케팅 경쟁은 전쟁이나 다름없다.

(1) 할인점의 특징

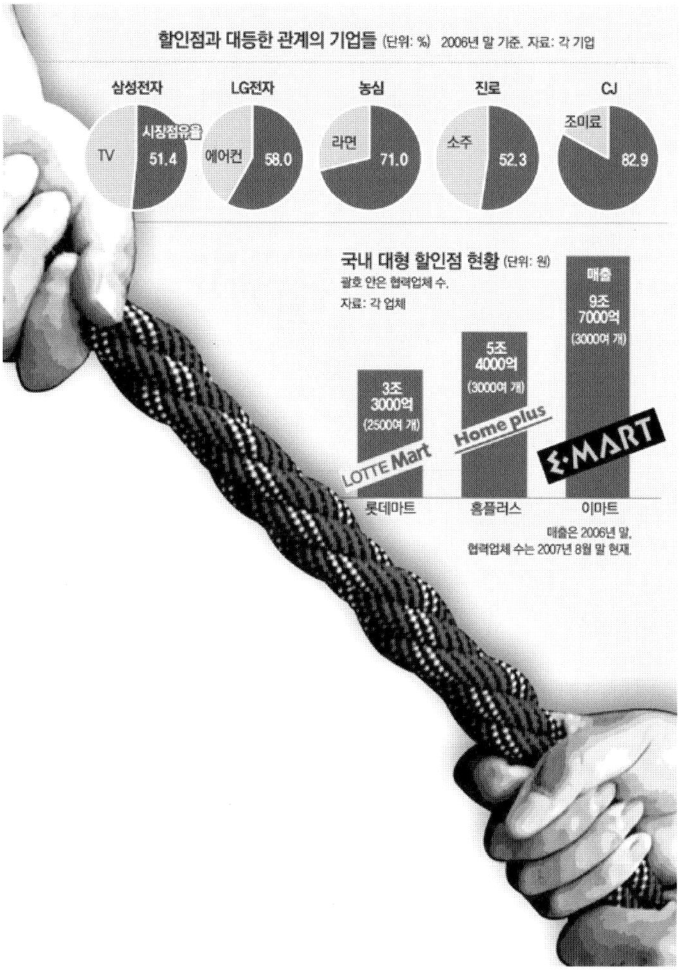

일반적으로 소매업태가 경쟁도구로 내세울 수 있는 것은 저가격, 고급서비스, 제품구색 등이 있는데 이중에서 최근 들어 가장 소비자에게 어필할 수 있는 것은 저가격이다. 이러한 저가격의 마력은 많은 소비자를 기존의 백화점, 슈퍼마켓, 재래시장 등에서 할인점으로 급속히 옮기게 하고 있다.

할인점이 상품을 다른 소매업태보다 싸게 팔 수 있는 이유는 다음과 같은 할인점의 저비용구조에서 그 원인을 찾을 수 있다.

첫째, 할인점은 일반적으로 교외의 저가지역에 최소한의 시설투자로 대규모로 설립된다. 백화점 건립비용이 1,000억~1,500억 원 정도가 소요되는데 할인점의 경우는 300억~500억 원이 소요된다.7) 즉, 백화점을 하나 건립할 돈이면 할인점을 3~5개 건립할 수 있다. 이처럼 할인점은 백화점에 비해 초기 투자비용이 적게 소요되고, 백화점건립에 비해 적은 비용이 소요되므로 단기간에 다점포화할 수 있고, 다점포화전략에 의한 대량구매력 및 직매입으로 상품매입가를 낮출 수 있다.

둘째, 할인점은 백화점에 비해 셀프서비스 등의 최저서비스를 통해 인건비를 줄일 수 있다. 또한 불필요하게 낭비되는 일반관리비 등의 경비를 줄여 이익을 올리는 로코스트오퍼레이션으로 저가판매를 실현할 수 있다.

셋째, 할인점은 일반적으로 백화점에 비해 마진은 작지만 높은 상품회전율로 이윤을 확보할 수 있어 저가판매를 실현할 수 있다.

(2) 할인점의 종류

- 종합형할인점(디스카운터스토어, 슈퍼센터, 하이퍼마켓)
- 한정형할인점(맴버십홀세일클럽, 아울렛)
- 전문할인점(카테고리킬러)

〈표 42〉 할인점의 유형

업태명	특징	대표기업
디스카운트 스토어	의류, 일용잡화, 내구소비재 등 실용적인 생활 용품 취급	월마트
슈퍼센터	기존 디스카운트 스토어에 식품류를 강화 할인점과 슈퍼마켓 장점을 접목	월마트 슈퍼센터 홈플러스
하이퍼마켓	대형슈퍼마켓에 할인점을 접목 식품부문 매출비중이 70% 이상	까르푸, E-mart, 홈플러스
회원제 창고형 도소매점	회원제로 운영되는 창고형 가격할인 업태 낱개보다 박스나 번들로 판매	샘스클럽, 코스트코
아울렛 스토어	재고상품이나 자사 B급 제품을 할인가격으로 판매	2001아울렛
대중양판점 (GMS)	의류 및 생활용품을 중심으로 다품종 대량판매 상품구성은 백화점과 유사하나 대량매입, 다점포화, PB개발 등으로 가격면에서는 백화점보다 저렴	
카테고리킬러	특정 상품군만 취급, 체인화 및 저마진, 비용절감	ToysRUs, Home Depot
전문점	해당 제품계열의 다양한 상품	
팩토리아울렛	주로 재고 상품을 저가판매	2001아울렛

자료: 임채운(2006).

7) 한동철, 「전략적 소매경영」, 영풍문고, 1998, p.38.

① 종합형 할인점

가. 디스카운트스토어

디스카운트스토어(discount store)는 일반적인 할인점으로 원래 할인점은 식품류를 제외한 주로 내구소비재상품을 저가로 판매하는 판매점을 가리켰으나 최근에는 상품회전율을 극대화시킬 목적으로 여러 상품을 할인하여 저가로 판매하는 저가격점포를 총칭한다.[8] 대표적인 업체는 월마트 등이다.

나. 슈퍼센터

슈퍼센터(supercenter)는 할인점과 슈퍼마켓의 장점을 접목한 업태로 기존의 할인점(DS)에다 식품부문을 추가한 업태이다. 기존의 할인점보다 넓은 면적에 식품과 일반상품을 한 장소에서 판매하고 있다. 슈퍼센터는 현재 미국에서 가장 각광받고 있는 업태로 월마트 등이 슈퍼센터를 운영하고 있다. 미국에서는 슈퍼마켓 고객과 디스카운트 스토어 고객이 서로 다른 특성을 갖고 있다. 즉 슈퍼마켓 고객은 소득수준이 중상위 이상인 계층이고, 할인점은 중하위 계층이 주로 이용하는데 슈퍼센터는 이 두 업태를 통합한 업태이다[9]. 대표적인 업체는 월마트슈퍼센터, E마트, 마그넷, 테스코, LG슈퍼센터 등이다.

다. 하이퍼마켓

하이퍼마켓(hypermarket)은 대형슈퍼마켓에 할인점을 접목한 업태로 1960년대 프랑스의 까르푸사에 의해 개발된 업태로 할인점에 비해 대규모이다. 까르푸는 1963년 파리근교에 할인점과 슈퍼마켓을 복합한 형태로 셀프서비스 매장에서 식품과 비식품을 혼합하여 판매하는 원스톱을 기본으로 하이퍼마켓이라는 업체를 탄생시켰다(임채운, 2006: 461).

미국에서는 까르푸사가 성공하지 못하여 1993년 완전히 철수하였는데 실패원인은 미국에서는 할인점과 슈퍼마켓이 상당히 발전했기 때문이다. 우리나라에는 1996년 유통시장이 개방되면서 외국기업으로 두 번째로, 단독진출로는 처음으로 까르푸사가 진출하였으나, 고전을 면치 못하였다.[10]

슈퍼센타와 하이퍼마켓의 공통점은 기존 할인점에 비해 매장면적이 넓고, 기존 할인점에 식품부분을 추가했다는 공통점이 있다. 차이점은 슈퍼센타는 미국에서 발전하였고, 하이퍼마켓은 유럽에서 발전한 할인점으로 하이퍼마켓

8) 한국유통교육협회, 전게서, p.376.
9) 변명식, 전게서, pp.256-258.
10) 한동철, 전게서, pp.23-24.

이 슈퍼센타보다 일반적으로 식품비중이 높다.

② 한정형 할인점

한정형 할인점은 이용할 수 있는 소비자나, 판매하는 상품을 한정하여 운영하는 할인업태로 맴버십홀세일클럽은 이용할 수 있는 소비자를 한정하고, 아울렛은 취급하는 상품을 한정해서 판매하는 할인업태이다.

가. 맴버십 홀세일클럽

맴버십홀세일 클럽(membership wholesale club; 회원제 도매클럽)이란 회원제 창고형 할인업태로 회비를 납부한 회원에게만 상품을 대량으로 싸게 판매하는 할인업태로 매장을 이용할 수 있는 소비자를 한정해서 운영하는 할인업태이다. 맴버십홀세일클럽은 1976년 캘리포니아에서 시작한 프라이스클럽이 최초이다.

맴버십홀세일 클럽의 매장은 거대한 창고형으로 꾸며지고, 실내장식은 거의 없이 진열대에 상품을 상자체로 진열하고 고객이 직접 박스단위로 구매하는 방식이다(안영일, 2006: 17).

맴버십홀세일 클럽은 일반적으로 회원들에게 대형창고점포에서 30~50% 할인된 가격으로 정상적인 제품들을 판매하는 유통업태로 이처럼 싼 가격으로 상품을 판매할 수 있는 이유는 일반적으로 회원들이 자가용으로 물건을 가져가므로 배송비용을 절감할 수 있고, 주고객이 회원이기 때문에 다른 유통업태에 비해 상품광고비가 절약되고, 맴버십홀세일 클럽은 일반적으로 별도의 포장없이 출하된 pallet 그대로 판매하거나 소비자가 직접 창고에 쌓여 있는 상품을 박스에 담아가는 경우가 많아 매장내 작업비용과 포장비용을 절감할 수 있고, 소비자들이 대형박스체 상품을 사가는 경우가 대부분이어서 상품의 회전율이 높다. 우리나라와 일본에서는 좁은 주택구조상 대량구매가 불가능한 점이 한계로 작용하고 있다.

나. 아울렛스토어

아울렛스토어(outlet store)는 판매시기가 지나 정상적인 가격으로는 판매가 불가능한 재고상품, 본질적인 기능에는 문제가 없으나 약간의 하가 있는 상품, 상품성의 측면에서 다소 뒤떨어지는 상품을 정상상품보다 저렴하게 판매하는 소매업태이다(고창룡, 2008: 28).

생산자나 도매업자가 팔리지 않은 이월상품이나 흠이 있는 상품을 정상가 이하로 싸게 판매하는 할인업태로 팩터리 아울렛스토어와 리테일 아울렛스토어로 분류된다.

200여개 브랜드 아울렛이 몰려있는 일산 덕이동 로데오 거리

명품과 디자이너 브랜드의 아울렛 점포가 진출한 용인 죽전동 로데오 거리

경기도 여주 프리미엄 아울렛

아울렛스토어의 가장 큰 한계는 팔고 남았거나 흠집이 생긴 상품은 계획적으로 생산된 것이 아니기 때문에 언제 어느 정도 수량의 상품을 매입할 수 있는지에 대한 예정을 세울 수가 없다는 점이다[11].

다. 전문할인점

카테고리킬러(Category Killer)는 전문할인점(special discount store)으로 불리는 업태로 전문점과 할인점의 장점을 혼합한 업태이다. 전문할인점은 미국에서 1970년대 후반 등장하였으며 1980년대 전 세계적으로 발달하기 시작하여 1990년대에 급격하게 성장한 업태이다. 특히 80년대 이후 미국 할인점들은 카테고리킬러와 힘겨운 경쟁을 하고 있다.

카테고리킬러는 기존의 경쟁업체들보다 상대적으로 큰 매장을 가지고 있지만 다른 소매업태나 백화점보다는 훨씬 좁은 범위의 상품을 취급하는 소매업태로 특정영역에 속하는 모든 상품의 공급을 목표로 하기 때문에 특정 상품범위내에 소비자의 모든 욕구를 만족시킬 수 있어야 한다. Killer라는 용어를 쓴 이유는 크게 경쟁을 통해 다른 업체를 죽인다는(몰아낸다는)의미[12]와 특정범

11) 오세조, 전게서, p.103.

주(Category)의 모든 상품을 취급한다는 의미가 있다. 여름에 자주 이용하는 에프킬러란 모기약이 세상의 모든 모기를 다 죽인다(집에서 몰아낸다)는 의미인 것처럼.......

Power Center란 여러 종류의 전문할인점들이 모여 있는 쇼핑단지를 말한다. 파워라고 불리게 된 것은 여러 카테고리킬러의 복합체로 전문상품의 구색력과 아주 저렴한 가격으로 인하여 집객력이 강한데서 유래되었다.[13)]

카테고리킬러와 할인점의 공통점은 물건을 싸게 판다는 점이고, 차이점은 할인점은 다양한 상품을 취급하는 것에 비해 카테고리킬러는 특정분야로 취급상품을 좁혀 그 상품에 대해서는 폭넓은 상품구색을 갖추고 있다.

예를 들어 일반적으로 완구는 일반할인점에서도 판매하고, 카테고리킬러에서도 판매를 하고 있는데 일반할인점은 완구뿐만 아니라 가전제품, 의류, 서적. 식품 등 다양한 상품을 판매하고 있고 이에 비해 완구전문할인점은 매장전체를 완구만을 판매하고 있어 일반할인점보다 더욱 다종다양한 완구를 취급할 수 있다. 실제로 미국의 완구전문할인점인 토이자러스는 미국에서 팔리는 모든 장난감을 취급하고 있다.

(3) 국내 할인점 성장의 배경

국내 할인점 1호는 유통시장 개방 전인 1993년 오픈한 E-마트 창동점이다. 이후 1996년 유통시장이 개방되면서 1996년 1월 네덜란드 마크로, 7월 프랑스 까르푸, 1998년 6월 미국 코스트코, 1998년 미국 월마트, 1999년 5월 테스코가 국내에 각각 진출하였다(임채운, 2006: 455)

이처럼 국내 할인점은 외국계 할인점 업체들과 국내백화점 업체들의 할인점 진출로 시작되었다. 할인점이라는 업태가 국내에 도입된 이후 10년만인 2003년부터 할인점은 백화점을 앞지르고 국내 최고의 소매업태가 되었다.

국내 할인점의 성장배경은 다음과 같다.

첫째, 1997년 외환위기 이후 소비자들이 계획구매와 합리적 소비를 하면서 할인점을 찾는 소비자가 증가하였다.

둘째, 할인점은 포지셔닝상 전통적으로 국내 유통시장을 양분하고 있던 재래시장과 백화점의 중간에 위치하고 있어 양쪽의 단점을 보완하여 시장을 잠식할 수 있었다. 즉, 백화점의 고가격, 재래시장의 전근대성을 보완할 수 있

12) 서용구외, 「유통 신업태 경쟁력 연구」, 산업연구원, 1999, pp.41-42.
13) 한국유통교육협회, 전게서, p.354.

는 포지셔닝을 갖고 있다.

셋째, 주5일 근무제, 자가용, 대형 냉장고 보급 등의 확산으로 라이프스타일과 소비패턴의 변화로 값싼 제품의 원거리 대량구매가 가능해지면서 할인점이 성장하게 되었다.

넷째, 할인점은 입지산업인데 국내의 신도시와 부도심의 개발과 정부의 할인점 등 저가 지향형 점포를 위한 규제 완화 추세 속에서 할인점이 입지할 수 있는 대형 부지의 공급이 가능했다.(백인수. 2006. 54-55)

〈표 43〉 한·미·일 할인점 발전과정

연대	한국	일본	미국
1950		GMS	디스카운트 스토어
1960			홈센터
1970		디스카운트 스토어	웨어하우스 스토어, 슈퍼스토어
1980		카테고리킬러	멤버십홀세일, 카테고리킬러, 아울렛스토어, 하이퍼마켓
1990	디스카운트 스토어, 멤버십홀세일, 아울렛스토어	멤버십홀세일, 아울렛스토어	슈퍼센터

자료: 임채영(2006).

(4) 할인점의 포화논쟁

국내 할인점은 2000년에서 2004년까지 점포 수가 약 2배 이상 증가하였고, 매출액 역시 약 2배인 10조 원 가량 증가하였다. 특히 2004년 에는 국내 5대 대형 할인점의 점포 수가 국내 대형 할인점 시장의 66%를 점유함으로써 할인점 시장이 과점화되고 있음을 보여 주었다.

신세계 유통산업연구소(2003)는 대형 할인점 1개당 적정 인구수를 10만 명으로 보고 전국적인 대형 할인점의 포화 점포수를 470개로 분석하였다. 대한상공회의소 연구보고서(2003)에서는 대형 할인점 1개당 적정 인구수가 8만 명이며, 전국적으로 598개의 대형할인점이 개설되어 2010년경에는 포화시점에 이를 것으로 전망하였다.

이와 같은 대형 할인점을 포함한 소매업의 포화(retail saturation)에 대한 논란은 우리나라에서 뿐만 아니라 영국이나 미국에서는 이미 1980년대 중반 이후 제기되어 현재까지도 지속적으로 논란이되고 있다.

Drummond(1994)는 1999년 말까지 영국의 대형소매업체가 도산하고 소매시장에서 포화상태가 확산될 것이라고 전망하였으나, 대형유통업체의 시장점유율 상승만 발생하였고, 현재까지 영국에서 전형적인 소매 포화현상은 발생하고 있지 않다.

우리나라의 대형 할인점은 전국적으로 급속하게 확산되는 가운데 대형할인점의 지방 진출이 증가하면서 지방 중소규모 소매점은 큰 위기에 직면해 있다(서용구. 2006. 60-61). 특히 국내 할인점의 입지 측면에서 보면 대형할인점들이 취하고 있는 선입지 정책은 후발 주자들에게 높은 진입장벽으로 작용하고 있다.

최근 들어 국내할인점들의 경쟁은 단순한 가격경쟁에서 비가격경쟁으로 전환되고 있다. 즉, 할인점은 비가격경쟁력 중에서 고객편의 서비스 시설이 잘 갖추어진 차별화된 매장으로 탈바꿈되고 있다. 할인점이 가치 중시 공간으로 변모되고 있다(임채운, 2006: 469).

이마트 PL매출

※단위: 억원, ( )안은 전체매출 대비 비중, %

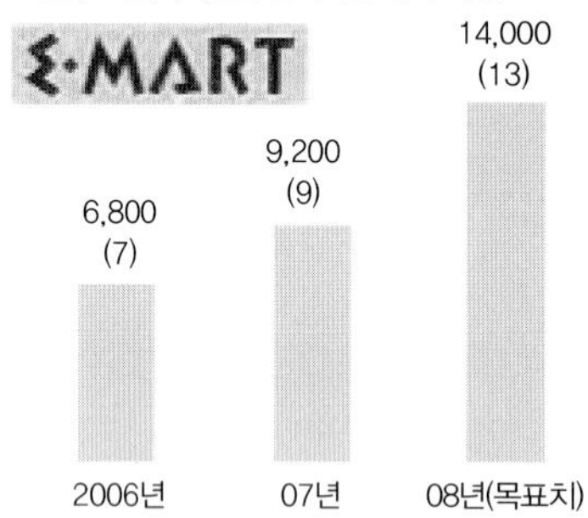

홈플러스 PB매출

※단위: 억원, ( )안은 전체매출 대비 비중, %

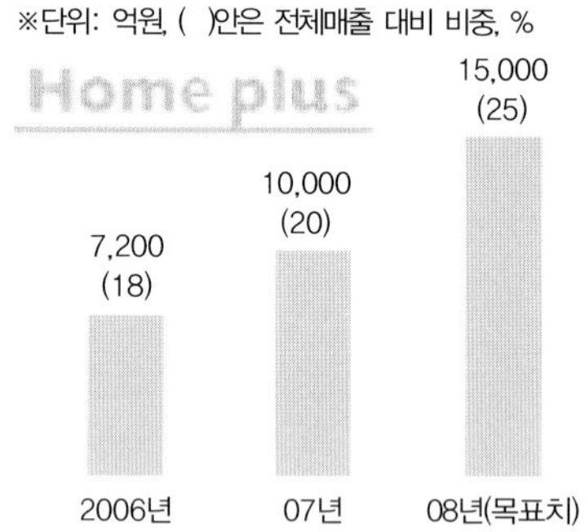

롯데마트 PB매출

※단위: 억원, ( ) 안은 전체매출 대비 비중, %

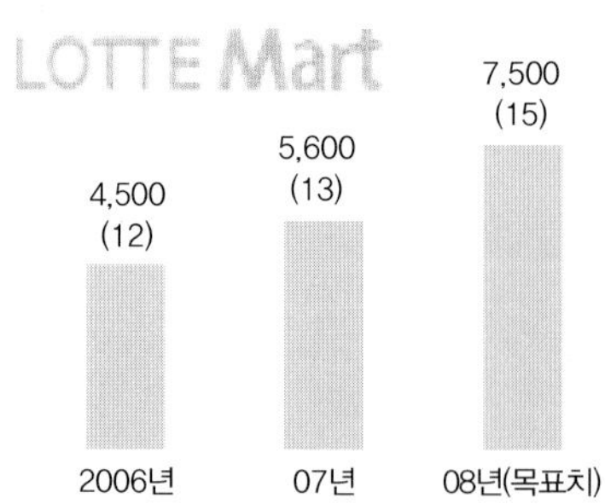

자료: 각사

유통에세이 essay "대형마트 전단지 달라졌네 … 신뢰감 주려 신문처럼 편집"

보통 신문에 끼워 배달되는 전단지는 대형 마트들에게 거의 유일한 광고 수단이었다. 인근 주민들이 고객이다 보니 신문 광고나 방송 광고보다는 자세한 상품 정보가 담긴 전단지가 효과적이라는 생각 때문이었다.

대형마트 등장 초기인 1990~2000년대 초반에 나온 1세대 전단은 마트 이름을 소비자에게 알리는 데 집중했다. 회사 이름을 큼지막하게 인쇄한 전단에는 계절 행사임을 알리는 문구를 강조했다. 크기도 4절지(가로 390㎜, 세로 535㎜)가 주류였다.

그러던 것이 2006년부터는 '최대 반값', '50% 에누리', '연중 최저가' 등 할인폭을 크게 강조하는 문구를 앞세운 '2세대'로 변모했다. 마트에 대한 소비자 인지도가 올라갔기 때문에 할인폭을 직접적으로 알리는 쪽으로 바뀐 것이다. 크기도 대형 행사라는 느낌을 살리기 위해 4절지보다 큰 2절지(가로 535㎜, 세로780㎜)를 이용하거나, 반대로 더 작은 8절지(가로 268㎜, 세로 390㎜)로 만드는 등 다양해졌다.

이런 대형마트 전단이 또 한 차례 진화하고 있다. 롯데마트는 8일까지 배포하는 전단을 신문 1면 스타일(사진)로 확 바꿨다. '롯데마트' 신문에 상품 및 행사 정보를 기사체 형식으로 전달했다. 요란한 색상과 커다란 글씨 대신 상품 및 행사의 장점을 서술형으로 풀어 설명한 글이 빼곡히 차 있다. 우주희 롯데마트 마케팅부문장은 "행사나 상품에 대한 장점을 충분히 설명할 수 있는 형태로 바꾼 것"이라며 "특히 신문 편집 스타일은 고객에게 신뢰감을 줄 수 있다고 봤다"고 설명했다.

신세계 이마트는 8일까지 하는 '여름상품 대할인전(면류·신발 등을 최고 50% 할인)' 때 신문 광고 활용을 늘리면서 기존 전단 물량은 줄이기로 했다. 전단을 신문에 별지로 끼워 넣으면 보지도 않고 버리는 경우가 많기 때문이다. 한 달에 네 번이던 발행 횟수는 두 번으로, 4억 부를 넘던 연간 발행 부수도 절반으로 줄인다. 8월부터는 전단을 재생 용지로 만들어 환경오염도 줄인다는 방침이다. 신세계 이마트 이경상 대표는 "전단을 줄이면 매출에 영향이 올 수 있다는 우려의 목소리가 있었지만, 환경 경영을 하기 위해 이같이 결정했다"고 말했다. 홈플러스는 3~5월 진행된 10주년 할인행사 때 기존 전단보다 두세 배나 두꺼운 12쪽짜리 '책자형' 전단을 선보였다.

(중앙일보, 2009.7.5)

유통에세이 essay

"PB상품도 '싸구려는 가라' "

할인점과 TV홈쇼핑에서 판매하는 자체브랜드(PB) 상품이 다양화·고급화되고 있다. 할인점마다 PB제품을 계속 늘리는 상황에서 값 내리기라는 기존의 방식만으로는 경쟁력에 한계가 있다는 판단 때문이다. PB상품은 유통업체들이 공장으로부터 주문자상표부착생산(OEM)방식으로 납품받아 판매하는 제품으로 중간 유통단계가 없어 값이 싸다는 게 가장 큰 특징이다.

롯데마트는 29일 미국의 PB전문 마케팅회사인 데이몬과 함께 마련한 PB전략에 따라 다음달 중순부터 가공 및 신선식품을 시작으로 '프리미엄 PB' 상품을 본격 선보일 계획이라고 밝혔다. 또 내년 3월에는 프리미엄 의류상품을 선보이는 등 그 종류와 수량을 크게 늘릴 방침이다.

롯데마트는 이에 앞서 9일 고급 란제리와 중저가 남성 속옷 등 기존의 PB상품과 차별화한 속옷 브랜드 '위드원 인티모'를 출시했다. 고급 란제리는 이탈리아 수입원단을 사용해 값을 일반 할인점에서 유통되는 중저가 속옷 PB의 2~3배로 높였다.

장기철 마케팅실장은 "PB가 가격경쟁 위주로 가다보니 소비자들에게 '싸구려'라는 인식이 사라지지 않고 있다"며 "세제 및 화장지 같은 회전율이 높은 상품은 계속 가격 경쟁을 지향하되 품격을 요구하는 상품은 고급화시켜 PB를 '일반PB'와 '프리미엄PB'로 이원화할 계획"이라고 말했다.

신세계 이마트도 '코우즈'등 일반 PB 의류보다 값이 30~40% 비싼 프리미엄 여성 패션 PB를 선보인다. 이마트측은 기존 PB가 가격을 낮추기 위해 누구나 입을 수 있도록 디자인 등에서 무난한 면을 강조한 것과 달리 프리미엄 PB는 유행과 패션성을 높이고 소재도 고급화시켰다고 설명했다.

PB상품을 굿(Good)·베터(Better)·베스트(Best)의 세 단계로 나누고 있는 홈플러스는 백화점 수준의 'Best'상품을 개발 중이다. 이곳에서 이달 초 내놓은 남성구두 PB상품인 'EZ CLASSIC'dms 베터급이지만 값이 일반 할인점의 구두(1만5천~3만원대)보다 비싼 4만9천~5만 9천원대로 결정됐다. 삼성테스코의 왕일웅 과장은 "전체매출의 20%를 차지라는 PB상품의 매출을 향후 40%까지 끌어올릴 계획"이라며 "그러려면 베스트 PB상품의 개발은 필수적"이라고 밝혔다.

CJ홈쇼핑도 패션디자이너 이신우와 손잡고 개발한 언더웨어 브랜드 '피델리아'로 톡톡히 재미를 본 데 이어 기존의 가격경쟁에서 탈피해 소재와 디자인이 고급화된 프리미엄 PB를 잇달아 늘리고 있다.

(중앙일보. 2003. 9. 30)

유통에세이 essay

"물류혁신 위해 위성까지 동원"

– 월마트, '고객 지상주의' 위해 끊임없는 경영혁신

미국의 소매체인스토어 월마트(Wal-Mart Stores)는 지난 2001년 2천1백80억 달러의 매출을 기록했다. 이 해에 이보다 더 높은 매출을 올린 기업은 없었다. 세계 최대 기업의 자리에 올라선 것이다. 1962년 샘 월튼이 아칸소주 로저스라는 작은 도시에 할인매장을 개설한 지 꼭 40년 만의 일이었다. 한마디로 월마트 신화의 완성이었다.

전 세계 10여 개 국에 4천 여 개의 점포를 가지고 있는 월마트의 영업이익률은 여느 제조업체에 못지않다. 일반적으로 할인점은 영업이익률이 낮기 마련이지만 월마트의 영업이익률은 5~6%에 달한다. 최근에는 90년대 후반 미국 경제 성장을 주도했던 신경제의 호황이 사실은 "월마트 효과"(Wal-Mart Effect)에 기인한 것이었다는 평가마저 확산되고 있다.

세계적인 컨설팅 회사 맥킨지가 한 보고서에서 "신경제의 호황은 IT산업이 아니라 전통산업의 높은 생산성에서 비롯됐으며, 그 중심에는 도소매업계의 생산성 상승을 주도한 월마트가 있었다"고 지적한 것이다. 미국에서는 '월마트를 배우자'는 움직임이 전역으로 확산되고 있다.

월마트의 성공은 창업 이후 일관되게 간직해 온 고객 지상주의 철학에서 시작된다. 1백40만 명에 달하는 월마트의 직원들은 '항상 고객이 원하는 상품을, 원하는 시점에, 합리적인 가격으로 제공한다는 원칙', 이른바 EDLP(Every Day Low Price : 매일 최저 가격)의 정신을 공유하고 있다. 이들은 3천 여 개가 넘는 주요 판매상품의 동향을 숙지하고 인기품목이 품절되지 않게 특별 관리함으로써 고객 지상주의의 철학을 실천한다.

고객이 원하는 상품을 저가격으로 상시 제공하면서도 충분한 수익을 확보하는 월마트의 비즈니스 모델은 말로만 되뇌는 고객 우선이 아니다. 고객 지상주의라는 철학을 실천하기 위한 끊임없는 경영혁신의 결과다. 창업자 샘 월튼의 선구안도 무시할 수 없다. 그는 소매점의 성공 여부가 효율적인 물류 시스템 구축에 있다고 보고 설립 초기부터 막대한 투자를 아끼지 않았다. 70년대 월마트가 구축한 크로스 도킹(cross-docking) 배송 시스템도 그중 하나다.

이 시스템은 상품이 열차나 트럭에서 회사 운송차량으로 곧바로 옮겨지게 하고 컨베이어벨트에 의해 자동 분류됨으로써 신속하고 저렴한 배송을 가능하게 했다. 물건을 쌓아두기만 하는 기존의 창고와는 완전히 다른 개념으로 물류혁신의 계기를 마련했던 것이다.

■ 일관된 EDLP 정신의 비결

월마트의 물류 혁신은 여기서 그치지 않는다. 바코드 시스템·EDI(전자데이터교환)·POS(Point of Sale)시스템·스캐너 자동발주시스템 등 다양한 물류시스템을 처음으로 도입한 회사가 바로 월마트다.

월마트의 이런 물류체계 혁신은 최근 위성통신 시스템에까지 확장되고 있다. 월마트의 위성 통신시스템으로 2천5백 여 개에 이르는 미국 내 월마트 매장과 물류센터 본사의 연결은 물론 상품 수송차량의 움직임까지 추적해 물건이 몇 시 몇 분에 어느 점포에 도달할 것인지까지 파악할 수 있다.

월마트는 이같은 물류시스템을 기반으로 총매출액 중 판매·관리비가 차지하는 비중을 15%대로 낮췄다. 이는 경쟁사보다 5~7% 낮은 수준으로 결국 경쟁사에 비해 동일한 상품을 5% 이상 싸게 팔 수 있음을 의미한다.

창업자인 샘 월튼은 단순한 경쟁구도에서 사업을 확장하지 않았다. 그는 종업원들이 고객 지상주의 철학을 실천할 수 있는 최상의 인프라를 구축한 뒤 직원들에게 이렇게 말했다. “이제부터 여러분들은 내가 제안하는 마술만 실행에 옮기면 매출은 자동으로 늘어납니다. 그 마술이란 고객이 가게에 들어오면 머리를 숙이고 ‘무엇을 도와드릴까요’라고 말하는 것입니다.”

샘 월튼은 ‘경영진이 종업원들을 어떻게 대하느냐에 따라 종업원들이 고객을 어떻게 대하느냐가 결정된다’고 믿었다. 실제로 종업원에 대한 월마트의 배려는 전설적이다. 월마트의 종업원 중시 풍토는 종업원을 ‘동료’(associates)라 부르고 회장을 ‘미스터 샘’(샘 월튼 회장의 별칭)이라 부르는 평등주의 속에서 자라났다.

월마트에는 아직도 최고경영자를 비롯한 모든 종업원들이 심벌마크가 새겨진

모자를 쓰고 현장에서 만나 대화하고 문제점이 있으면 즉시 시정하는 전통을 경영의 근간으로 삼고 있다. 종업원들과의 간극을 좁히기 위해 샘 월튼 회장은 출고 10년이 넘는 포드픽업트럭을 타고 출근했고, 그의 후임이었던 글래스사장은 머큐리 왜건을 직접 운전했다. 2000년 제3대 최고경영자로 취임한 스콧 역시 종업원들에게 편안함을 주기 위해 대화할 때는 반드시 사장 자리가 아닌 회의 탁자로 옮긴다는 원칙을 지키고 있다.

이처럼 월마트에서는 최고경영자라 할지라도 자신이 직접 커피를 타 마시고, 4평 남짓한 작은 사무실을 사용하거나 비행기의 1등석을 타지 않는 검소함을 오랜 불문율로 지키고 있다. 아울러 각종 제도를 통해 종업원들이 전사와 각 점포 차원의 정보를 공유하고 경영 의사결정에 참여할 수 있도록 함으로써 종업원들의 사기를 진작시키는 데 많은 노력을 기울이고 있다.

월마트는 또 어떤 기업보다 먼저 종업원들에게 이익 배분과 스톡옵션을 제공한 것으로 유명하다. 심지어 매장의 수익 목표가 달성되면 시간급 직원에게도 이익을 분배한다. 월마트는 근속연수와 성과에 연동시켜 액면가로 주식을 매입하게 하며, 전 구성원이 시가의 70% 이하로 주식 매입을 하도록 하고 있다. 근속연수 10년 이상된 종업원의 경우 10만 달러에서 3백만 달러까지 이익을 얻는 사례가 비일비재하다.

■ 이익이 생기면 분배한다.

인사정책도 남다르다. 월마트는 '채용하여 유지하고 성장시킨다'는 정책이 아닌 '유지하여 성장시키고 채용한다'는 인사정책을 가지고 있다. 언제나 해고하고 다시 채용할 수 있다는 사고가 아니라 이미 채용한 유능한 인재를 유지하고 개발하는 전략이다.

한 예로 이 회사는 신입사원들이 거대기업에서 상실감을 느끼지 않도록 베테랑 직원들을 조언자로 붙인 다음, 30일·60일·90일 시점마다 자신들의 향상 정도를 평가받도록 하고 있다. 또한 잠재적인 리더십이 있다고 여기는 직원들은 아칸소주 벤토빌에 있는 본사 '샘월튼 개발센터'에 보내 연수를 받게 한다. 연수를 받은 직원들은 이후 다양한 부서를 옮겨 다니면서 참신한 과제를 모색하고 새로운 기술을 학습할 수 있다.

많은 이들이 월마트의 성공비결을 말한다. 하지만 그 근원에는 EDLP이라는 경영원칙을 실천하기 위한 과감한 투자, 종업원을 중시하는 고유한 기업문화가 있다. 이것이 월마트의 진정한 성공비결인 것이다. 월마트의 종업원 중시 경영은 그 기업이 속한 업종에 관계없이 인간을 배려하는 경영철학이 얼마나 기업의 성공에 큰 기여를 할 수 있는지를 보여주는 모범사례로 꼽히고 있다.

(디지털타임스. 2004. 4. 2)

〈표 44〉 월마트의 경영전략

물류비용의 절감 전략	합리적 경영방침
• 거점 확보, 후진출 - 출점대상 상권에 유통센터를 집입 초기에 건립해 물류기반을 다짐 • 적하장 교차연결 - 상품이 창고에 머무는 시간을 최대한 단축 - JIT상품 공급 • 과감한 정보투자 - 점포-본부-제조업자간 원활한 정보교류 • 제조업체와의 협력을 통한 QR의 실현 - 무재고 경영지향	• 개별점포 중심의 의사결정 - 중앙집권식 의사결정을 지향, 일선 관리자들이 스스로 시장상황을 판단하도록 함 - 머천다이징의 전점포 참가 • 인간존중의 경영 - 공동체 의식 - 종업원 만족의 유도 - 이윤배분(급여외 추가이윤, 주식배분)
➔ 효율화에 의한 비용절감분을 상품의 가격에 반영	➔ 합리화에 의해 직원들에게 동기를 부여함

자료: 변명식(1999).

〈표 45〉 백화점과 할인점의 취급상품 변화

(단위: %)

상품별	백화점		할인점	
	1996년	2003년	1996년	2003년
의 류	46.2	48.9	11.1	14.9
음 · 식 료 품	18.4	18.0	54.3	35.5
주 방 용 품	3.2	2.7	7.2	11.9
전기 · 전자제품	5.5	5.7	8.1	10.5
가구 · 인테리어	5.7	4.2	3.4	4.3
신변잡화 · 일용품	17.2	16.9	11.6	15.9
기 타	3.8	3.6	4.3	7.0

자료: 대한상공회의소(2004).

5) 쇼핑센터

쇼핑센터(Shopping Center)는 쇼핑(Shopping)의 중심지(Center)라는 의미로 계획개발자(developer)에 의해 사전에 특정지역의 시장분석을 통해 계획적으로 조성된 여러 유통업태의 대규모 집합체이다. 즉, 계획개발자(developer)가 미리 특정 지역의 상황, 수요분석 등을 통해 전체의 규모, 레이아웃, 점포구성 등을 인위적으로 구성한 계획적, 집합적 대규모 소매기관이다(고창룡, 2008: 30).

최초의 쇼핑센터는 1948년 미국 오하이오주의 돈카스터에 의해 도입되어 전후 미국에서 주로 도시 외곽에 발달한 상업시설로 현재 미국전역에 3만 여 개의 쇼핑센터가 있다. 우리나라는 조선시대 육의전이 정부의 물자조달 목적에 의해 인위적으로 형성된 소매점포의 집합체로 볼 수 있다. 이에 비해 우리나라의 전통적인 재래시장은 자연발생적인 여러 소매점포의 집합체이다(고창룡, 2008: 30). 또한 우리나라의 현대적인 쇼핑센터의 효시는 캐나다의 West Edmonton Mall을 참고로 해서 만든 롯데월드이다[14].

쇼핑센터는 단순히 많은 점포가 모여 있다는 의미가 아니고 다양한 업태의 점포가 모여 있어 모든 쇼핑을 쇼핑센터에서 다 할 수 있는 곳이어야 하고, 쇼핑을 하는 동안 즐거움을 제공하는 장소여야 한다. 따라서 쇼핑센터의 개별점포는 공동광고 및 공동이벤트 개최 등으로 자신이 입점한 쇼핑센터를 쇼핑명소로 만드는데 협력해야 한다.

〈표 46〉 쇼핑센터의 유형 및 정의

구분	근린형	지역형	광역형	초광역형
매장면적	2,000~3,000평	10,000평 이내	30,000평 이내	30,000평 초과
테넌트 수	10~30개	40개 이내	150개 이내	150개 초과
상권범위	3만 명 내외	7만 명 내외	30만 명 내외	50만 명 이상
컨셉	편의성	일반상품 · 편의성	패션 · 구색상품	상품구색·패션·오락
핵점포	대형슈퍼마켓 · 슈퍼마켓	종합슈퍼마켓 · 전문점	백화점 · 종합슈퍼마켓	백화점 · 서비스 및 오락시설
주요 점포	지역의 소규모 상가	구의동 전자랜드	성남 테마폴리스	잠실 롯데월드

자료: 고창룡(2008).

14) 변명식, 전게서, pp.241-243.

(1) 쇼핑센터의 구성

쇼핑센터는 개발업자(developer)의 점포계획에 의해 핵심소매업체(key tenant)를 중심으로 해서 다양한 거주소매업체(tenant)가 입주해 있다.개발업자(developer)는 사전에 조사를 통해 쇼핑센터를 건설하고 key tenant와 tenant를 선정하는 등 쇼핑센터를 종합적으로 관리한다. 입주점포(tenant)는 개발업자(developer)로부터 쇼핑센터 내의 개별점포를 임차해서 영업을 하는 개별점포를 말하고, 핵심입주점포(keytenant)는 쇼핑센터의 중심이 되는 대형유통업체로 일반적으로 백화점과 할인점이 keytenant가 되는 경우가 많은데 어떤 업태가 키테넌트로 조성되는가에 따라서 쇼핑센터의 이미지가 달라진다.

유통에세이
essay

"대형복합쇼핑몰 성적표"

출사표 던진 롯데 광복점..제대로 안착할 수 있을까?

기존 센텀시티, 타임스퀘어 성적표는 약간 저조

'대형복합쇼핑몰' 시작은 산뜻, 넘어야 할 과제는?

◆ 기존 복합몰 부진 속 유통대전 '2막' 올라

오는 17일 문을 여는 부산 롯데백화점 광복점. 올해로 창립 30주년을 맞은 롯데의 30번째 백화점으로 지하 6층에 지상 10층, 연면적 11만7970 제곱미터의 최대 규모로 지어졌다. 국내 유일의 '시-사이드(seaside, 바다가 보이는)' 백화점으로 부산 앞바다와 용두산 공원을 동시에 관망할 수 있다. 세계 최고층 건물 '버즈 두바이'를 설계한 미국 회사가 디자인한 외관은 한국의 전통 창호지 문양을 모티브로 삼았으며 야간에는 외부 LED 조명 등 화려한 볼거리를 제공한다.

본점과 잠실점에 이어 2000년 부산 광복점을 3번째 롯데타운으로 정하고 2014년까지 단계적인 계획안을 발표한 롯데그룹은 이번 백화점 개장을 시작으로 2010년 롯데플라자와 2012년 롯데마트, 2014년 부산의 랜드마크가 될 108층(510m)의 롯데타워까지 총 14년간의 대프로젝트를 완성하겠다는 방침이다.

롯데 임형욱 홍보실 과장은 "옛 부산시청을 중심으로 한 서부산 상권이 몰락하는 가운데, 이번 광복점의 개장으로 서부산의 화려했던 상권을 되돌려보겠다."라며 "내년 광복점 매출 목표는 3600억 원이 될 것"이라고 밝혔다.

◆ 롯데백화점 광복점, 과연 제대로 안착할 수 있을까?

지난 9월 중순에 개장한 타임스퀘어. 화려한 명품관은 기본, 신세계 백화점을 비롯해 교보문고, CGV 등의 문화오락시설과 공원, 녹지까지 갖춘 연면적 10만

평의 초대형 복합몰이다. 기존 경방 터에 6000억 원의 자금을 투입해 지어진 타임스퀘어는 개장 두 달 만에 서울 서북부 최대상권의 랜드마크로 자리잡았다.

타임스퀘어 관계자는 현재 평일 매출 20억 원, 주말 매출 40억 원을 꾸준히 기록하고 있으며 하루 평균 방문객 수도 20만 명이 넘는다고 밝혔다. 지금까지 총 매출액은 2000억 원에 달한다.

센텀시티 역시 지난 3월 개장 이후 10개월도 안돼 부산 지역 랜드마크로 자리잡았다. 600여 개의 해외명품관부터 골프레인지, 아이스링크, 스파시설까지 결합된 종합 쇼핑문화공간, 최근 세계 최대 규모의 백화점으로 기네스에도 등재됐다. 전국 각지와 해외에서 찾아오는 방문객 등을 포함해 월 방문객이 140만 명에 이를 만큼 앞으로의 전망도 좋아 보인다.

현재까지 총매출은 4500억 원이 넘는다. 일 평균매출 15억 원 정도, 월 매출 실적 역시 400억~500억 원 규모로 안정적인 모양새다. 하지만 당초 기대에는 못 미치는 수준이다.

◆ 대형복합몰, 일평균 매출 50억 원 이상 나와야 성공

현재 부산지역에는 이달 개장을 앞두고 있는 롯데백화점 광복점을 비롯해 서면동래센텀점과 범일동 현대백화점 등의 경쟁이 치열한 상황. 하지만 센텀시티측은 일단 낙관적인 입장이다. 정병권 센텀시티 부점장은 "부산지역 전체 시장 규모가 커지기 때문에 센텀시티점의 매출 성장세는 계속 이어질 것"이라고 밝혔다.

타임스퀘어, 센텀시티의 예를 보면 17일 개장하는 롯데백화점 광복점을 비롯해 앞으로 개장 예정이거나 현재 전국 각지에 위치한 복합쇼핑몰들의 미래는 밝아 보인다. 하지만 전문가들은 주위 여건을 제대로 살피지 않고 너도나도 복합쇼핑몰 짓기에 매진한다면 그 결과는 자멸(自滅) 밖에 없을 것이라고 일침을 놓는다. 부동산 써브 하재윤 상담위원은 최근 복합쇼핑몰 경쟁이 치열하게 전개되다 보니 수요를 따라잡지 못하는 과열 공급과 이들 복합몰 임대점포값의 과도한 임대료가 복합쇼핑몰의 안정적 성장에 발목을 잡고 있다고 말했다.

복합쇼핑몰의 거대한 몸집은 해당지역 소비자들만으로 유지하기 어려운 것이 현실. 때문에 이들은 주변 지역 및 해외 방문객 유치를 통한 활로모색의 길을 찾고 있다. 하지만 현재 해외 방문객의 대부분을 차지하고 있는 일본인 관광객들은 엔고특수가 언제까지 지속될지 모르는 현실 속에서 불안감을 드리우고 있고, 복합쇼핑몰 접근을 위한 교통, 행정 인프라 역시 아직 자리잡지 못하고 있다. 특히 대형 복합쇼핑몰의 경우 일평균 매출이 50억 원 이상은 나와야 성공가능성이 있다고 전문가들은 분석하고 있다.

숙명여대 서용구 교수(경영학)는 "복합쇼핑몰의 성공적인 안착을 위해서는 단

순한 쇼핑몰이 아닌 500~1,000km 밖에서도 찾아올 수 있는 관광지로 만들어야 할 것"이라며 "지방자치단체 등과의 연계를 통한 접근성 향상 노력은 물론, 문화관광지로써 역할 할 수 있는 다양한 제반기능을 갖춰야 한다"라고 밝혔다. 또, "경기변동과 해외상권을 면밀히 분석하고 외국인 방문객 유치와 직결되는 환율에 따른 차별 마케팅 전략 등 지속적인 자체노력이 전제되어야 할 것"이라고 덧붙였다.

(중앙일보, 2009.12.15)

6) 무점포 판매

〈표 47〉 무점포판매업의 성장추이

	매출액(백만원)	종사자 수(명)	사업체 수(개)
1996	2,916,085	108,567	11,579
1997	3,203,511	126,245	12,393
1998	3,003,535	111,561	11,924
1999	3,251,010	87,462	10,474
2000	4,181,209	122,356	12,925
2001	9,412,361	166,859	12,927
2002	11,725,116	237,756	15,545
2003	8,622,338	202,848	15,279

자료 : 통계청, 「도소매업통계조사」, 각호

국내의 무점포판매업은 유통시장이 개방된 이래 2000년 이후부터 급성장한 대표적인 소매업태이다. 국내 무점포판매업의 매출액은 1996년 2조 9,161억 원에서 2002년 11조 7,25억 원으로 급상승하였다.

또한 국내 무점포판매업은 국내 전체 소매업체 수에서 차지하는 비중은 작지만 고용 및 판매 비중은 상대적으로 높다. 2001년 현재 전체 소매업에서 차지하는 각 소매업태별 매출 비중은 할인점(13.84%), 백화점(13.18%), 무점포소매업(7.69%), 슈퍼마켓(7.33%), 일반소매점(7,69%), 편의점(1.29%) 순으로 무점포판매업은 소매업 전체 매출에서 3위를 차지하고 있다(백인수, 2006: 148-150).

〈표 48〉 전체 소매업 대비 각 소매업태의 비중(2001년)

	매출액	사업체 수	종사자 수
백 화 점	13.2	0.0	2.0
할 인 점	13.8	0.0	2.7
슈 퍼 마 켓	7.4	0.9	3.2
편 의 점	1.3	0.7	1.3
일반소매업	5.3	17.1	11.8
무점포소매업	7.7	2.1	11.8

자료 : 통계청, 「도소매업총조사」, 각호.

〈표 49〉 무점포판매 업태별 매출액 추이

(단위 : 억원)

	1999	2000	증감률	2001	증감률	2002	증감률	2003	증감률
소매업 전체	1,023,567 〈100%〉	1,156,029 〈100%〉	12.8%	1,224,289 〈100%〉	6.0%	1,397,542 〈100%〉	14.2%	1,278,676 〈100%〉	-8.5%
무점포 전체	32,101 〈3.2%〉	41,812 〈3.6%〉	30.3%	94,124 〈7.7%〉	125.1%	117,251 〈8.4%〉	24.6%	86,222 〈6.7%〉	-26.5 %
다단계 판매	8,974	20,012	123.0%	38,286	91.3%	55,480	44.9%	32,700	-41.1%
방문 판매	14,662	29,471	101.0%	34,837	18.2%	51,865	48.9%	N.A.	
TV 홈쇼핑	9,040	13,460	48.9%	20,480	52.2%	37,810	84.6%	36,980	-2.2%
카탈로그 판매	5,640	8,080	43.3%	10,890	34.8%	11,510	5.7%	7,000	-39.2%
인터넷 쇼핑	1,233	4,600	273.1%	13,830	200.7%	37,700	172.6%	51,950	37.8%
모바일 커머스	-	-	-	40	-	280	600%	340	21.4%

주 : 소매업과 무점포판매업 전체 매출은 통계청 자료에 의거, 무점포판매업의 업태별 매출 자료는 협회 자료에 의거함. 그 결과 무점포 전체 매출액과 각 업태별 합계는 일치하지 않음.

자료 : 통계청 DB 및 한국전자상거래 및 통신판매협회, 한국직판협회.

〈표 50〉 무점포판매 매출액 구성비

(단위: %)

	전체	방문판매	다단계판매	TV홈쇼핑	인터넷쇼핑	카탈로그판매
의류	8.7	1.7	4.8	22.9	12.1	30.0
잡화	5.3	0.0	0.5	4.4	11.3	10.0
가구 외	18.6	41.7	6.7	33.9	26.0	7.5
취미·오락	3.0	0.0	0.3	8.3	6.6	0.0
미용 외	22.6	21.9	25.0	11.4	18.1	52.5
식료품	29.8	18.0	48.9	15.9	18.3	0.0
서비스	5.2	16.7	5.2	1.1	3.9	0.0
기타	6.8	0.0	8.6	2.1	3.6	0.0

자료: 산업연구원, 무점포판매업 실태조사, 2004년.

〈표 51〉 무점포판매 매입방식별 구성비

(단위: %)

	전체	방문판매	다단계판매	TV홈쇼핑	인터넷쇼핑	카탈로그판매
자사생산	14.7	28.6	13.1	12.0	10.0	0.0
국내매입	53.2	71.4	40.9	66.0	80.7	15.0
수입품매입 (제품수입)	31.1	0.0	46.0	22.0	3.7	85.0
수입품매입 (개발수입)	1.0	0.0	0.0	0.0	5.6	0.0
계	100.0	100.0	100.0	100.0	100.0	100.0

자료: 산업연구원, 무점포판매업 실태조사, 2004년.

〈표 52〉 무점포판매 중소기업제품 매입비중

(단위: %)

	전체	방문판매	다단계판매	TV홈쇼핑	인터넷쇼핑	카탈로그판매
비중	59.7	41.3	45.7	84.8	74.8	90.0

자료: 산업연구원, 무점포판매업 실태조사, 2004년.

〈표 53〉 세계 직접판매 현황(2005)

순위	국가	연도	판매액(US 억$)	판매원(천명)
1	미국	2003	295.0	13,300
2	일본	2003	270.0	2,000
3	한국	2004	80.3	4,650
4	브라질	2004	39.2	1,539
5	멕시코	2004	33.5	1,850
6	영국	2004	30.3	520
7	이탈리아	2004	29.8	272
8	독일	2004	28.7	206
9	프랑스	2004	17.2	170
10	대만	2003	15.6	3,818
기타 국가			139.6	26,537
계			979.2	54,862

자료: WFDSA 홈페이지.

〈표 54〉 네트워크 마케팅과 불법 피라미드 판매의 비교

구분	네트워크 마케팅	불법 피라미드 판매
제품	중저가 소비재가 대부분	고가의 내구 소비재
가입비	저비용 (교육교재, 판매 보조재 등을 구입하는 적은 비용)	고비용 (가입비·교재비·세미나 참가비 등 각종 명목으로 금품 징수)
수입원	상품 판매에 의한 수익	판매원을 가입시키는 행위 자체에서 수익 발생
상품구매	강제 구매 없음	판매원 등록시 또는 후원수당을 미끼로 강제구매 유도
확장구조	하위 판매원 확보의무 없음	하위 판매원 확보의무 부과
품질보증 및 환급제도	100% 소비자만족 보증제도	소비자만족 보증/환급보증 없음
업무구조	철저한 부업 출발 유도	단시간에 많은 돈을 벌 수 있다며 전업으로 일할 것을 유도

자료: 한국직접판매협회(2009).

유통에세이
essay

"無점포 新유통"

TV홈쇼핑·인터넷 쇼핑몰·통신판매·다단계 등 무점포 4인방 무한질주

유통시장이 르네상스기를 맞고 있다. 대변혁의 물결은 무점포 유통업태들이 앞장서 이끌고 있다. 점포가 필요 없는 무점포 신유통 바람이 거세게 불고 있는 것이다. 무점포 신유통 시장에 발을 담그고 있는 업태는 TV홈쇼핑·인터넷 쇼핑몰·통신판매·다단계 판매 등. 온라인 유통과 인적 판매가 모두 여기에 포함된다.

이중 대표주자는 TV홈쇼핑. TV홈쇼핑 시장은 욱일승천의 기세로 규모가 커지고 있다. 지난해 시장 규모가 2조 원에 달해 전년의 2배로 불어났다. 올해는 무려 4조 원대에 이를 전망이다. 오는 2005년 정도는 돼야 4조원 시장이 형성될 것이란 전문가들의 전망이 모두 빗나가 버렸다.

조사전문기관인 리서치앤리서치가 지난 해 전망한 TV홈쇼핑 시장 규모는 2003년 2조8천억 원, 2005년 4조2천억 원이었다. 다른 조사기관들의 전망치도 크게 다를 게 없었다. 전 세계를 통틀어 불가사의한 빅뱅이 일어나고 있는 게 바로 한국의 홈쇼핑시장이다.

인터넷 쇼핑몰도 선진국의 열기를 오히려 능가하고 있다. 수천 개에 달하는 크고 작은 사이버 쇼핑몰 숫자도 놀랍지만 이익 실현을 위한 끈질긴 승부욕도 훈장감이다. 삼성몰의 경우 지난해 처음으로 순익을 내 '인터넷 쇼핑몰 흑자시대'를 본격적으로 열었다.

선진국에서 만년 적자에 머무르고 있는 인터넷 쇼핑몰이 한국에서는 '돈이 되는' 사업으로 꽃을 피우고 있는 것이다. 통신판매와 다단계 판매에서도 변화가 용틀임하고 있다. 텐더라고 일컫는 새로운 통신판매방식이 꾸준히 고객몰이를 하고 있는가 하면 다단계 시장의 거인 한국암웨이는 연간 매출 1조원 돌파를 눈앞에 두고 있다.

이처럼 무점포유통이 급성장을 하는 것은 세계적으로 유례를 찾기 힘들다. 한때 우리나라는 유통후진국이었다. 생산자에서 소비자에 이르는 유통단계가 복잡하고 단계별로도 고비용구조여서 생산자는 생산자대로, 소비자는 소비자대로 골탕을 먹었다. 그러다가 90년대 중반 '1차 유통혁명'이 몰아닥쳤다.

기업들이나 소비자들이 유통구조를 개선하자는 절박한 인식이 퍼지면서 여러 신종업태들이 선보이기 시작했다. 경제는 곧 유통이란 신조어도 생겨났다. 이때 창고형 소매업인 할인점·카테고리 킬러 등 선진 유통첨병들이 물밀 듯 쏟아져 들어왔다. 그러나 토종소비문화와 접목에 성공한 할인점을 빼고는 대부분 뿌리를 내리지 못하고 슬그머니 사라졌다.

그 원인은 여러 가지다. 무엇보다 교통난과 비싼 땅값이 걸림돌이었다. 미국이

나 유럽처럼 넓은 주차장에 공장 같은 매장이 성공의 관건이었으나 우리나라는 그런 여건이 마련돼 있지 않았다. 자연 소비자들의 외면 속에 1차 유통혁명은 용두사미 꼴이 됐다.

이런 점들을 고려할 때 최근 붐이 일고 있는 무점포 신유통은 국내에 착근을 할 수 있는 토양이 마련돼 있다고 볼 수 있다. 넓직한 매장도 필요없고, 교통난을 피해 갈 수 있는 기동성도 있다. 게다가 지난해 하반기 이후 경기회복을 이끌고 있는 소비수요도 신유통 확산에 기름을 붓는 역할을 하고 있다. 또 세계 최고라는 인터넷 인프라망도 신유통이 빠르게 뻗어갈 수 있는 통로를 제공해 주고 있다.

전문가들은 앞으로 새로운 형태의 무점포유통업태들이 줄을 이을 것으로 전망한다. 어쩌면 우리나라가 세계 유통혁명의 발원지가 될 지도 모른다는 관측도 있다. 한국유통시장은 바야흐로 대변혁의 회오리에 휩싸이고 있다.

(ECONOMIST, 2005. 3)

(1) 홈쇼핑

CJ homeshopping web site

GShomeshopping web site

현대 homeshopping web site

홈쇼핑의 종류에는 TV홈쇼핑을 포함해 카탈로그판매, 인터넷판매, 라디오판매, 신문광고를 이용한 판매, 전화판매, 잡지사와 연계하여 상품정보를 소책자 형식으로 잡지 사이에 끼어 넣는 북인북(book in book) 등이 있는데 일반적으로 홈쇼핑이라 하면 TV홈쇼핑을 가리킨다.

홈쇼핑이란 TV홈쇼핑의 줄임말로, 1982년 로웰팩슨과 로이스피어가 케이블 방송을 통한 상품구매 비즈니스를 시작한 홈쇼핑클럽(Home Shopping Club)에서 처음 대중들에게 소개한 사업모델이다. 이것을 기반으로 1985년 HSN(Home Shopping Network)이라는 회사가 설립되어 미국전역에 집에서 전화로 간편하게 쇼핑할 수 있는 유통형태의 사업을 시작하면서 이것을 홈쇼핑이라고 부르기 시작했다[15].

15) 최낙삼, 「홈쇼핑으로 대박 터뜨리기」, 아라크네, 2004, pp.19-20.

우리나라는 1995년 케이블TV 홈쇼핑사업자가 선정되면서 본격적인 TV 홈쇼핑이 출발하였고, 2001년 기존 TV 홈쇼핑 2개사에 새롭게 3개사를 추가 선정함으로써 크게 확산되었다(이동일외, 2006: 33).

〈표 55〉 연도별 TV홈쇼핑 현황

(단위: 억원)

		1999	2000	2001	2002	2003	2004	2005	2006	2007	2008
케이블TV	TV 홈쇼핑 (성장율)	4,500 (20%)	8,300 (86%)	16,200 (96%)	32,600 (101%)	30,700 (-5.8%)	29,300 (-4.5%)	33,000 (12%)	36,600 (11%)	40,300 (10%)	44,000 (9%)
	인포머셜 홈쇼핑	8,000	9,000	10,000	11,000	10,000	9,000	8,500	8,000	7,500	7,000
	소계 (성장율)	12,500 (17%)	17,300 (38%)	26,200 (51%)	43,600 (68%)	40,700 (-7%)	38,300 (-6%)	41,500 (8%)	44,600 (7%)	47,800 (7%)	51,000 (7%)
위성TV	TV 홈쇼핑				300	600	800	1,000	1,300	1,600	1,900
	인포머셜 홈쇼핑				100	200	200	200	200	200	200
	소계				400	800	1,000	1,200	1,500	1,800	2,100
합계 (성장율)		12,500	17,300 (38%)	26,200 (51%)	44,000 (68%)	41,500 (-5.6)	39,300 (-5.3%)	42,700 (9%)	46,100 (8%)	49,600 (7%)	53,100 (7%)

자료: 김윤태(2006).

유통에세이
essay

"홈쇼핑 'VIP 마케팅' 뜨겁다"

어쩌다 TV홈쇼핑채널을 보면 진행자들이 "주문이 폭주합니다. 빨리 전화하세요"라는 말을 빼놓지 않고 한다. 하지만 정작 사고싶은 마음에 전화를 걸면 "잠시 기다리라"는 안내를 받기 일쑤이다.

이와 달리 김모씨(33·주부)는 언제나 느긋하다. 모 홈쇼핑의 VIP고객으로 분류된 그는 전용 전화번호를 누르면 아무리 주문이 밀리고 있어도 바로 상담하고 신청할 수 있다. 주문한 물건을 받을 때도 전담 'VIP전담 여성도무미'가 배달하기 때문에 문을 여는데 큰 부담이 없다.

3살난 아이를 키우는 그는 필요한 유아 및 나들이용 상품 판매정보를 일일이 찾을 필요가 없다. 홈쇼핑 회사가 휴대전화나 e메일로 알려준다. 한 달에 두 번 이상은 각종 문화공연이나 이벤트에 초청장을 받는다. 결혼기념일이나 생일 때도 마찬가지다.

백화점에 이어 TV홈쇼핑 업계가 'VIP마케팅'에 열을 올리고 있다. 상위 20% 고객이 올리는 매출이 전체의 80%나 차지하는 등 '우수 고객'의 매출비중이 높은데다 안정적이기 때문이다. 회사마다 기준은 다르지만 대체로 주문 건수와 구매액을 기준으로 1만 명 정도를 '특별관리'한다.

LG홈쇼핑은 아예 지난 8월에 고객센터 안에 VIP센터를 새로 만들었다. 한 달에 두 번씩 우수고객을 초청해 방송현장을 견학시키고 쇼핑호스트와 식사하는 기회를 제공한다.

CJ홈쇼핑도 같은 차원에서 서울 서초·송파·강남구와 경기 분당신도시의 택배요원을 여성으로만 채웠다. 또 VIP의 구매 동행뿐만 아니라 취미, 패션스타일 등 개인성향까지 분석할 수 있는 고객관계관리(CRM) 시스템에 3백억 원을 들일 계획이다. 현대홈쇼핑은 우수 고객의 관심 상품을 방송하기 전에 미리 할인쿠폰을 제공하는 등 VIP에 대한 서비스를 더욱 차별화할 방침이다. 회사의 자체 조사에서는 상위 10%의 고객의 객단가(1회당 구입액)가 1백91만 원으로 하위 10% 고객(4만2천 원)보다 45배나 많았다.

홈쇼핑업체는 VIP 마케팅 강화는 경기불황으로 매출이 하락하면서 "믿을 것은 '돈되는 고객'밖에 없다"는 생각 때문이다. LG홈쇼핑과 CJ홈쇼핑의 3·4분기 매출이 지난해 같은 기간보다 10.3%, 10.1%씩 줄어들었다. 국내 5개 TV홈쇼핑의 시장은 시작한 지 8년 만에 처음으로 감소세를 기록했다.

CJ홈쇼핑 관계자는 "지금까지의 VIP마케팅은 초보"라며 "고성장세가 둔화하면서 점점 CRM을 통한 계층별 마케팅이 주류를 이룰 것"이라고 전했다. LG홈쇼핑

관계자도 "VIP들에게는 자신들이 특별한 대우를 받고 있다는 느낌을 전달하기 위해 다양하고 지속적인 서비스를 제공할 필요가 있다"고 말했다.

(경향신문. 2003. 10. 28)

정보기술(IT)의 발달로 통신수단이 다양화되면서 기존의 홈쇼핑업체들이 시장선점 효과를 누리며 고성장을 지속할 전망이다. 홈쇼핑업체들은 과거 카탈로그판매 중심에서 CATV 홈쇼핑 및 인터넷 쇼핑몰 등 새로운 매체와 통신기술의 발달을 발판으로 소비자들의 구매형태를 바꾸며 급속한 성장을 이뤄왔다.

홈쇼핑광고제한

홈쇼핑은 소비자가 통신 및 광고매체를 통하여 상품에 대한 최신 정보를 얻어 매장에 갈 필요 없이 가정이나 사무실에서 직접 상품을 구매하는 방식을 말한다. 이러한 홈쇼핑은 판매자 입장에서 보면 다이렉트마케팅이고, 무점포판매이다. 일반적으로 홈쇼핑은 통신판매뿐만 아니라 방문판매까지 포함하고 있다. 홈쇼핑에 주로 이용되는 수단은 DM, 케이블 TV, 카탈로그, 잡지, 신문, 전화, PC통신, 인터넷 등이 있다.[16)]

TV 홈쇼핑 사업은 오프라인의 할인점, 백화점 1개 점포 오픈 비용보다 훨씬 저렴한 300~400억 자본으로 사업할 수 있는 특징이 있다. (김윤태, 2006: 750).

홈쇼핑이 성장된 계기는 기존의 중소기업 제품 중심의 통신판매가 대기업 CATV와 만나면서 소비자들에게 신뢰를 얻고, 택배산업이 발전하면서 시너지 효과를 발휘하고 있기 때문이다.

가정에서 구매의 전권을 갖고 있는 여성들의 사회진출이 많아지면서 직접 매장에 나갈 시간이 줄어 아무 때나 가정과 사무실에서 상품을 구매할 수 있는 홈쇼핑이 필요해 졌고, 정보통신의 발달로 다양한 매체의 등장이 홈쇼핑의 급성장을 부채질 했다.

16) 서용구외, 「유통 신업태 경쟁력 연구」, 산업연구원, 1999, p.80.

"유통망 파괴"

화장품이 냉장식품 코너에서 팔리고, 고급 외제 승용차가 TV홈쇼핑을 통해 판매되는 등 '유통망 파괴'현상이 가속되고 있다. 타깃 소비자층을 직접 공략할 수 있는 '맞춤 판매 기법'을 개발해 불황을 넘어보자는 포석이다.

CJ는 최근 백화점·할인점·슈퍼마켓의 냉장식품 코너에서 판매되는 화장품 '셀 얼라이브'를 출시했다. 국내에서 냉장유통 화장품이 출시된 것은 이번이 처음으로 '화장품 = 매장 상온 판매'라는 기존 개념을 깼다.

CJ관계자는 "화장품 냉장고 붐에 착안, 제품 개발 단계부터 냉장유통이라는 컨셉트를 마련했다"며 "냉장판매를 통해 제품의 신선함을 강조한 것은 물론 소비자의 접근성을 더욱 높였다"고 말했다.

CJ는 또 해외 택배업테인 DHL 코리아와 제휴, 해외교민·유학생들에게 즉석밥 '햇반'을 판매하는 '글로벌 원스톱 물류 서비스'를 시작했다. 해외 선물 인기 품목인 햇반을 전화 한 통화나 온라인 원 클릭만으로 주문·포장·해외 배송까지 해 주는 서비스를 통해 새로운 해외 판매망을 개척한 것이다.

냉장식품 코너에
화장품등장

전화 한통으로
즉석밥 해외 배달

TV홈쇼핑서
외제차 팔기도

자동체 업계도 기존 유통망 외에 TV 홈쇼핑을 새로운 판매채널로 활용하는 등 유통망 파괴에 적극 나서고 있다. 포드코리아는 지난 8월 홈쇼핑 채널인 CJ홈쇼핑을 통해 '뉴 몬데오' 70여대를 예약 판매한 데 이어 지난달 말에는 LG홈쇼핑을 통해 '이스케이프', '링컨LS' 등 주력 제품의 판매에 나섰다.

수입차 업계 관계자는 "홈쇼핑을 통한 차량 판매는 영상자료·그래픽 등을 이용한 상세한 제품 설명이 가능하기 때문에 고소득층을 타깃으로 한 마케팅 수단으로 활용되고 있다"고 말했다.

방문판매 위조였던 건강보조식품의 유통채널도 최근 할인점·백화점·편의점 등으로 무게중심이 옮아가는 추세다. 롯데제과의 '헬스원' 브랜드는 지난 8월부터 4천여 편의점과 60여 대형 할인점에서 14종의 건강식품을 판매하고 있고, 생식제품·알로에 식품 등을 판매하는 CJ 뉴트라도 백화점·할인점을 집중 공략하고 있다.

(중앙일보. 2003. 10. 28)

〈표 56〉 홈쇼핑의 매체별 특징

DM홈쇼핑	• 문자와 사진위주로 상품정보제공 • 소비자의 반응이 상당히 낮음
CATV홈쇼핑	• 영상매체로 상품정보제공, 제품소개시간 제한 • 소비자가 홈쇼핑 프로그램 시청 중 전화나 팩스 이용 신청
PC통신홈쇼핑	• 문자정보 위주로 상품정보 제한적 • PC통신에 별도 가입 필요
인터넷 홈쇼핑	• 멀티미디어를 통한 상품소개 • 주문결과를 한자리에서 끝내는 원스톱 쇼핑가능 • 개인신용정보 누출우려

자료 : 서용구외(1999).

Check Point

백화점과 TV 홈쇼핑의 차이점

첫째, 백화점은 수백, 수천가지 상품을 진열해 놓고 고객을 끌어들이는 형태의 업종이다. 따라서 얼마나 많은 상품을 구비하고 있느냐에 따라 그 규모가 결정되고, 이것은 자연스럽게 매출로 이어지면서 백화점을 백화점답게 만드는 중요한 요인이 된다. 공간이 되는 한 다양하고 많은 상품을 진열하는 것은 백화점 매출의 필수 사항이다.

그러나 홈쇼핑은 다르다. 구색을 맞추기 위한 상품이 필요 없다. 다만 디스플레이를 위한 소품이 필요할 뿐이며, 방송을 통해 판매할 상품만 있으면 된다. 홈쇼핑에는 팔릴만한 단 하나의 상품만 존재할 뿐 다른 것은 필요치 않다.

둘째, 백화점에서 비교는 필수다. 백화점 매장에는 많은 상품이 있으므로 다양한 상품 중에서 고르고, 비교해 보고, 따져 보고 상품을 구매한다. 그러나 홈쇼핑은 다르다. 홈쇼핑은 판매할 한가지 상품만을 방송하기 때문에 같은 시간대에 다른 홈쇼핑사에서 비슷한 상품을 방송하지 않는 한 동시비교는 사실상 어렵다. 그리고 한가지 상품을 선택하여 그 상품의 장점만을 가지고 장시간 설명하는데 이러한 방송진행 방식은 소비자로 하여금 쉽게 설득당할 분위기를 조성한다.

셋째, 백화점은 개점과 폐점시간이 분명하다. 그러나 홈쇼핑은 주문전화를 24시간 개방하여 개·폐점의 개념을 없앴다. 그리고 한 번 방송된 상품을 인터넷에서 언제든지 다시 볼 수 있는 시스템을 구축하여 24시간 누구나 소비자가 될 수 있게 운영하고 있다.

넷째, 백화점의 매출 측정 단위는 평(平), 혹은 제곱미터를 기준으로 한다. 평당 얼마의 매출이 발생되는가가 효율성을 측정하는 기준이 된다. 그러나 홈쇼핑은 다르다. 기본이 분(分), 면(面)이다. 1분당 매출이 얼마인지, 한 면당 매출이 얼마인지가 효율을 측정하는 기준이 된다. 계측단위는 분, 시간, 일단위가 일반적이다.[17] 특히 TV 홈쇼핑은 쇼핑호스트에 의한 실연 및 시식 등의 대리체험으로 상품 정보를 제공하고 있다(고창룡, 2008: 29).

■ 일반숍과 홈쇼핑의 차이점

구 분	일반숍	홈쇼핑
유 형	많은 상품을 진열해 놓는 assortment business	소수의 아이템으로 영업하는 item business
상 품	• 많은 상품의 진열(상품구색) • 넓고 다양한 상품지식 • 모든 상품의 판매가 가능	• 팔릴 상품만 진열 • 깊고 세밀한 상품지식 • 판매제한 상품이 있음
운영방식	• 방문구매 • 비교구매 • 시장확대의 시공간 제한 • 1:1 의견교환이 제한됨	• 전화구매 • 충동구매 • 무한 시장 개척 가능 • 1:1 의견교환이 용이함
매출측정 단위	• 평당(월)	• 분당/지면당(시.일)
상품당 단위 매출규모	• 작음	• 매우 큼
상품구매과정	• 1차 → 무엇을 살 것인가? (무엇이 가장 좋은가) • 살 것인가 말 것인가	• 1차 → 무엇을 살 것인가
품질관리	• 사회적 기대치가 비교적 높지 않음	• 사회적 기대치가 높음
브랜드 마케팅	• 쉬움	• 어려움

최낙삼(2004)

17) 최낙삼, 전게서, pp.23-24.

유통에세이 essay

"무점포소매 미래 유통 주도"

소매업태의 생성과 진화 과정이 가속도를 내고 있다. 점포와 무점포, 기존 유통과 신유통, 대규모 유통과 중소규모 유통 등 다양한 형태로 구분되면서 새로운 변화를 모색하고 있다. 최근 무점포 소매업 즉 TV 홈쇼핑과 카탈로그 판매, 인터넷 소매 등이 급속한 성장을 보이고 있다. 총 소매 매출에서 차지하는 비중은 현재 5% 수준이지만 앞으로 더 큰 성장이 예상된다. 특히 TV 홈쇼핑은 세계적인 차원에서도 미국 다음으로 활발한 영업활동을 펼치고 있으며 상품과 서비스의 신뢰성, 데이터베이스, 물류시스템 구축 등 다각적인 노력을 기울이고 있다. TV 홈쇼핑업체는 대체로 카탈로그 판매와 인터넷 판매를 함께 하고 있으며 점차 인터넷 판매의 비중을 높이고 있다.

인터넷 소매의 성장 가능성은 무궁무진하다. 그러나 현재의 인프라로는 아직 수익성이 있는 사업으로 만들기가 쉽지 않다. 그러므로 인터넷사업체들은 장기비전을 가지고 꾸준히 도전하여야 하며 이를 뒷받침하는 투자 여력과 현금 흐름이 있어야 한다. 이런 맥락에서 기존 홈쇼핑업체들 즉 TV판매, 인터넷 판매, 카탈로그 판매를 함께 운영하는 업체들이 미래의 인터넷 소매의 강자가 될 가능성이 크다.

앞으로 인터넷 등 무점포 소매가 성공하기 위해서는 강력한 브랜드명과 이미지, 정확한 고객정보, 다양한 상품과 서비스, 독특한 상품, 인터넷이나 TV, 카탈로그에 효과적인 상품전시, 그리고 효율적인 유통시스템이 뒷받침되어야 할 것이다.

오프라인 점포는 어떻게 발전할 것인가 소득이 높은 소비자층은 고품질 상품과 서비스, 즐거움이 충만한 백화점이나 전문점을 선호할 것이며 이에 부응하는 업체들을 중심으로 체인화가 이루어질 것이다. 특히 독특한 상품과 서비스를 제공하는 전문점체인의 성장이 예상된다.

중저 소득층에게는 전문점 중에서도 할인전문점 즉 카테고리 킬러에 대한 선호가 증대될 것이다. 장난감, 패션의류, 스포츠용품, 전자와 통신제품, 의약품 등 카테고리전문점들이 성장의 물결을 탈 가능성이 높다. 기존의 종합 할인점들도 계속해서 전국망을 구축해 나가면서 점포 소매업을 주도해 나가겠지만 살아남는 할인점은 그다지 많지 않다. 강력한 다국적 유통업체들이 이 틈새를 살피면서 기회를 엿볼 것이다. 우리 유통업체들의 혁신을 위한 피나는 노력들이 새로운 업태의 진화는 물론 기존 업태의 역량 개발의 견인차가 되고 있다. 우리 유통업체들의 건투를 기대해 본다.

(연세대 경영학과 오세조 교수)

(2) 인터넷 쇼핑몰

Samsung mall web site

인터넷 쇼핑몰은 사이버몰이라고도 하는데 인터넷의 가상공간에 상품을 진열하고 판매하는 소매점포로서 전자상거래의 대표적인 형태이다(고창룡, 2008: 29).

최근 지속된 경기 불황에도 불구하고 성장을 지속하고 있는 소매업태이다. 소매업태별로 업체가 매출액 1조원을 달성하기까지 백화점은 15년, TV홈쇼핑은 6년이 소요된 데 비해, 인터넷 쇼핑몰은 불과 4년밖에 소요되지 않았다(백인수. 2006. 172).

【그림 32】 인터넷 쇼핑몰의 구조

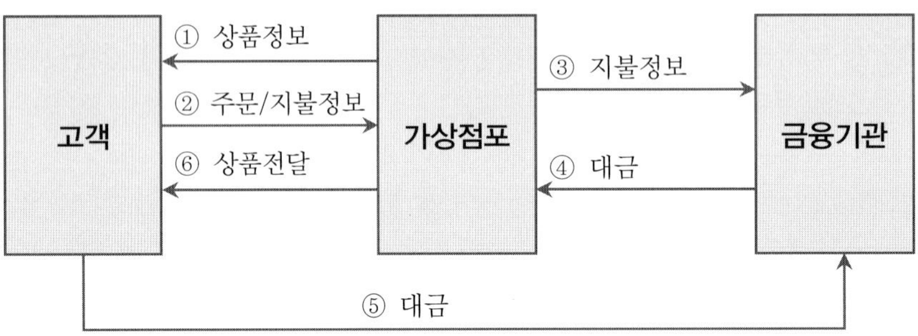

① **인터넷 쇼핑몰 분류**

인터넷 쇼핑몰은 인터넷 기술을 이용하여 소비자와 기업이 직접 상거래 활동이 이루어질 수 있도록 만들어진 인터넷 사이트를 말한다. 인터넷 쇼핑몰이 기존의 통신판매와 차이점은 고객들이 상품에 관한 정보를 선택적으로 열람할 수 있고, 접할 수 있는 정보의 양이나 형식도 기존의 통신판매에서의 구매활동보다 다

양하다는 점이다.[18)]

이러한 인터넷 쇼핑몰은 백화점처럼 다종다양한 상품을 갖추고 있는 종합몰과 특정상품만을 전문적으로 판매하는 전문몰이 있다. 종합몰은 1996년 인터파크와 롯데닷컴이 처음으로 인터넷 쇼핑몰을 국내에서 오픈한 이후 매출과 시장규모가 지속적으로 성장하고 있다.

또한 대표적인 전문몰은 컴퓨터몰, 인터넷서점, 중고차몰, 음향기기몰, 렌털서비스몰 등이 있다. 인터넷 쇼핑몰의 운용상 가장 큰 문제점은 쇼핑몰마다 상품정보 등록방법, 데이터 구조 등이 상이하여 쇼핑몰 공급협력업체들이 쇼핑몰에 상품정보를 등록할 때 비효율적인 수작업이 발생하고 있다. 그리고 대형 오프라인 유통업체들의 인터넷 쇼핑몰 진출에 따라 중소규모의 쇼핑몰들이 타격을 받고 있다. 따라서 중소규모의 쇼핑몰들은 콜센터 운영 등의 다각적인 협력시스템을 구축해야 한다.[19)]

〈표 57〉 인터넷 쇼핑몰의 유형별 특징

구분	판매유형	쇼핑몰의 특징
유통업형	종합 유통업형	• 대개 기존 유통업체의 연장선상에서 운영 • 기존 매장과의 이중가격 문제 발생으로 가격책정 곤란 • 유통채널이 경쟁력이 있어, 배송시스템 구축이 용이 • 상품은 직매입(또는 특정매입) 형태로 매입
	전문 유통업형	• 가격경쟁력 확보에 유리 • 전문분야의 상품노하우 필요
중개형	종합 중개형	• 직매입과 다수의 벤더(Vender) 위주의 중개거래 • 정보통신분야에 기반을 둔 업체가 주류 • 노하우의 부족 등으로 유통채널의 취약성 노출
	전문 중개형	• 영세 기업의 활로 모색 방안으로 적합 • 중소업체의 해외무역, 사이버 경매, 증권거래 등에 유리
직판형	전문 직판형	• 대기업 홍보의 연장선상 운영이 다수를 차지 • 도·소매상 배제로 가격경쟁력 우위확보 가능

자료: 고창룡(2008).

18) 이상직외, 「e-비즈니스」, 학문사, 2002, p.180.
19) 산업자원부(2004)

② 인터넷 쇼핑몰의 상품 특징과 소비자 피해

〈표 58〉 인터넷 쇼핑몰에서 잘 팔리는 상품의 특성

구분	현재 잘 팔리는 상품	떠오르는 상품	두고 볼 상품
특성	• 상대적인 고부가가치 • 내구재 • 정보집약적 상품 • 하이테크 상품	• 주문형 상품 • 개인고객정보를 이용하여 차별화가 가능한 상품 • 기능 및 사양에 비해 가격이 큰 부차적 위치를 차지하는 상품	• 저부가가치 • 차별화를 이루지 못한 상품 • 판매에 대비하여 운송비가 큰 비중을 차지하는 상품
예	• 컴퓨터 관련 제품 • 서적 • CD • 가전제품	• 축하카드나 엽서 • 신발 • 의류	• 식료품
비고	인터넷의 주요 소매체널로 부각되고 있으며, 이에 따라 현존하는 유통채널이 커다란 영향을 받을 전망임	고객의 니즈에 부응한 1대1의 마케팅으로 부가가치를 창출하고 소비자의 로열티를 유도함	아직은 인터넷 전자상거래의 잠재력이 떨어지나 향후 유통 배달방식의 변화에 따라 대중화될 상품

자료: Internet Shopping, Ernst & Young(2000).

인터넷 쇼핑몰의 특징인 비대면거래와 인터넷 쇼핑몰의 시스템 미비로 인해 소비자 피해가 자주 발생하고 있다. 소비자 피해는 주로 쇼핑몰에 있는 정보와 다른 상품 및 불량품 배달, 배달기일의 지연, 부당대금 청구 등으로 대부분이 쇼핑몰 운영자의 귀책사유로 발생하고 있다

소비자가 이러한 쇼핑몰 운영자의 귀책사유로 인한 상품 구매계약을 해지하려면 방문판매 등에 관한 법률에 근거해 상품을 받은 날로부터 20일 이내에 서면으로 클레임을 제기하면 반품 및 환불을 받을 수 있고, 반품에 따른 물류비는 쇼핑몰 운영자가 부담한다.

또한 인터넷 사이버몰 이용표준약관에 의해 소비자는 쇼핑몰의 고의·과실로 약정배송기간을 초과해 손해를 입은 경우나 쇼핑몰에서 부당한 표시·광고행위를 함으로써 손해를 본 경우 등에 한해 사업자를 대상으로 손해배상을 요구할 수 있다.[20]

소비자가 인터넷 쇼핑몰에서 상품을 구매할 때 선불제로 인한 피해를 줄이기 위해 쇼핑몰업체들이 소비자가에게 피해를 입혔을 경우 피해보상을 담보하는 보험

20) 조선일보, 2000. 9.7.

에 쇼핑몰업체들이 의무적으로 가입하거나, 쇼핑몰업체들이 에스크로 서비스[21]를 제공하거나 또는 쇼핑몰업체들이 공제조합에 가입하는 방안을 마련해야 한다. 또한 정부나 관련 단체는 인터넷 쇼핑몰업체가 적정한 기준을 충족하는 경우에만 인증마크를 부여하는 인증마크 제도를 도입해야 한다.[22]

〈표 59〉 전자상거래 피해접수 품목

(건, %, %p)

품목 (대분류)	2007		2008		건수증감(율)
	건수(비중)	순위	건수(비중)	순위	
의류・섬유신변제품	997(37.8)	1	1,018(33.1)	1	21(2.1)
정보통신서비스	346(13.1)	2	625(20.3)	2	279(80.6)
정보통신기기	248(9.4)	3	304(9.9)	3	56(22.6)
문화용품	193(7.3)	4	212(6.9)	4	19(9.8)
차량・승용물	160(6.1)	5	130(4.2)	5	△30(△18.8)
스포츠・레저・취미용품	70(2.7)	8	113(3.7)	6	43(61.4)
문화・오락서비스	73(2.8)	7	104(3.4)	7	31(42.5)
운수・보관・관리서비스	37(1.4)	11	88(2.9)	8	52(140.5)

주) 의류·섬유신변용품에는 각종 의류와 가방 신발, 액세서리 등의 신변용품이 포함.
자료: 소비자보호원(2009).

21) 에스크로 서비스 :
제3자가 매매대금을 보관했다가 일정기간 경과 후 판매자에게 지급하는 매매보호 서비스
22) 조선일보, 2000.7.1.

〈표 60〉 전자상거래 피해구제 접수 상위 10개 품목

(건, %, %p)

개별품목 (소분류)	2007		2008		증감건(율)
	건수(비중)	순위	건수(비중)	순위	
인터넷게임서비스	129(4.9)	2	346(11.2)	1	217(168.2)
점퍼・자켓・사파리	98(3.7)	5	111(3.6)	2	13(13.3)
기타 정보이용서비스	8(0.3)	67	109(3.5)	3	101(1,262.5)
인터넷정보이용서비스	148(5.6)	1	104(3.4)	4	△44(△29.7)
노트북컴퓨터	53(2.0)	9	97(3.1)	5	44(83.0)
셔츠	118(4.5)	4	95(3.1)	6	△23(△19.5)
차량내비게이션 (자동항법장치)	120(4.5)	3	93(3.0)	7	△27(△22.5)
숙녀화	65(2.5)	7	79(2.6)	8	14(21.5)
캐주얼바지	86(3.3)	6	69(2.2)	9	△17(△19.8)
여성용내의류	46(1.7)	15	67(2.2)	10	21(45.7)

주) 기타 정보이용서비스는 소액결제대행이나 개인정보서비스 등이 포함.

자료: 소비자보호원(www.kca.go.kr).

〈표 61〉 전자상거래 피해구제 사건

(건, %)

	2006년	2007년	2008년	증감
피해구제 전체 접수건	23,482	22,184	19,327	
전자상거래 사건(비중)	2,231 (9.5%)	2,639 (11.9%)	3,080 (15.9%)	16.7%

자료: 소비자보호원(www.kca.go.kr).

③ 우리나라 인터넷 쇼핑몰 형태

대한상공회의소의 조사에 의하면[23] 2030세대와 여성 소비자가 인터넷시장에서 강력한 구매력을 보이고 있는 것으로 나타났다. 인터넷 쇼핑몰 단골손님은 30대 여성 네티즌이고, 세대별 인터넷쇼핑 매출은 30대(49.2%), 20대(29.5%), 40대(10.9%)으로 나타났다. 30대 네티즌의 79.3%는 인터넷쇼핑을 이용하고 있으며,

23) 대한상공회의소, 「인터넷 쇼핑몰의 구매행태와 시사점 조사」, 2004.10.

이들의 구매력이 인터넷 쇼핑몰 전체매출액의 절반(49.2%)가량을 차지하고 있다. 또한 성별로 여성 네티즌의 74.9%가 인터넷쇼핑을 하고 있으며, 이들은 인터넷 쇼핑몰 매출액의 59.4%를 차지해 남성(40.6%)보다 인터넷 구매가 18.8%P 많은 것으로 조사되었다.

〈표 62〉 인터넷 쇼핑몰의 연령별/성별 매출액 분포

(단위 : %)

	전체	연령별 분포					성별 분포	
		10대	20대	30대	40대	50대 이상	남성	여성
매출액 분포	100.0	2.2	29.5	49.2	10.9	8.2	40.6	59.4

자료: 한국소비자보호원(2004).

〈표 63〉 인터넷 쇼핑몰 이용자의 주요 구매품목

(단위 : %)

	전체	연령별 분포					성별 분포	
		10대	20대	30대	40대	50대	남성	여성
의류/패션	27.8	49.5	31.9	23.3	21.4	0.3	24.5	31.8
서적/음반	15.2	5.1	16.2	17.0	19.4	9.1	13.4	17.4
가전용품 (컴퓨터 포함)	15.1	10.0	14.4	15.9	12.9	35.2	24.7	3.9
화 장 품	11.8	16.7	15.3	9.0	10.5	0.3	7.7	16.4
유아 및 아동용품	6.3	-	5.6	14.4	0.5	0.1	3.7	9.5
생활용품	8.1	0.2	2.8	7.0	18.4	27.3	8.3	7.9
티 켓	6.5	4.0	7.9	4.8	5.3	18.1	5.3	7.9
스포츠 용품	3.4	5.1	1.4	2.7	5.3	9.1	5.3	1.0
식 품	2.6	-	0.5	3.8	6.3	0.5	2.3	3.0
정보(컨텐츠)	2.2	9.4	1.4	1.6	-	-	3.4	0.7
기 타	1.0	-	2.6	0.5	-	-	1.4	0.5
합 계	100.0	100.0	100.0	100.0	100.0	100.0	100.0	100.0

자료 : 한국소비자보호원(2004).

④ **클랙 앤 모타르 전략**

인터넷 쇼핑몰 업체의 다채널 전략인 클릭 앤 모타르 전략은 다음과 같은 장점을 가지고 있다.

첫째, 인터넷 쇼핑몰과 오프라인 점포를 연계한 경영을 할 수 있다. 예를 들어 소비자가 인터넷 쇼핑몰에서 구매한 상품의 반품을 오프라인 점포에서 하거나, 소비자가 인터넷 쇼핑몰에서 상품을 선택한 다음 오프라인 점포에서 직접 상품을 확인 후 구입하는 경우 인터넷 쇼핑몰 업체와 오프라인 점포 모두 윈-윈할 수 있다. 이처럼 클릭앤모타르 점포는 온라인 퓨어플레이어(pure player)에 비하여 상대적으로 거래의 완결성을 높일 수 있다(이동일, 2006: 99).

둘째, 오프라인 유통업체가 오프라인에서 구축한 브랜드 파워를 온라인에서도 활용할 수 있다. 클릭앤모타르 점포는 오프라인에서 이미 친숙한 브랜드를 보유하고 있어 시장에 처음 선 보이는 온라인 점포들에 비해 상대적으로 높은 브랜드인지도를 활용할 수 있다.

셋째, 인터넷 쇼핑몰과 오프라인 점포가 머천다이징, 배송시스템 등을 공동으로 활용하면 상품구매 등에서 교섭력을 향상시킬 수 있고, 비용도 절감할 수 있다(백인수, 2006: 166).

Check Point

TV 홈쇼핑과 인터넷 쇼핑몰의 차이점

TV 홈쇼핑은 상품에 대한 제시방법이 선형적(線型的)이다. 즉, TV 홈쇼핑은 시간을 두고 상품을 순차적으로 소비자에게 제시하면서 판매하는 방식이다. TV 홈쇼핑 소비자는 상품을 방송순서에 따라 인지한다.

이에 비해 인터넷 쇼핑몰은 상품제시 방법이 비선형적(非線型的)이다. 즉, 인터넷 쇼핑에서는 소비자가 인터넷 쇼핑몰에서 직접 상품을 탐색하여 산발적으로 상품을 구매한다(이동일, 2006: 36).

유통에세이 essay

"e-쇼핑몰도 '내 상표' 갖기"

인터넷 쇼핑몰이 백화점·할인점에 이어 PB(Private Brand·자체브랜드)상품 개발에 뛰어들고 있다. 경기침체가 계속되면서 소비자들의 구매력이 떨어지자 값은 싸면서도 품질이 좋은 상품들을 내놓고 매출을 높이자는 전략이다.

인터파크와 다음쇼핑은 11일 20대 초반 소비자를 겨냥한 PB상품을 공동으로 개발하기로 했다고 밝혔다. 두 회사는 이달 안으로 중저가 캐주얼 의류인 'Hensmile'을 선보일 계획이다. Hensmile은 개장 2만~5만원에 팔 계획이다.

인터파크 관계자는 "올 들어 소비자들의 PB상품에 대한 관심이 크게 커졌다"며 "불황 극복을 위해 PB개발을 추진하게 됐다"고 말했다.

롯데닷컴도 최근 선보인 30만 원 대의 러닝머신이 좋은 반응을 얻자 아예 러닝머신 전문업체인 (주)다운과 손잡고 PB제품을 내놓았다. 롯데닷컴이 59만8천원에 출시한 '롯데솔로플러스 7000'은 최대 3.25마력을 갖추고 25개의 프로그램을 통해 운동할 수 있는 제품으로 기존 70만 원 대 러닝머신과 비슷한 기능을 가졌다는 것이 관계자의 설명이다.

이 밖에 SK디투디의 가전 PB제품시리즈인 '이쿨'도 전체 가전 매출의 30% 이상을 차지해 효자상품으로 떠올랐다. 최근에는 하기스와 공동으로 '새숨'이라는 기저귀를 시중가격보다 30% 정도 싼값에 내놓았다. LG이숍과 CJ몰은 의류에 치중했던 PB상품영역을 청소기·전기밥솥 등 소형 가전제품으로 확대할 계획이다.

업계 관계자는 "제조업체와 협력해 제품을 만들 경우 유통마진이 적어 소비자들의 구매력을 높일 수 있다"며 "인터넷 쇼핑몰들의 PB상품 개발은 계속될 것"이라고 말했다.

(중앙일보. 2003. 8. 12)

Check Point

오픈마켓과 인터넷 쇼핑몰의 차이점?

오픈마켓이란 구매자와 판매자의 일대일 가격협상이 이루어지는 중개몰을 의미한다. 구매자와 판매자는 중개몰에서 하나의 상품을 놓고 합의된 가격이 나올 때까지 가격협상을 계속한다. 이러한 오픈 마켓과 인터넷 쇼핑몰의 차이점은 다음과 같다.

첫째, 인터넷 쇼핑몰은 쇼핑몰 주체가 MD체제의 수익모델로 운영된다. 즉, 쇼핑몰 주체가 상품구색을 갖추고 판매하는 방식인데 비해 오픈마켓은 단지 온라인 장터를 제공하고 수 많은 판매자와 구매자가 자율적으로 모여 거래하는 방식으로 오픈마켓의 중개몰은 판매자와 구매자를 연결해주고 중개수수료를 얻는 수익모델이다. 둘째, 인터넷 쇼핑몰은 일반적으로 대중적인 상품을 판매하지만 오픈마켓에서는 수 많은 판매자들이 특화된 다양한 상품을 인터넷 쇼핑몰보다 더 저렴하게 판매한다. 즉, 인터넷 쇼핑몰회사는 중간 판매업체인 벤더를 통해 상품을 구매하여 판매하지만, 오픈마켓은 판매자가 다양한 상품을 직접 제조나 구입하여 판매하고 있다(이동일, 2006: 14,25).

7) 인터넷 경매

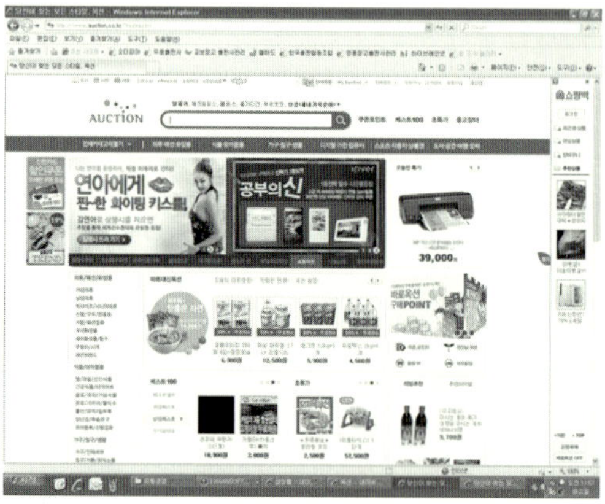

옥션 website

(1) 경매란

경매(auction)란 고가의 미술품이나 골동품처럼 정확히 가격산출이 어려운 상품을 입찰과 낙찰이라는 절차를 통해 상품가격을 도출하는 상거래이다. 이러한 경매의 종류는 경매과정에서 경매가가 공개되는 영국식 및 네덜란드식과 경매과정에서 경매가가 공개되지 않는 최고가 밀봉경매(first-price sealed-bid auction)와 차가 밀봉경매(second-price sealed-bid auction)로 분류할 수 있다.

영국식 경매와 네덜란드식 경매의 차이점은 영국식 경매는 오름차순 경매이고, 네덜란드식 경매는 내림차순 경매이다. 즉, 영국식 경매는 처음에 가장 낮은 호가(呼價)에서 시작하여 결국 가장 높은 호가(呼價)를 부른 입찰자에게 낙찰되는 방식이고, 네덜란드식 경매는 판매자가 가장 높은 가격을 제시하고 이를 구매하려는 사람이 없으면 경매가는 계속 낮아지는 과정을 밟아 경매가 결정되는 방식이다.

네덜란드 수도 암스테르담 인근의 일스미어에서 화훼 경매를 하고 있다.
이곳에선 연간 51억 송이의 꽃이 경매된다.

최고가밀봉경매와 차가밀봉경매의 공통점은 입찰에 참가하는 사람들이 입찰가를 비공개로 단 한번 제출한다는 점이고, 최고가밀봉경매와 차가밀봉경매의 차이점은 최고가밀봉경매는 최고가를 제시한 사람이, 차가밀봉경매는 두 번째로 높은 가격을 제시한 사람이 낙찰된다는 점이다.

(2) 인터넷 경매

현재 운영되고 있는 인터넷 경매는 주로 영국식 경매와 네덜란드식 경매방식이다. 인터넷 경매는 입찰주체에 따라 순경매와 역경매로 분류할 수 있다. 순경매는 다수의 구매자가 공통의 상품에 대해 입찰을 하는 방식이고, 역경매는 다수의 판매자가 공통의 구매자를 찾는 방식이다. 순경매와 역경매의 차이점은 순경매는 경매가가 경매과정에서 올라가지만, 역경매는 반대로 경매가격이 내려간다.

또한 인터넷 경매는 수익원천에 따라 판매형 인터넷경매와 중개형 인터넷경매로 분류할 수 있는데 판매형 인터넷경매는 자신의 물건을 자신의 경매사이트에서 판매하는 방식이고, 중개형 인터넷경매는 경매 사이트를 만들어 다른 사람들의 상품 거래를 중개하는 경매방식이다.

옥션은 출범 후 4년만인 2004년에 매출액 1조원을 달성하였다. 매출 1조원을 각 유통업태별 대표업체로 볼 때 TV 홈쇼핑이 6년, 백화점 단일 점포가 20년에 걸쳐 도달한 매출수준이다. 외국의 인터넷 경매사이트는 중고품이나, 골동품이 주로 거래되는데 비해 우리나라의 소비자들은 외국에 비해 중고품의 구매를 꺼려 신제품의 판매비중이 더 높다. 특히 도·소매상이 재고처분을 위한 유통경로로 적극 활용하고 있다(이동일, 2006: 14-24).

(3) 오프라인 경매와 인터넷 경매의 차이점

오프라인 경매와 인터넷 경매는 경매라는 본질적인 공통분모가 있음에도 불구하고 인터넷의 특성상 다음과 같은 특징이 있다.

첫째, 오프라인 경매는 일반적으로 경매중개인에게 지불되는 중개수수료가 높은 편이나, 인터넷 경매는 저렴한 비용으로 이용할 수 있다.

둘째, 오프라인 경매는 경매참가자들이 정해진 경매장소에 함께 모여 진행되나 인터넷 경매는 인터넷 접속만 하면 회사건 집이건 장소에 상관없이 할 수 있다. 셋째, 오프라인 경매에 비해 인터넷 경매의 거래품목이 다종다양하다[24].

24) 안중호외, 「인터넷과 전자상거래」, 홍문사, 2001, pp.322-327.

유통에세이 *essay*

"온라인 경매시장 '우수판매자 잡아라' "

연간 1조원에 이르는 온라인 경매시장을 놓고 옥션·온켓·다음커뮤니케이션이 우수 판매자 확보를 위해 소매를 걷어붙였다. 우수 판매자를 얼마나 확보하느냐에 따라 승부가 갈리기 때문이다.

온라인 경매시장의 70%이상을 점유하고 있는 옥션은 온켓이 등장하자 집안단속에 나섰다. 지난 10월부터 매월 한 번씩 열던 신규 판매자 설명회를 3회로 늘렸다. 장소도 서울만이 아닌 부산까지 확대했다. 내년부터는 우수 판매자인 '파워셀러'에 대한 지원을 대폭 강화, 전시회와 세미나를 여는 것은 물론 오프라인 모임을 지원하고 마케팅 정보도 제공키로 했다. 서버 증설 등 시스템 강화에도 1백30억원 가량을 투자키로 했다.

오프라인 상인들을 대상으로 '인터넷에 제2매장을 내자'는 캠페인도 벌이고 있다. 최근 이화여대 앞에서 실시한 데 이어 내년엔 장안평 중고차·차량용품 시장, 가구공단에서도 열 계획이다.

후발사업자인 온켓과 다음은 등록 수수료와 거래 수수료를 옥션보다 90%까지 낮춰 판매자 영입에 나섰다. 등록수수료는 옥션이 400～3,500원이지만 온켓은 300～700원, 다음은 200원이다. 거래 수수료는 옥션이 1.5~5%이지만 온켓은 1～3%, 다음은 0.5～1%대다.

온켓은 특히 신규 판매자 확보를 위해 모기업의 인프라를 최대한 활용하고 있다. 이니시스의 전자결제시스템 가맹점에 들어오라고 권유하고 있는 것이다. '인터넷 전도사' 이금룡 사장이 직접 나서서 e메일로 컨설팅해 줄 정도다.

다음은 자사의 카페 3백 70만개를 대상으로 판매자 확보에 주력하고 있다. 카페 내에 '오픈마켓'게시판을 메뉴로 제공, 회원들이 자연스레 판매자로 나서도록 하고 있다. '오픈마켓 프라이즈'제도를 도입, 오픈마켓을 잘 이용하는 커뮤니티를 매월 9곳씩 뽑아 1백여만 원의 지원금을 나눠주고 있다.

(경향신문. 2003. 12. 5)

8) 우리나라 유통의 현황

〈표 64〉 우리나라 유통의 역사

제1기	1967년까지의 시기, 재래식 시장과 소형 점포들을 중심으로 한 상업 형태가 주종을 이룸
제2기	1968~1980년까지의 성장기, 정부의 적극적인 후원 아래 제조업과 더불어 근대적인 유통업이 비로소 본격적인 성장을 한 시기
제3기	1980년~1989년까지의 확대 성장기, 유통산업에 대한 체계적 지원체제의 구축
제4기	1990년 이후 현재까지의 전환기, 지방화, 다점포화, 대형화 추세

【그림 33】 우리나라 소매업태 도입 현황

재래시장	백화점	슈퍼마켓	편의점	종합 슈퍼마켓	무점포 판매업
조선시대	일제시대	경제재건기	경제성장기	유통 개방기	IT기술 도입기
정부 물자조달 유통욕구 충적	외국인 상품 수요욕구 충족	제조업 육성과 생필품 유통	경제활동 인구 증가	UR협상으로 단계적 개방	IT기술 보급과 유통 세계화
1339년 시전(市廛)	1930년 미쓰코시 경성지점	1968년 삼풍슈퍼마켓	1981년 뉴코아 CVS	1993년 이마트 창동점	TV홈쇼핑(1995) 인터넷(1996)

532년 37년 13년 12년 2~3년

자료: 고창룡(2008).

〈표 65〉 소매업의 각종 지표 연도별 추이

	종사자수(명)	사업체수(개)	매출액(백만원)	매장면적(m^2)
1986	1,221,289	637,762	21,673,830	16,288,863
1991	1,424,435	716,790	52,177,600	25,921,405
1996	1,550,296	738,063	90,906,835	34,041,774
2001	1,414,697	627,044	122,428,910	34,777,713

자료 : 통계청, 「도소매업총조사」, 각호.

【그림 34】 마진과 회전율에 따른 소매상 포지셔닝

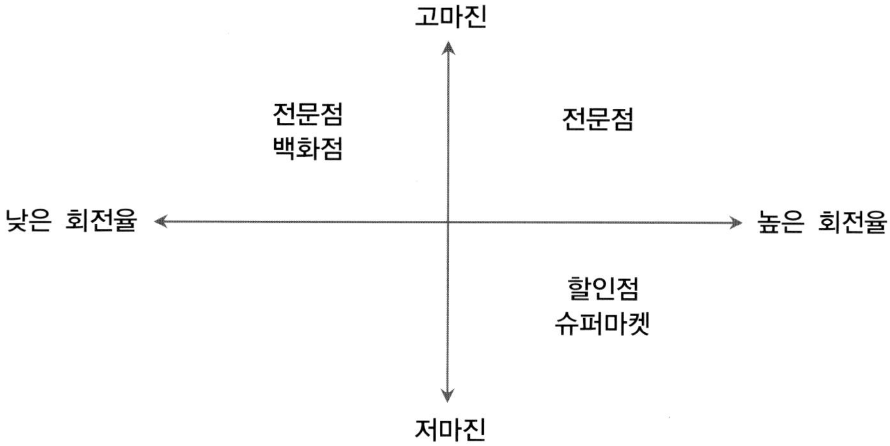

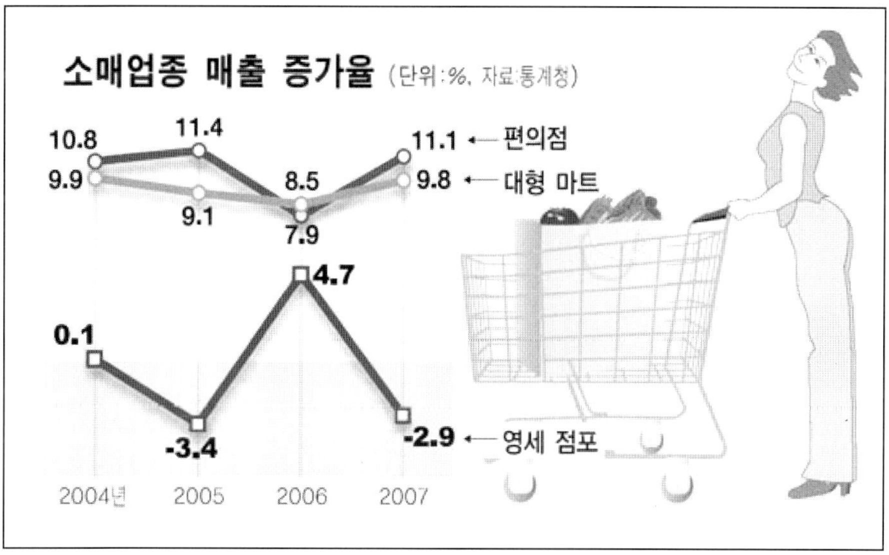

〈표 66〉 지역별 대형소매점 판매액 비중

(단위 : %)

	1998	1999	2000	2001	2002	2003
서울특별시	3.8	4.8	6.1	7.6	7.7	11.3
부산광역시	5.8	8.7	10.7	13.9	16.2	18.1
대구광역시	8.3	9.9	11.5	16.1	17.7	21.7
인천광역시	11.1	11.9	12.8	13.8	16.9	20.9
광주광역시	8.9	8.3	8.4	11.2	11.5	13.9
대전광역시	5.7	7.0	10.0	11.5	16.7	20.1
울산광역시	2.5	11.5	16.3	18.6	22.2	23.6
경 기 도	12.5	14.1	17.1	19.8	21.2	22.4
강 원 도	0.0	2.2	3.3	4.8	4.9	8.1
충청북도	3.5	10.8	11.6	11.4	12.6	13.1
충청남도	2.7	3.9	9.2	8.8	9.2	10.2
전라북도	3.0	6.9	8.8	11.2	12.7	11.6
전라남도	1.6	1.7	2.2	5.9	6.7	8.9
경상북도	1.3	2.2	3.0	3.0	6.4	9.5
경상남도	1.2	2.2	3.3	7.8	9.7	10.6
제 주 도	9.8	11.8	11.6	11.7	15.1	13.2
전 국	5.6	7.4	9.1	11.3	12.5	15.3

자료 : 통계청, 「도소매업통계조사」, 각호

(1) 우리나라 유통이 낙후된 배경

과거 우리나라 유통산업은 선진국과 국내생산 및 소비부분에 비해 상대적으로 낙후되었는데 그 원인은 크게 3가지로 생각해 볼 수 있다.

① 사농공상의 뿌리 깊은 가치관이 유통의 발목을 잡았다.

우리사회는 전통적으로 사자로 끝나는 직업을 편애하고 상업을 천시하는 잘못된 가치관이 무슨 보물단지처럼 대물림되어 왔다. 이러한 경향은 지금도 완전히 불식되지 않아 사법고시에 전공불문하고 많은 젊은이들이 매달리고 있다. 일종의 전공 묻지마 고시열풍이 불고 있고, 의대 및 한의대의 인기는 상종가를 갱신하고 있다.

그러나 근대화 이후 경제발전이 가져다 준 자본주의의 달콤함은 우리사회에서 상업에 대한 인식을 백팔십도는 아니더라도 90도 정도는 바꾸어 놓았다. 우리에게 오늘날과 같은 이러한 경제적 풍요를 누리게 해 준 가장 큰 구세주는 사자가진 사람들의 역할도 있었지만 故정주영 현대그룹회장과 같은 수 많은 장사꾼들과 기름때에 찌든 작업복으로 생산현장을 묵묵히 지켜준 노동자들의 숨은 노력이 있었기 때문이다.

최근 들어 대학생들이 가장 취직하고 싶은 업종 중에 하나가 유통업체라고 한다. 능력 있고 패기 있는 많은 젊은이들이 유통전문가가 부족한 우리 유통산업에 큰 활력소가 될 것으로 보인다. 서울의 밤을 환하게 밝히고 있는 동대문의류시장의 활기참과 당당함은 상업에 대한 우리사회의 변화된 모습을 보여 주고 있다.

미쓰코시백화점 경성점의 매장

미쓰코시백화점 경성점의 옥상

자료: 신세계백화점

② 근대화 이후 한일합방과 6.25전쟁과 같은 시대적 배경으로 인해 유통기반이 형성되지 못했다.

우리의 유통업은 유통업이 근대화에 눈을 뜰 수 있던 근대화시기에 일본의 식민통치에 의해 민족상업자본이 형성될 기회를 놓쳤고, 해방된 이후에는 6.25전쟁이 발생하여 그나마 있던 유통시설마저 잿더미로 만들어 버려 우리의 유통업은 더욱 영세해질 수밖에 없었다.

1930년대 종로

자료: 신세계백화점

③ 60년대 이후 경제발전이 가속화되었지만 생산제일주의에 밀려 유통산업은 낙후성을 면치 못했다.

60~70년대 전국 방방곡곡의 아침은 "새벽종이 울렸네"로 시작하는 새마을운동노래로 시작하였다. 모두가 열심히 경제발전을 위해 매진하였고 그 결과 한강의 기적은 이루어졌다. 그런데 이러한 압축성장은 불균형성장이라는 해결해야 할 과제를 남겨 주었다. 즉, 대기업과 중소기업간의 불균형, 지역간 경제성장 불균형을 초래하였고, 유통경제측면에서도 제조업중심의 성장으로 인해 유통산업은 크게 소외되었다.

이러한 원인들로 인해 낙후되었던 우리나라의 유통산업은 80년대 말 황금알을 낳는 거위에 비유될 만큼 급성장을 거듭하여 신업태간의 치열한 경쟁 속에 성장기에서 성숙기로 이전되고 있다.

1930년대 명동

자료: 신세계백화점

〈표 67〉 우리나라와 미국의 소매유통의 생산성 비교

(미국=100)

총요소 생산성	노동생산성	자본생산성	자본 집약도
53	32	150	23

자료: Mickinsey(1998), KCCI(2000).

(2) 우리나라 유통시장의 현황과 전망

첫째, 유통시장의 개방 이전에 우리나라의 유통산업은 과밀성과 영세성을 면치 못했지만 구조조정이 이루어지지 않았다. 그러나 유통시장 개방 이후 해외의 유명한 유통기업들이 국내에 본격 진출하면서 국내의 대형 유통업체들은 이에 대비하여 새로운 소매업태를 개발하고 다점포화를 확대하였다. 이러한 국내 대형 소매업체의 다점포화는 영세한 유통업체와의 경쟁을 유발하였고 이 과정에서 한계업체들은 국내 유통시장에서 사라지게 되었다.

둘째, 국내 소매업에서 대형 소매업체의 비중이 증가하고 있다. 유통시장 개방 전인 1991년에 11.4%를 차지하던 대형 소매업체(종사자 50인 이상)의 매출비중은 유통시장개방 후인 2001년에 34.3%를 점유하게 되었고, 영세 소매업체(종사자 4명 이하)는 동 비중이 56.5%에서 39.5%로 급속히 감소하였고,

영세소매업체의 비중은 76.3%(1991년)에서 68.1% (2001년)로 감소하였다.

셋째, 적은 노동력 투입으로 보다 높은 매출을 올리는 노동생산성 측면에서 대형 소매업체(종사자 20명 이상)의 1인당 매출액은 유통시장 개방 직후인 1997년 7,600만원에서 2003년에 1억 8,300만원으로 급증하였다.

넷째, 소매업태별 양극화가 가속화되었다. 유통시장 개방 이후까지 편의점, 할인점, 무점포판매업 등의 신업태 판매액은 급증하였으나, 백화점, 슈퍼마켓 등 전통적인 소매업태의 판매액은 정체되거나 감소하였다(백인수, 2006. 49-52).

【그림 35】 **대형마트 영업시간 제한시 다른 유통채널 이용률 증가 예상치**

단위: %, 1,200명 응답

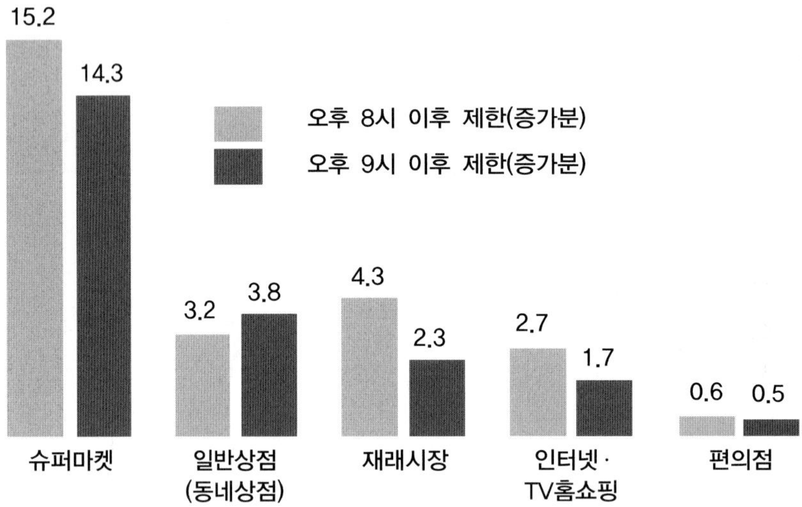

자료 : 산업자원부·AC닐슨

〈표 68〉 유통시장 개방 추진경과

연월	조치명	주요 내용
1981.7	외국인 투자허용 소매업종에 대해 취급품목 및 매장면적 제한	• 단일품목에 한해 100평 이하까지 매장설치 허용
1982.10	제한범위 확대	• 단일품목에 한해 200평 이하까지 매장설치 허용
1984.7	취급품목 제한 철폐 및 점포 수 제한	• 단일점포, 매장면적 700㎡ 미만까지 허용
1988.10	유통시장 3단계 개방계획 발표	• 1단계(1989년): 기술도입 및 도매업 투자폭 확대, 외국지사 규제 완화 • 2단계(1991년): 소매업의 선별 개방(점포 수 및 매장면적 제한 완화 등) • 3단계(1993년): 제한 범위의 대폭 축소, 자유화의 전단계
1989.1	1단계 개방계획 실시	• 기술도입 및 도매업 투자 자유폭의 확대 • 외국기업 국내지사의 수입판매업종 확대
1991.7	2단계 개방계획 실시	• 점포 수 10개 이하, 매장면적 1,000㎡ 미만까지 허용
1993.1	3단계 개방계획 내용 및 전면 개방 시기	• 3단계 개방계획: 점포 수 20개 이하, 매장면적 3,000㎡ 미만까지 허용 • 전면개방 시기: 1996년
1993.7	3단계 개방계획 실시	• 점포 수 20개 이하, 매장면적 3,000㎡ 미만까지 허용
1993.12	UR/서비스 협상 타결	• 1996년 1월부터 점포 수 및 매장면적 제한 완전 철폐
1996	4단계 개방계획 실시	• 유통시장의 전면개방(점포 수 및 매장면적 제한 완전 철폐) • 백화점과 쇼핑센터에 대한 직접 진출금지
1998	5단계 개방계획 실시	• IMF 극복을 위한 외국인투자촉진법 제정 • 백화점 · 쇼핑센터 경제성 평가검토 삭제 • 외국인의 도지소유 허용

자료: 대우경제연구소, 『1996년 유통시장 개방의 영향 평가 및 대응방향』, 1996, 서울특별시사편찬위원회, 『서울상공업사』, 2003.

(3) 우리나라 유통산업의 문제점

우리나라 유통산업의 일반적인 문제점은 크게 세 가지로 생각해 볼 수 있다.

첫째, 우리나라 유통산업은 영세한 소매점들이 과밀하게 운영되고 있어 노후시설이 많고, 유통정보화활용이 낮아 생산성이 낮다. 특히 중소유통업체의 경우 협업화를 통한 공동구매 및 공동물류가 경쟁력강화의 핵심요소이지만 체인화로 조직화된 점포수가 대략 7.3%에 불과하다.

또한 미국의 경우 제조업체와 유통업체간에 정보를 공유함으로써 재고 비용 및 운영비용을 최소화하는 SCM이 활성화되어 있으나, 우리나라는 업체 간의 정보공유에 대한 거부감으로 제조업체와 유통업체간에 정보가 단절되어 재고가 누적되고 소비수요의 적기파악이 이루어지지 않고 있다. 특히 일부 유통업체들은 과세자료가 100%노출되는 것을 우려하여 POS시스템도입을 기피하고 있는 실정이다[25]. 둘째, 우리나라 유통산업은 아직까지도 유통선진국에 비해 표준화, 등급화 등의 품질적 통일기능이 잘 이루어지지지 않아 유통거래에서 불공정거래가 근절되지 않고 있다.

셋째, 우리나라는 유통전문인력이 부족하다. 현재 우리나라의 유통인력은 대부분이 단순인력이고 전문인력이 부족하다.[26]

한국의 대표적 재래시장인 남대문시장

25) 대한상공회의소, 「21세기를 향한 유통산업 발전전략」, 2000, pp.37-38.
26) 권남훈, 오정숙, 「2003 IT산업 경쟁력 국제비교」, KISDI, 2003.9, pp.43-45

〈표 69〉 유통업체의 인수합병

구분	업체	변화
백화점	뉴코아	• 이랜드가 인수, 일부는 아울렛으로 업태전환
	미도파	• 롯데백화점 등이 점포인수
	마산 성안백화점	• 신세계백화점이 인수
	부산 세원백화점	• 롯데백화점이 인수
	한신코아	• 세이브존이 인수해 아울렛 전환
	부산 태화쇼핑	• 부동산개발업체가 인수
	광주 송원백화점	• 현대백화점이 위탁운영
	광주 화니백화점	• 등록취소
	부산 리베라	• 세이브존이 인수해 아울렛 전환
	부산 신세화/미화당/부산백화점	• 파산/매각
할인점	킴스클럽	• 이랜드 등이 인수
	부산 아람마트	• 홈플러스가 인수
	코스트코홀세일	• 신세계지분 매각
	홈플러스	• 삼성물산지분 매각
	해태마트	• 신세계가 인수
	마크로	• 월마트가 인수
	탑마트 대구점	• 까르푸 인수
슈퍼마켓	한화스토아	• 롯데슈퍼가 인수
	슈퍼익스프레스	• 일부 중소점포 인수해 점포 확장
	코오롱마트	• GS유통이 인수

자료: 김용욱(2006).

〈표 70〉 업태별 시장규모의 변화

(단위: 10억원, %)

구분	1996년(a)		2003년(b)		a/b
	금액	구성비	금액	구성비	
소매업 총매출액	87,511	100.0	127,867	100.0	46.1
백화점	10,480	12.0	17,312	13.5	65.2
슈퍼마켓	5,594	6.4	10,560	8.3	88.7
할인점	1,200	1.4	21,650	16.9	1,704.2
편의점	1,050	1.2	4,160	3.3	396.2
무점포판매	2,956	3.4	8,622	6.7	191.7
기타소매점	66,271	75.7	65,560	51.3	-1.1

자료: 도소매업통계조사보고서

〈표 71〉 바이어의 역할과 업무

구분	항목
판매계획, 매입계획의 작성	• 기본상품구성 계획서의 작성 • 상품의 연간판매계획서의 작성 • 월간 판매계획서 작성
상품매입 업무	• 판매상품의 선정과 결정 • 매입품목의 원가 및 매가 결정 • 매입상품의 계속판매 재계약 • 보충 발주방법의 입안 • 상품별 발주단위 및 재고수량 결정 • 매가변경, 대출매입, 반품의 결정과 지시 • 상품의 품질관리 및 품질유지 • 염가매출품 및 봉사품의 준비 • 협력업체와의 상담 및 매입전표의 확인
정보수집, 전달, 분석 및 교육훈련 업무	• 상품의 매출 재고내용의 파악 • 매장순회에 의한 매장정보수집과 분석 • 품절 및 사양상품의 파악 • 고객 구매동향 조사 실시 후 상품구성에 반영 • 경쟁점의 상황파악 • 경쟁점 및 우수점 시장조사 • 거래처로부터 상품경향에 관한 정보수집과 분석 • 수집한 정보의 매장 및 영업수행에 철저한 반영 • 고객으로부터 크레임 신속히 처리 • 상품부문의 상품지식을 매장으로 보급 • 판매 담당회의를 개최하여 문제점의 개선 및 혁신시도
상품개발 업무	• 거래선의 선정과 신청 • 거래선의 운영관리 • 신상품의 테스트판매 실시 • 상품 패키지의 개선 시도 • 매입루트의 변경과 비용의 절감 시도
판매촉진 업무	• 상품별 연간판촉계획표 작성 • 월간 판촉계획서 작성 • 이벤트 기획 입안과 추진 • 광고문안 작성 • 각종 판촉물 작성의뢰 및 추진
영업지원 및 상품관리	• 동료, 상사, 판매담당과 면담 • 매장상품 및 후방시설 체크

	• 매장 내 판매지원 • 매장 Lay-out 및 상품배치도 작성 • 진열대장, 상품대장 작성 및 매장에 지시 • 진열량, 진열장소, 진열 Face의 결정 및 지시 • 상품배치 및 진열위치 변경의 결정과 지시 • 진열집기의 개선제언 및 Price Card 작성과 매장청결
예산결산업무 및 회의참석	• 상품부문 매출, 매출이익, 월말재고액 계획 및 수치책임 달성 • 상품별 연간예산 및 월 예산 작성 • 상품별 월 계산서 및 대책서 작성 • 바이어 회의 및 판매전략회의 참석

자료: 고창룡(2007).

〈표 72〉 바이어 업무별 특성비교

담당별	상품군	바이어 특성	
그로서리 (Dry Grocery)	• 가공식품 • 일용잡화 • 주류 • 면세품 등	• 좋은 상품은 자연히 잘 팔린다는 인식을 갖고 있음 • 뛰어난 상품은 광고가 필요 없다고 생각하고 있음 • 올바른 매입은 거의 팔린 것과 같다고 생각함 • 후발업체나 후발제품은 거래가 어려움 • 메이커나 브랜드의존도가 높음	공산품 일반상품 비식품
데일리 (Daily)	• 청과 • 야채 • 과일 • 수산물 • 축산물 • 냉동, 냉장 식품 • 빙과류 • 우유 • 빵 • 햄, 소시지류	• 대체 가능한 상품이 많아 바이이 선택의 폭이 넓다. • 상품회전율이 높아 납품업체 의존도가 매우 높다. • 매입단위가 높아 요구조건이 까다롭다. • 매우 민감하다(위생, 유효기간).	농축수산물

자료: 고창룡(2007).

【그림 36】 유통바이어 업무흐름

정보수집	상품 트렌드, 마켓, 구입처, 매장, 작년실적
시즌상품비축 계획	상품종류, 아이템별 비중 설정 및 주력상품 설정, 상품가격대 및 중심가격 설정, 매출액, 구입액, 매출총이익률, 손실률(액), 영업이익률, 재고율, 재고회전일수
구입처 분류	상품성격별 거래방법 및 주요 구입처 선정
월별상품계획	상품별 아이템의 구성 및 비중, 디자인 수, 수량 설정
상품운용	상품조달, 운반컨트롤, 매장별 분배설정
월별판매계획	매장에서의 상품분류, 연출, 아이템별 판매기간 설정
매장 오퍼레이션	판매방법, 조달, 단품관리, 매장간의 상품교류
완결	재고처리, 월별 결과정리

자료: 고창룡(2007).

유통에세이 essay

"유통산업의 위상 변화"

한국의 유통산업은 현재 미증유의 격동기를 맞고 있다. 국내경제의 선순환 분위기에 맞물려 창조적 확대라는 시대적 요청을 받아들이고 있는 상황이다. 산업 내부적으로 외환위기 이후의 유통업계 재편 과정에서 노출된 구조적 모순을 치유하면서 성장을 위해 다이내믹하고 견실한 시장을 구축하고 있다. 아울러 외국자본의 국내 유통시장 진출이라는 외부적 환경변화를 적절히 수용하면서 글로벌 유통시스템의 응용력을 높이고 있는 과정이기도 하다.

지난 96년 유통시장개방과 함께 국내에 진입한 외국계기업들과의 공생관계를 통해 국내 유통기업들은 이미 많은 유통 노하우를 습득하고 실현하게 됐다. 글로벌 상품소싱, 스탠더드 프라이싱(Standard Pricing), 소비자에게 점포 이미지를 친숙하게 전달하는 프로모션 방법, 정보기술을 이용한 재고관리와 고객관계관리 등이 이 기간에 글로벌기업으로부터 습득한 대표적인 노하우라 할 수 있다.

글로벌 상품소싱이란 세계 각 지역으로부터 다양한 양질의 상품을 싸게 구매해올 수 있는 시스템을 구축하는 것을 말한다. 글로벌 상품소싱이 가능하면 유통업체의 가격경쟁력이 증가한다. 따라서 유통업체가 소비자 가치에 맞춰 합리적으로 가격구조를 조정하는 스탠더드프라이싱이 가능해진다.

일반적으로 지금까지는 제조업체가 가격을 설정해 왔다. 제조업체가 설정한 가격은 대개 수급상황에 따라 일방적으로 책정된 면이 강했다. 이에 비해 유통업체들이 설정한 가격은 소비자들의 지불가치를 중심으로 설정된 가격이므로 구매당사자인 소비자들에게 합리적이다.

다른 시각에서 본다면 이와 같은 국내 유통산업의 변화는 외환위기 이후 국내에서 일기 시작한 정보기술(IT)혁명을 축으로 하는 네트워크형 사회의 진전 과정에서 비롯된 필연적인 전환이라고 볼 수 있다. 경제의 암흑대륙으로 불리던 유통산업에 정보기술이라는 햇빛이 접목되면서 전체적인 패러다임이 변환됐기 때문이다. 거기에 국제화라는 바람이 강하게 불면서 국내 유통산업의 내성을 강하게 만들어줬다.

한때 국내 유통산업에 대해서 순기능보다 역기능 쪽이 강조되던 시대가 있었다. 유통은 제조와 소비를 이어주는 혈관과 같은 중요한 기능이라는 교과서적 도식만이 존재하고 실제 유통이 수행하는 산업적 순기능에 대해서는 '사농공상'이라는 구시대적 사고를 통해 백안시하는 경우가 많았다.

국가경제성장에 기여하지 못하는 내수산업이라는 이유로 유통산업이 과소비의 속죄양으로 여겨지던 적도 있었다. 하지만 시대는 변했다. 정보기술 혁명과 국제화를 통해 유통산업은 비약적인 발전을 하고 있다. 유통산업의 발전과 더불어 국민경제에서 유통산업의 중요성도 크게 부각되고 있다. 30년 이상 지속돼오던 성장과 수출중심의 사고에서 내수시장의 확대, 발전으로 초점이 변한 정부의 시각교정은 국내경제에 유통산업이 대두하는데 한몫을 하고 있다.

유통산업의 급격한 변화 추세에 맞춰 정부에서는 이미 '유통산업이 미래성장산업으로 발전해 나아갈 수 있는 유통혁신 인프라 확충'을 2002년도 주요 정책방향으로 설정했다.

이를 위해 유통정보화 및 유통산업의 전자거래 기반 확충, 물류표준화, 공동화, 정보화의 촉진, 지식기반형 유통인력 양성, 유통산업에 대한 조세와 금융지원 확대, 유통산업에 대한 통계 전면 재정비, 재래시장구조개선 촉진과 같은 6가지의 구체적 정책목표를 제시하고 실천해나가고 있다.

또 정부는 체인 및 프랜차이즈사업 촉진과 유통산업의 규제완화 및 국제화 역량 강화에도 강한 관심을 갖고 있다. 소비자의 기대와 정부의 정책 보조로 이어지는 인식과 행동의 변화는 유통산업의 순기능을 점차 증대시키고 질적 확장을 하는데도 큰 도움이 될 것으로 보인다. 현재 유통산업의 변화는 선진 유통산업을 견본으로 진행되고 있다.

한마디로 유통의 국제화 추세에 발맞춘 합리적인 글로벌 스탠더드의 실현이 중기적인 목표이고, 장기적 목표는 세계시장에서 외국계 기업들과 어깨를 나란히 하며 공생하는 것이 될 것으로 보인다. 정부가 제시한 국제화 역량의 강화도 결국 같은 맥락으로 이해할 수 있다. 이와 같은 시대상을 반영해 이제 유통산업은 더 이상 경제의 암흑대륙으로서가 아니라 미래 성장산업으로서의 위치를 확고히 해야 한다.

그러기 위해서 유통산업은 가격파괴, 저가격경쟁과 같은 저가 추구보다는 편리성과 충실한 서비스로 소비자의 만족도를 극대화하는 방향으로의 정책전환이 필요하다. 유통산업을 꽃피게 한 정보기술과 국제화 추세에 적절히 대응해 좋은 상품을 싸고 빠르게 소비자에게 전달하는 방법을 모색해 국가 경제동맥으로서의 충실한 기능을 해야 할 것이다.

(현대유통연구. 2003.2)

유통에세이 essay

"유통업 판도가 바뀐다"

할인점 눈부신 약진... 백화점 고급화 변신... 슈퍼슈퍼마켓 도전

전국의 유통지도가 바뀌고 있다. 백화점이 선두를 달려오던 오프라인 유통산업이 최근엔 백화점과 할인점의 양두 체제로 분할되고, 거기에 대형 슈퍼마켓들까지 가세하면서 고객 선점 경쟁이 갈수록 뜨거워지고 있다. 올해 백화점과 할인점 업계의 총매출은 각각 17조 원 대를 기록했다. 그러나 상대적으로 할인점의 신장세가 두드러졌다. 1993년 국내에 첫 선을 보인 할인점은 10년이 채 안 되는 동안 전국 점포수가 230개로 늘어나면서 유통산업의 정상에 올라선 것. 이를 상징점으로 보여주는 곳이 서울 영등포구 일대. 롯데·신세계·경방필백화점 등 백화점 전유공간이던 이곳에 롯데마트와 홈플러스 등의 할인점이 들어서면서 치열한 유통대전(大戰)이 벌어지고 있다. 할인점의 기세는 내년에 더욱 드세질 전망이다. 일부에선 할인점 매출(20조원대)이 백화점(18조원대)을 앞지를 것이란 예상도 나오고 있다. 이와 함께 슈퍼마켓의 생존을 위한 '분투'도 만만치 않을 것이란 지적이다.

■ 오징어도 '할인점 직송 시대'

매일 새벽 강원도 속초항에서는 '이마트 오징어잡이선'이라고 쓰여진 노란 플래카드를 단 4척의 배들이 출항한다. 지난 2000년 6월 신세계 이마트가 속초 수협과 계약을 맺은 배들이다. 이 배에서 낚아 올린 오징어는 항구에 대기한 이마트 수송차량으로 곧장 옮겨진다. 오징어의 상당수는 산 채로 이마트 매장에 배달된다. 수족관이 없는 이마트 매장으로 가려면 오징어들은 일단 물류센터에서 냉장처리를 받은 뒤 곧장 이마트 매장으로 간다. 소비자들은 당일 새벽 속초 앞바다에서 잡은 오징어를 그날 낮이면 전국 매장에서 사먹을 수 있는 것이다.

원래 할인점은 미국에서 '수입한' 유통업태였다. 미국의 할인점들은 도시 외곽에 자리 잡은 대형창고형 매장이 주를 이룬다. 반면 신세계 김순복 부사장은 "공산품뿐 아니라 싱싱한 신선식품도 값싸게 살 수 있는 '한국형 할인점'이 국내에서 새로 개발된 셈"이라고 말했다. 국내에 진출해서도 프랑스식 영업방식을 고집하던 까르푸가 최근엔 한국형으로 매장을 리모델링했을 정도. 국내 할인점들은 공산품은 물론 신선식품까지 반나절에 처리하는 거대한 물류시스템을 토대로 급성장을 이뤘다. 1위 업체인 신세계 이마트는 "백화점 1위인 롯데는 21년 만에 매출 5조원을 돌파했지만 우리는 만 9년 만에 5조원을 돌파했다"고 자랑했다. 현재 국내에는 이마트·홈플러스·롯데마트 등 업계 1~3위와 외국계 할인점, 지역 할인점까지 합쳐 할인점 브랜드만 40여개에 이른다.

■ 점포 늘리기 경쟁 치열

백화점에 비해 할인점이 훨씬 빠른 속도로 팽창할 수 있었던 이유는 상권 규모와 투자비가 적다는 이점 때문이다. 백화점은 인구가 최소 100만 명은 넘어야 상권이 형성된다. 또 백화점 1개를 열려면 최소한 1500억~3000억 원을 들여야 한다. 백화점 1개 세울 돈이면 할인점을 5~10개나 만들 수 있다. 그 덕에 할인점은 매년 수십개씩 신규 점포가 생기고 있다. 인구 10만~20만 명이면 상권이 형성되고, 투자비도 300억~600억원 가량 든다. 올해만 해도 이마트 10개, 홈플러스 7개, 롯데마트 7개 등 전국에서 40여개의 할인점 점포가 오픈했거나 할 예정이다. 하지만 할인점도 점점 포화상태에 달하고 있다. 90년대 중후반에 할인점은 인구 30만명당 1개씩 만들어졌다. 한국유통연구소 최병돈 실장은 "최근엔 인구 10만~15만명당 할인점이 하나씩 생겨나고 있다"며 "2004년쯤이면 전국의 할인점이 350개를 넘어서면서 더 이상 할인점이 새로 생겨나기도 어려울 것"이라고 말했다.

할인점의 급속한 '양적 팽창'에 대응, 백화점들도 VIP 손님을 중심으로 한 고급화 전략으로 차별화를 시도하고 있다. 현대백화점 이병규 사장은 "고급화 전략 덕에 백화점은 점포당 매출이 꾸준히 성장세를 보이는 반면, 할인점은 전체 규모는 커져도 점포당 매출은 예전보다 둔화되고 있다"고 말했다.

■ 할인점에 도전하는 '슈퍼-슈퍼마켓' 등장

한동안 대형 할인점의 위력에 밀려나는 듯했던 슈퍼마켓들도 최근 변신을 거듭하면서 할인점 아성에 도전하고 있다. 예전엔 슈퍼마켓하면 아파트 상가 지하에 있는 100~200평짜리 매장을 떠올리는 게 전부였다. 요즘은 500~600평짜리 슈퍼마켓들도 적지 않다. 슈퍼마켓들이 점점 덩치를 키우면서, 목 좋은 1층 매장으로 올라오는 추세다. 영업면적이 350평이 넘는 대형 슈퍼마켓을 슈퍼 슈퍼마켓(Super Supermarket)이라고 부른다. 이들 슈퍼슈퍼마켓은 할인점처럼 빵집·즉석조리코너·테이크아웃점·커피숍·꽃집·아이스크림점 등을 입점시키고, 어린이놀이방·인터넷카페·주차장같은 편의시설까지 갖추면서 손님을 끌고 있다.

LG유통측은 "할인점 하나 오픈하자면 비용이 약 300억~600억 원이 들지만, 슈퍼슈퍼마켓은 50억 원이면 된다"며 "소비자들도 멀리 떨어진 할인점보다 가까운 대형 슈퍼마켓을 점점 선호하는 추세"라고 주장했다. LG유통은 올해 150~325평 크기의 슈퍼마켓 4개를 문 닫는 대신, 기존 슈퍼마켓보다 2~3배나 큰 429~707평 규모의 '슈퍼 슈퍼마켓'을 9개나 새로 오픈했다. 한화유통도 작은 점포인 한화스토어는 속속 문닫고, 대형점포인 한화마트 위주로 점포망을 구조조정하고 있다.

이에 따라 할인점업체들도 속속 슈퍼슈퍼마켓으로 눈을 돌리고 있다. 신세계 이마트는 기존의 할인점(2000~3500평)보다 훨씬 작은 800~900평 규모의 대형 슈퍼마켓 '이마트-에브리데이'를 서울 수서와 신월동에 냈다. 홈플러스도 최근 사내에 1000평 크기의 대형 슈퍼마켓을 연구하는 태스크포스를 발족시켰다. 홈플러스의 설도원 상무는 "땅 구하기 힘든 대도시에서는 슈퍼 슈퍼마켓 형태로 출점하는 방안을 검토 중"이라고 밝혔다. 지역 밀착형 서비스를 놓고 할인점과 대형 슈퍼마켓들간의 경쟁도 점점 치열해질 전망이다.

(조선일보.2003.11.14)

제10장
e-유통정보시스템

유통정보는 상적유통과 물적유통을 통합시키는 역할을 한다. 유통경로에서 정확한 정보가 적절한 시기에 전달이 되면 유통경로의 관리에 있어서 유통경로시스템의 효율을 높이고 유통경로 구성원간의 협력을 이끌어 낼 수 있다.

제조업체나 소매업체는 소비자에게 어떤 형태이든 ID카드를 발급하여 신상정보를 획득하고, 이를 저장해야 한다. 또한 소비자 정보를 정기적으로 갱신하고 소매점이나 서비스점에서 거래된 모든 내역은 POS시스템을 통해 자동입력되어 기업의 마케팅전략정보가 수집되고 각각의 자료가 개인 ID를 중심으로 상호연관 되어야 한다.

1. 유통정보기술이 유통에 미친 영향

1) 재고관리

유통정보기술은 생산업체의 생산계획과 유통업체의 구매계획에 도움을 줌으로써 재고량의 감소에 기여한다.

2) 운송관리

운송현황을 실시간으로 추적이 가능하여 소비자에게 일관된 운송서비스를 제공할 수 있다.

3) 머천다이징관리

소매상은 축적된 유통정보를 통해 소비자의 구매성향과 구매습관을 파악할 수 있어 최적의 상품구색을 갖출 수 있다.

〈표 73〉 정보기술을 유통기능에 활용한 사례

유통기능 / 정보기술	판매 · 마케팅	구매 · 재고관리	물류관리	일반관리
온라인 데이터 베이스 (on-line database)	• 온라인 주문 • 시장분석 • 마케팅전략의 효율성측정 • POS시스템	• 자동 구매 시스템 • 재고통제 • POS시스템	• 배달 스케줄 관리 • 선적 관리	• 회계 • 경영 정보시스템 • 기획 • LAM
스캐닝 (scanning)	• 가격 표시 • 계산서 발부 • 소비자 ID카드 • 판매사원 방문 보고	• 재고통제	• 선적자동화 • 입고자동화 • 창고내 이동	• 출입 보안장치 • 현금 수납
텔레커뮤니커이션 (telecommunication)	• 화상회의 • 소비자 접촉 • 이동통신	• EDI	• 수송차량의 위치확인	• 화상회의
사무자동화	• 전자우편	• LAN		• 워드프로세싱 • 광파일
비디오텍스트 (videotext)	• 카탈로그 제작 • 판매원 훈련	• 카탈로그제작 • 훈련	• 배달정보	• 훈련
인공지능 (artificial intelligence)	• 가격결정 • 판촉결정 • 판매원 방문 스케줄	• 적정 재고 산출 • 최적 주문 시점 관리	• 최적 배달 노선 결정	• 임원 의사결정 지원시스템 (EIS)
로보틱스 (robotics)			• 선적, 하역 • 포장	

자료: 안강호외(2000).

2. POS

판매시점관리시스템(Point of Sales: POS)은 상품에 제조업체나 상품명 등을 표시한 코드를 부착하여 판매 시에 자동으로 판매정보를 취합하여 관리할 수 있는 시스템을 의미한다(고창룡, 2008: 137).

유통업체에서 소비자에게 상품을 판매한 시점에 그 상품의 판매에 관한 정보를 컴퓨터를 활용하여 관리하는 시스템이다. 즉, 무슨 상품이 언제, 어디서 얼마나 팔렸는지를 파악할 수 있도록 상품이 판매되는 시점에서 판매정보를 수집하여 관리하는 시스템이다.

판매시점에 자료를 수집, 처리하여 경영활동에 이용하는 시스템으로 자료의 수집은 바코드의 자동판독(scanning)방식이 될 수도 있고, 수작업에 의한 자료입력방식이 될 수도 있다.

일반적으로 POS시스템은 상품에 부착된 바코드를 유통업체의 금전출납스캐너로 읽기만 하면 그 상품의 품명, 가격 등이 표시되고 입력되어 물류센타의 호스트컴퓨터로 보내져서 기록된다.

이러한 POS시스템의 장점은 판매시점에 단품정보가 기록되고, 전문가가 아니라도 누구나 쉽게 조작할 수 있어 번거로운 수작업을 하지 않아도 되고, 상품재고 파악, 상품전략 계획, 경영합리화 계획 등에 즉각 활용될 수 있다는 점이다.

또한 ID카드를 소유한 소비자의 구매가 이루어질 때 고객의 ID번호와 바코드의 상품고유번호가 동시에 입력되도록 하여 상품정보와 소비자 개인정보를 연계 사용할 수 있다. 즉, 어떠한 특성을 가진 소비자가 언제, 어떠한 상품을 구입하는가에 대해 분석하고 이를 마케팅전략에 반영할 수 있다.

유통업체를 운영하면서 가장 어려운 것 중에 하나가 재고관리이다. 유통업체의 적절한 재고유지는 수급조정과 가격안정에 필수적이다. 만약 과잉재고가 되면 유통업체는 재고자금 증가로 금융부담이 커지고, 보관비용, 하역비용, 위험관리비용도 증가하게 된다. 이와 반대로 과소재고가 되면 유통업체는 품절 및 판매기회 손실을 입게 된다.

유통업체가 재고관리를 잘 하려면 무엇보다 어떤 상품이 얼마나 팔렸는가에 대한 정확한 정보관리가 중요하다. 이러한 매출정보는 상품보충 및 잘 팔리는 상품과 잘 팔리지 않는 상품의 선별에 중요한 정보가 된다.

그런데 이러한 재고관리를 수작업으로 하는데는 한계가 있다. 즉, 대형매장의 경우 넓은 매장에서 다종다양한 상품의 매출정보를 사람이 일일이 점검하는데는 많은 비용과 시간이 소요된다. 이러한 비능률적인 수작업을 대신해 컴퓨터를 활용한 재고관리의 출발점이 바로 POS시스템이다.

POS시스템의 도입으로 유통업체는 매상등록시간의 단축을 통해 고객대기시간 및 계산대의 수를 줄일 수 있고, 전자주문시스템(Electronic Order System: EOS)과 연계하여 신속하고 적절한 구매를 할 수 있다.

POS는 버튼만 누르면 재고현황과 상품별 매출액을 곧바로 확인할 수 있다. 잘 안 팔리는 상품은 매입과정에서 물량을 조절해 이윤을 높이고 비용을 최소한 줄일 수 있다. POS는 단품과 재고관리 외에도 결제기능은 물론 고객관리도 가능하게 해준다.

이처럼 POS는 여러 가지 면에서 편리함과 장점이 많으나 중소점포들이 POS 도입을 꺼리는 것은 과세자료 노출을 꺼리는 데다 이를 운영할 노하우가 없기 때문이다.

【그림 37】 POS 데이터 활용단계

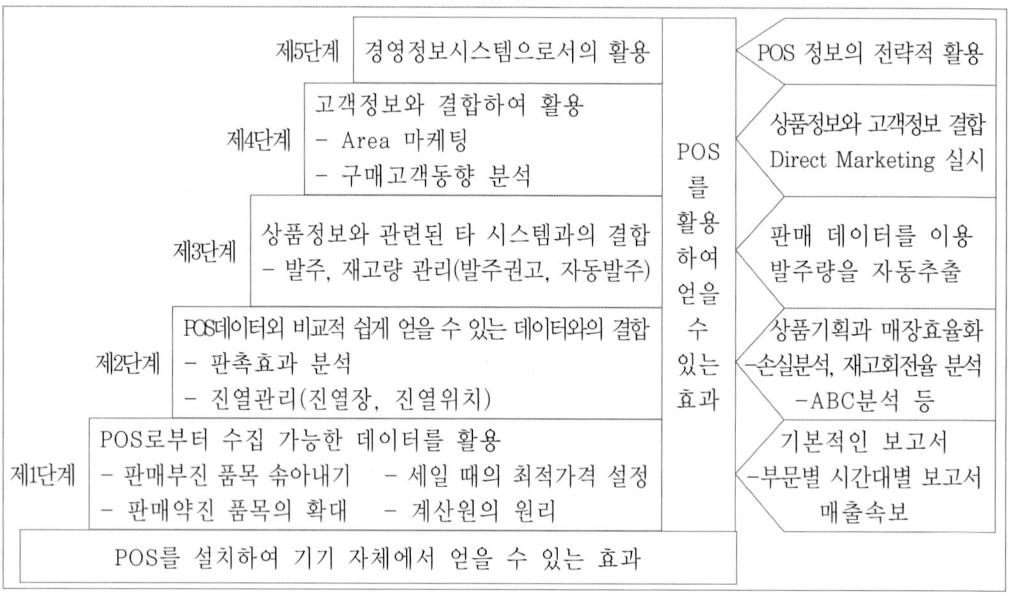

자료: 고창룡(2008).

〈표 74〉 POS 데이터의 활용 분야

분야		목적	필요한 가공 분석
상품 정보 관리	매출관리	부문별 매출관리 매출총이익 관리 시간대별 매출관리	시간대별 매출분석
	상품계획 상품구매 계획	상품관리 인기상품, 비인기 상품관리 신상품 도입 평가	상품의 판매 동향분석
	진열관리	판매장 배치 계획	장바구니 분석
	판촉계획	적절한 판촉계획 적절한 판매가격 결정	판촉효과 분석
	발주 재고관리	발주 권고 자동보충 발주 판매량 예측	적정 발주량 산출 판매요인 분석
종업원 관리		계산원 관리 자금계획의 자동화	계산원별 생산성 분석
고객관리		지역 마케팅	지역별, 연령별 판매분석

자료: 안영일(2006).

3. Bar Code

바코드(Bar Code)는 상품정보가 특정한 형태의 조합으로 기호화되어 있는 막대표시로 정보의 원활한 수집과 처리를 위해 고안된 것으로 두께가 서로 다른 검은 바(Bar)와 흰 바(Bar)의 조합에 의해 사람이 사용하는 숫자 또는 문자를 기계가 판독할 수 있도록 고안된 것이다. 바코드는 검은색과 흰색이 표현할 수 있는 2진법으로 정보를 표현하여 데이터를 논리처리 할 수 있도록 한 것이다.

현재의 바코드와 같은 동일한 형태의 바코드개발은 1940년대 말에 조우드랜드(Joe Woodland)와 버니실버(Berny Silver)가 계산대에서 식료품의 가격을 자동으로 읽을 수 있는 연구를 통해 시작되었다(고창룡, 2008: 273).

바코드(Bar Code)에 관한 국제적 표준은 미국 코드관리기관인 UCC(Uniform Code Council)와 국제상품코드관리기관인 EAN International(European Article Numbering Association International)로 양분되어 있는데 우리나라는 EAN의 36번째 회원국으로 EAN의 코드체계에

따라 KAN(Korea Article Number Code)을 상품공통 바코드로 사용하고 있다.

KAN코드는 13자리로 구성된 표준형인 KAN-13과 인쇄면적이 좁은 포장지에 사용하기 위한 8자리 단축형 KAN-8이 있다. KAN-13의 구성은 처음 3(1~3)자리는 국가식별코드인데 우리나라는 EAN으로부터 880을 부여받았다, 다음 4자리(4~7자리)는 우리나라의 코드관리기관인 한국유통정보센터가 등록된 제조업체에 부여한 제조업체코드이며, 그 다음 5자리(8~12자리)는 제조업체가 자사 상품에 부여한 상품코드이고, 마지막 한자리(13자리)는 바코드가 정확하게 구성되었는지를 체크하고 스캐너가 잘못 읽는 것을 방지하기 위한 체크디지트(Check Digit)이다.[1)]

국제표준시스템(International Standard Book: ISBN)은 국제적으로 통합된 표준도서번호를 각국의 개별 출판사가 출판한 책에 부여하여 국제간의 도서정보와 책의 효율적인 유통을 도모하고자 사용되고 있는 10자리 숫자의 바코드이다.

국제표준연속간행물((International Standard Serial Number)은 연속발행되는 간행물에 국제적인 표준화된 방법에 따라 부여되는 8자리 숫자의 바코드이다. ITF(Interleaved Two of Fine)는 물류센타 등에서 상품검품작업을 할 때 상자에 KAN코드와 함께 들어있는 상품의 숫자를 부가한 코드이다[2)]. EAN-14코드는 물류과정에서의 배송과 보관시 KAN코드가 부착된 개별 상품이 내재된 박스를 구분하기 위한 코드이다.

최근 한국유통정보센터는 국내 제조업체 중 1만개 업체가 국제표준 바코드(ENA-14)를 사용하고 있다고 밝혔다. 1988년 7월 국제표준 바코드를 도입한 이후 11년만에 업체에 보급한 셈이다.

특히 할인점 등 신업태가 급부상하기 시작한 1996년 이후 매년 1500개 업체 이상이 등록하는 등 바코드 보급은 갈수록 확산되는 추세다. 그러나 업종별 표준 코드 도입율은 식품과 주류 등을 제외한 대부분의 상품은 아직도 미진한 상태다. 식품과 주류는 95%가 표준 바코드를 도입하고 있으나 의류, 제약 등은 10%에도 못 미치는 실정이다.

표준바코드는 단품은 물론 재고관리 등에 가장 중요한 수단인데 바코드 사용이 미진한 의류의 경우 제조, 물류, 유통업체가 각각 라벨을 달리 붙이는 등 비경제적인 요인이 발생하고 있다. 특히 단품이 아닌 박스단위의 정보를 인식할 수 있는 물류상의 바코드(ITF-14)는 활용실적이 더욱 미비하다.

---

1) 최재섭외, 「유통정보시스템의 구축과 활용」, 두남, 2000, pp.109-120.
2) 이철영, 「물류로지스틱스」, 효성출판사, 2000, p.128.

Check Point

바코드의 장점

> 바코드는 스캐너를 통해 상품정보가 직접 입력되어 데이터 입력이 간소하며 에러가 거의 발생하지 않고, 오독률이 낮아 신뢰성이 높다. 또한 바코드는 일정한 높이 중 95%가 훼손되어도 데이터 입력에 문제가 발생하지 않고 컨베이어 상에서 직접 판독이 가능하여 간편하고, 신속하게 데이터 수집이 가능하다(박금용, 2007: 371-372).

1) 국내기업들의 정보시스템 현황

전경련 조사에 의하면 국내기업의 정보시스템 구축은 전사적 차원에서 고려되기보다는 물류업무를 중심으로 추진되는 경우가 많았다. 바코드(71%), 창고관리(66%), 수발주관리(66%)는 정보화가 상당히 진척된 반면, 수배송관리(44%), 판매시점관리(36%), 화물차량위치추적(17%)은 정보화가 다소 미진하였다.[3]

【그림 38】 국내기업 정보시스템 구축 운영 및 도입 계획 현황

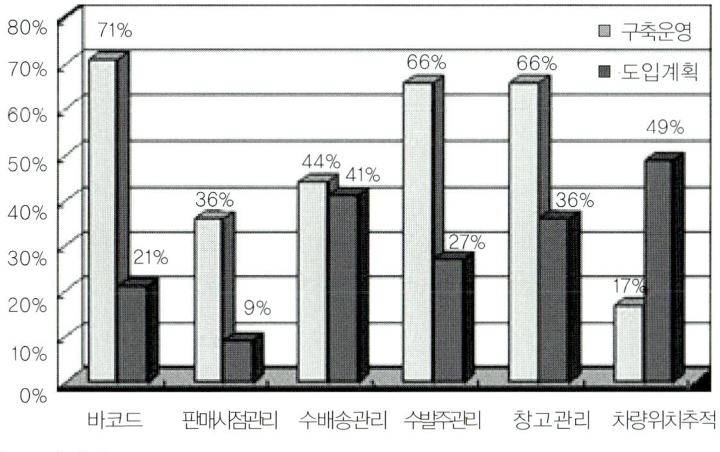

자료: 전경련(2003).

3) 전경련, 「물류정보화 및 전자물류 이용실태」, 2003.

2) 국내 기업들의 바코드 이용 실태

전경련 조사에 의하면 유통정보화의 기본인 바코드를 국내기업의 29%가 이용하지 않는 것으로 조사되었다[4].

【그림 39】 국내 기업의 바코드 이용실태

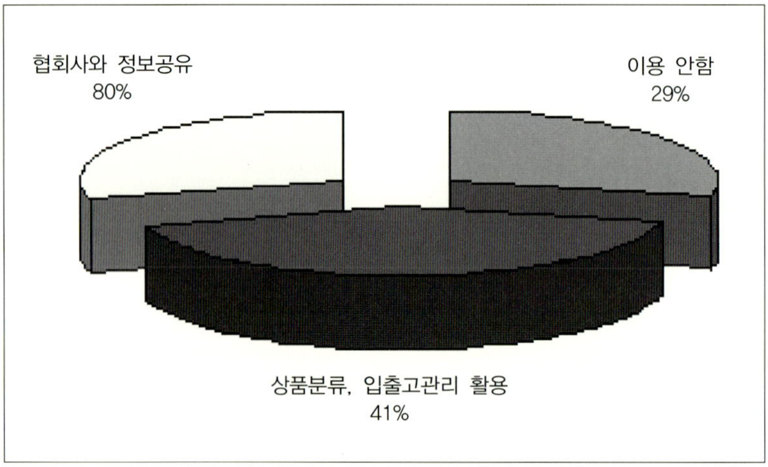

4. RFID

RFID는 Radio Frequency Identification의 약자로 반도체 칩을 내장한 태그·판독기·안테나로 구성된 무선주파수시스템으로 생산에서 배송·소비·폐기에 이르는 과정에서 특정 제품의 물체 추적이 가능하다. 현재 대형 유통업체에서 취급되는 대부분의 상품에 부착돼 있는 바코드(Bar-Code)를 한 단계 발전시킨 형태이다[5].

RFID와 바코드는 자동으로 자료를 입력하거나 읽을 수 있다는 공통점을 갖고 있지만 RFID는 바코드에 비해 원거리에서 더 많은 정보를 짧은 시간 안에 읽을 수 있고, 다양한 부문에 활용할 수 있는 잠재력을 갖고 있다.

RFID 칩이 물품마다 부착된 미래형 매장에서는, 소형 컴퓨터가 부착된 쇼핑카트를 밀고 다니기만 하면 찾는 상품이 어디에 진열되어 있는지 알 수 있고 상품의 원산지, 가격, 보존기한, 조리방법 등을 알아내 필요한 물품을 구입할 수 있다. 더군다나 결제는 쇼핑카트에 상품을 담는 순간 자동으로 이루어져 계산대를 통과할 필요도 없게 된다.

---

4) 전경련(2003)

5) ECONOMIST, 2005.3.

〈표 75〉 RFID의 특성

구분	세부내용
장점	세계 유일의 고유번호 내장
보안성(Security)	복제, 위조불가/최고의 보안성
현시점 시행가능 여부	즉시 시행가능
기존시스템 변경작업	기존 시스템 사용으로 변경 최소화
MSR 기능 겸용사용	가능
Smart Chip 겸용사용	가능
CD에 부착 추가장비 기능여부	간단히 추가 장착
다목적용으로 사용가능 (회원, 보안, 차량 출입 등)	다목적용으로 사용가능
기계적인 장애	환경에 영향 없음
영구 보관성	반영구적
설치기의 장애빈도	비접촉성으로 A/S 불필요
보관상 주의점	자성체, EMI, 기름, 이물질 등에 무관하게 작동
발급기계/발급처	불필요
사용의 편리성	비접촉식으로 편리함
처리속도	빠른 처리속도

자료: 고창룡(2008).

〈표 76〉 바코드와 RFID tag의 비교

	바코드	RFID tag
데이터 전송	광학적	전자기적
데이터 용량	1-100바이트	128-8K바이트
데이터 수정 가능 여부	불가능	가능
데이터 수집 방식	Visual Contact	Visual Contact 불필요
데이터 수신거리	수 미터 (특정 조건하에서 가능)	수 미터 (tag 형태에 따라 다양)
데이터 보안	거의 불가능	매우 높음
환경적 제약 요인	먼지 등에 취약	거의 없음
	한 번에 하나의 데이터만을 수집 가능	한 번에 여러 물품의 데이터 수집 가능

자료: Intermec, “Automating industrial Supply Chain”(2002).

5. EOS

전자발주시스템(electronic ordering system: EOS)는 컴퓨터와 통신기술을 이용한 발주와 수주작업을 말한다. 유통경로에 참가하는 기업들 사이에서 매번하는 수발주업무는 낭비요인이 많았다. 즉, 주문내용을 발주측, 수주측 양쪽에서 수작업으로 다시 하는 일이 많았다. 이러한 낭비요인을 제거하려고 도입한 것이 EOS이다. EOS는 발주자(주문자)의 컴퓨터에 입력한 주문자료가 직접 수주자의 컴퓨터로 직접 전송되는 시스템이다.

유통업체에서 상품을 보충하기 위한 발주업무를 기존의 전화나 팩스 등으로 하지 않고 보충할 상품자료를 발주단말기(컴퓨터)에 입력하여 수주하는 거래선(본부, 배송센터, 제조업 등)의 컴퓨터에 송신하면 거래선은 전송된 데이터로부터 납품전표와 출하전표를 모두 갖추고 납품을 한다.

EOS시스템은 수주와 발주 데이터가 모두 컴퓨터로 관리되기 때문에 데이터의 재입력없이 신속하게 처리되어 리드타임을 단축할 수 있다[6]. 이러한 EOS시스템은 유통VAN과 EDI의 도입으로 활성화 되었다.

6. CRP

지속적인 상품보충(CRP : Continuous Replenishment Programs)은 유통공급망에 종사하는 거래업체들 간에 서로 협력하여 상품보충을 실제 판매된 판매정보와 예측된 수요 및 재고를 기초로 하여 공급업체가 결정하는 시스템이다. CRP는 기존의 유통업체에서 공급업체에 주문서를 발송하여 상품을 보충하던 상품보충방식과 다른 방식이다.

CRP는 제조업체와 유통업체중 주문책임이 누구한테 있느냐에 따라서 VMI(Vendor Managed Inventory)와 CMI(Co-Managed Inventory)로 분류된다. CRP는 유통업체의 판매·재고데이터를 기초로 하여 제조업체(또는 상품공급업체)가 주문서를 작성하여 유통업체에게 전송하며, 동시에 상품을 유통업체에 보충하는 프로세스(VMI, Vendor Managed Inventory)와 유통업체의 판매·재고데이터를 기초로 하여 제조업체가 주문제안서를 작성하여 유통업체에게 전송하고, 유통업체는 이를 확정 또는 수정하여 제조업체로 재전송하며, 제조업체는 이를 근거로 유통업체에게 상품을 보충하는 프로세스(CMI, Co-Managed Inventory)를 말한다.[7] CRP는 EDI를 통해서 소매업체와 제조업체간에 출고요청 등의 정보를 송수신하고, CRP에서 사용하는 데이터는 POS 데이터이다.

6) 오세조, 「유통마케팅」, 중앙경제평론사, 2001, pp.289-290.
7) 한국유통정보센터, 2004.

지속적인 상품보충은 거래선 간에 상품이 공급되는 모든 지점에 적용될 수 있는 개념이다. CRP의 초기단계에서는 유통공급과정에서 상품을 공급받기 위해 유통업체의 물류센터 또는 도매배송업체의 출고데이터를 사용한다. CRP의 발전단계에서는 POS데이터를 사용하여 상품보충 프로세스를 보다 개선시킬 수 있다. CRP를 구현하게 되면 다빈도 배송이 가능하게 되어 재고수준과 운영비를 낮출 수 있다.

제11장
e-마케팅과 유통관리

1. 마케팅의 진화과정

마케팅이란 기업과 소비자 간의 거래증진, 즉 기업은 제품이나 서비스를 잘 팔고, 고객은 이를 통해 욕구를 충족하기 위한 활동이다

■ 마케팅의 변화

- 기업중심의 푸시전략 → 소비자중심의 풀전략
- 대중마케팅 → 표적마케팅 → 일대일마케팅 → CRM

우리나라의 경우 60년대 수요가 공급을 초과하던 시절에는 기업이 시장의 주도권을 잡고 동일품종의 제품을 대량생산하여 시장에 밀어내듯 출하하는 식의 푸시전략의 마케팅을 사용하였으나, 80년대 들어 공급이 수요를 초과하면서 시장의 주도권이 다양한 니즈를 가진 소비자로 넘어가고 기업은 소비자의 다양한 니즈에 부합하는 차별화된 상품을 시장에 내놓고 소비자를 유인하는 풀전략의 마케팅을 사용하고 있다.

또한 기업들은 정보화사회가 되면서 과거의 불특정다수를 대상으로 사용했던 대중마케팅에서 탈피하여 데이터베이스화된 개별고객의 정보에 근거한 일대일마케팅을 사용하고 있다. 특히 지금까지의 마케팅이 한 번의 거래를 통해 판매극대화를 추구했던 것에서 탈피하여 고객과의 지속적인 관계 구축을 통한 장기적인 이익극대화를 추구하게 되었다.

따라서 마케팅의 목적도 기존의 얼마나 많은 고객에게 자사상표를 인식시킬 것인가 하는 상표자산(brand equity)에서 자사상품을 고정적으로 사용해 주는 고정고객을 얼마나 확보할 수 있느냐는 고객자산(customer equity)으로 바뀌고 있다[8]. 향후 마케팅은 기업이 소비자를 찾아가는 방법뿐만 아니라 소비자가 자신의 판단 하에 상품을 찾아가는 구매패턴에 능동적으로 대응해야 한다.

8) 정보통외, 「인터넷광고-이론과 전략」, 나남출판, 1999, pp.31-33.

1) 대중마케팅

대중마케팅(Mass Marketing)은 생산자나 유통업자가 모든 소비자를 대상으로 단일 상품을 대량생산하여 전체시장을 대상으로 판매할 때 행하는 마케팅이다.

2) 표적마케팅

표적마케팅(Target Marketing)은 생산자나 유통업자가 전체시장을 세분화하고 세분화된 시장 중에서 특정시장을 선택하고 선택된 특정시장에 적합한 상품과 마케팅전략을 행하는 것이다.

3) 다이렉트마케팅

다이렉트마케팅(Direct Marketing)은 소비자들에게 개별화된 제품과 서비스를 제공함으로써 소비자들의 개별화된 욕구나 니즈(needs)를 충족시키는 마케팅 기법이다. 다이렉트 마케팅의 방법은 통신판매업체와 카드회사에서 주로 사용하는 카탈로그, TM(Tele-Marketing), DM(Direct Mail)과 인터넷을 이용하는 방법 등이 있다.

다이렉트 마케팅의 최대 장점은 전통적인 유통경로의 축소 또는 소멸로 상품가격의 인하를 가져와 소비자들에게 크게 어필할 수 있다는 점이다. 특히 최근 들어 정보통신기술을 활용한 고객DB를 기반으로 한 카탈로그에 의한 다이렉트 메일(Direct Mail)과 우편에 의존하던 카탈로그를 대신한 E-mail과 웹을 사용한 소비자와의 신속하고 편리한 개별적인 커뮤니케이션을 통한 다이렉트마케팅은 더욱 활기를 띠고 있다.

문자위주의 E-mai를 통한 다이렉트마케팅은 소비자와의 효과적인 커뮤니케이션을 구현하는데 한계가 있고, 잘못 운영하면 소비자의 의사와는 상관없는 일방적인 스팸메일로 전락할 수 있다. 따라서 일방적이고 문자위주의 E-mai를 통한 다이렉트마케팅은 가급적 지양하고 소비자들의 자발적인 의사에 의해 수집된 메일링 리스트에 기초한 다채로운 멀티미디어 E-mai를 통한 다이렉트마케팅으로 변모되어야 한다.

4) 일대일마케팅

일대일마케팅(One to One Marketing)은 인터넷을 매개로 기업이 고객과 지속적인 상호대화를 통해 협력자적 관계를 구축하는 경영전략이다. 이러한 일대일마케팅이 성공하려면 무엇보다 고객이 기업의 웹사이트를 자주 방문하여 의견을 개진할 수 있는 여건이 조성되어야 한다.

즉, 고객이 기업의 웹사이트를 하루라도 오지 않으면 입에 가시가 돋힐 정도로 필요한 정보가 한 아름 가득 있어야 하고, 흥미를 유발하는 이벤트도 필요하다.

또한 상품에 대한 불만이나 요구사항을 개진한 고객에겐 마일리지를 보너스로 주는 등 일단 고객의 적극적인 참여를 유도하는 전략이 필요다. 그리고 고객의 의견에 즉각적인 답변이 없는 묵묵부답 사이트는 고객이 바로 떠난다는 것을 명심해야 한다.

일대일마케팅의 가장 큰 장점은

첫째, 고객들의 현시점에서 불만과 요구사항을 정확히 파악하여 탁상공론이 아닌 실질적인 고객관리를 할 수 있다는 점이다.

둘째, 다양한 고객들과의 일대일대화를 통해 다양한 기준으로 고객별로 특성을 분류하여 세분화된 마케팅전략을 실행할 수 있다.

셋째, 수 많은 고객들과 교통비, 점심값 들이지 않고 저렴한 비용으로 고객과 일대일대화를 통한 협력관계를 구축할 수 있다.

5) 데이터베이스 마케팅

데이터베이스 마케팅(Database Marketing)은 기업이 기존고객 혹은 잠재고객에 대한 정보를 사내의 전산시스템에 축적하고, 이렇게 축적된 고객DB에 기초한 마케팅을 행하는 것을 말한다. 이러한 데이터베이스 마케팅은 고객의 특성에 맞는 차별화된 마케팅의 수단을 제공하여 고객의 평생가치(life time value)를 극대화하여 기존고객을 유지하며 잠재고객을 끌어들이고 신상품 테스트를 할 수 있는 경영전략이다.

기업은 데이터베이스마케팅의 효과를 극대화할 수 있게 고객 라이프사이클별로 적절한 상품을 개발하고, 고객의 구매에 대한 선물로 마일리지와 같은 프로그램을 개발하여 다양한 상품구매를 유도하는 크로스 세일즈(cross sales)와 연계할 수 있는 마케팅전략을 모색해야 한다. 개별고객에 대한 데이터베이스 없이는 일대일마케팅은 불가능하고, 일대일마케팅의 관점없이는 데이터베이스마케팅은 의미가 없다.

6) CRM

【그림 40】 CRM 기본 프로세스

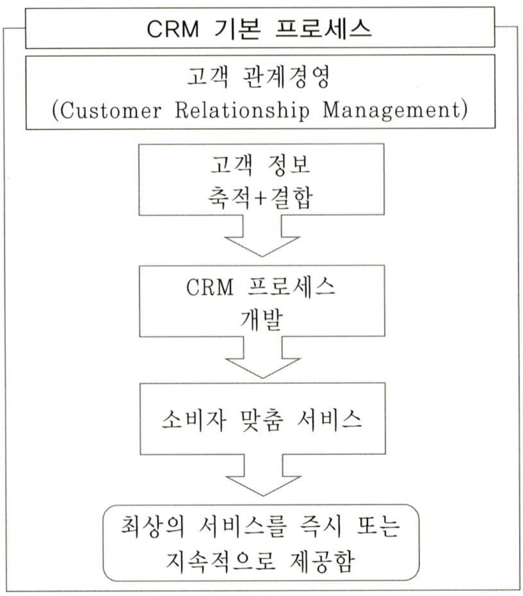

자료: 고창룡(2008).

고객관계관리(CRM : Customer Relationship Management)는 개별고객과 네트워크를 확인, 유지, 개발하는 통합적 노력이며 계속적으로 쌍방에 대한 이익을 증진시켜 네트워크를 강화하고 상호작용적인 부가가치를 장기적으로 창출하는 경영활동을 말한다. 즉, 고객과 지속적인 커뮤니케이션을 통해 고객의 활동을 이해하고, 영향을 주기 위한 광범위한 접근을 말한다.

디지털시대가 진전되면서 고객의 욕구가 보다 다양해지고 까다로워지기 시작했고 그로 인하여 네트워크상의 쌍방향 커뮤니케이션을 위한 CRM전략이 요구되었다. CRM은 과거 1980년대 고객만족경영(CSM)에서 파생 발전되었다. 과거 고객만족경영(CSM)전략은 신규고객 확보와 고객의 순간 관리에 주력했으나 최근의 CRM전략은 기존의 고객유지와 평생고객화에 주력하는 새로운 마케팅기법이다.[9]

전통적인 마케팅에서 기업은 고객을 단지 상품판매의 대상으로만 인식하였으나 CRM에서 기업은 고객을 지속적인 관계의 대상으로 인식한다. 전통적인 마케팅에서는 생산자와 유통업자가 고객과의 지속적인 관계를 유지하려는 노력없이 단순히 불

9) 물류와 경영, "전자상거래 시대, 고객도 변화한다", 2000,11, p.77.

특정다수에게 상품을 한번 파는데 목적이 있었다. 이에 비해 CRM은 생산자와 유통업자가 고객과의 관계를 유지·발전시키는 것을 목적으로 하는 마케팅이다. 특히 관계마케팅은 기업이 데이터베이스화된 고객의 정보를 바탕으로 고객의 소비생활을 설계해 주는 관계까지 발전하게 된다.

고객관계관리(CRM : Customer Relationship Management)는 기업이 "한번 고객은 영원한 고객"이라는 비장한 각오로 소비자를 대하는 단골손님유지전략이라고 말할 수 있다. CRM은 신규고객확보보다도 기존고객의 유지에 초점을 맞추는 전략이다. 기업이 자사상품을 지속적으로 구매하는 단골손님을 많이 확보하려면, 또는 한번 자사 상품을 구매한 고객을 다른 기업에게 뺏기지 않으려면...

세상 살면서 등이 가려울 땐 등을 빡빡 긁어주는 사람이 제일 고맙고, 목마를 땐 시원한 물 한 사발 주는 사람이 제일 고마운 것처럼. 소비자입장에서는 필요로 하는 상품이나 상품에 대한 정보를 제공하는 기업이 최고이다.

그런데 변화무쌍한 소비자의 기호나 변덕을 귀신도 아니고 어떻게 알아서 맞춤서비스를 할 수 있을 까. 어디가 가려운지 무얼 먹고 싶어 하는지... 등 가려울 때 발바닥 긁어 주면 고맙기는커녕 화만 돋구는 셈이 되는데.......

이러한 문제의 모범답안이 바로 CRM이다. CRM은 선별된 고객으로부터 장기적인 수익을 창출하기 위해 장기적인 고객관계를 가능케 하는 시스템이다. CRM은 기업이 자사를 방문했거나 자사상품을 구매한 고객의 만족도를 지속적으로 높이기 위해 고객 개개인에 대한 사내 및 외부정보를 통합적으로 데이터베이스화하여 이를 기반으로 개별고객의 특성에 맞는 마케팅을 한다. 이러한 기업의 마케팅전략은 고객과의 관계를 일회성이 아닌 지속적인 관계로 강화시켜 준다.

결국 CRM은 기업이 과거처럼 고객을 단순히 판매의 대상만으로 인식하지 않고 기업과 함께 발전하는 동반자관계로 생각하고, 고객과의 지속적인 관계를 유지함으로써 안정적인 수익을 창출하는 전략이다. 기업은 CRM을 통해 단골고객 증가, 단골고객의 이탈 최소화, 잠재고객을 구매고객화 할 수 있고 재구매도 증가하는 효과를 얻을 수 있다.

기존 기업시스템에서 고객관리는 마케팅부서만이 하였으나 CRM은 고객에 대한 정보를 마케팅부서뿐만 아니라 연구개발 및 생산부서까지 공유하면서 정말 소비자가 무엇을 원하고, 소비만족을 위해서는 어떻게 해야 되는가를 서로 머리를 맞대고 협의하는 시스템이다.

특히 인터넷을 기반으로 한 전자상거래에서는 기업이 고객의 정보를 수집하여 분석하는 것 이외에도 고객스스로 자신의 불만과 요구를 기업에 알릴 수 있는 쌍방향커뮤니케이션이 가능하기 때문에 기업이 기존고객의 니즈를 즉각적으로 파악할 수 있다. 이러한 쌍방향의 인터넷 구조에서 CRM은 기업간의 지나친 경쟁에 따른 고객의 이탈을 막기 위해 고객을 세분화하여 차별화전략을 펴는 마케팅기법으로 각광 받을 것으로 전망된다.

CRM은 최근에 등장한 데이터베이스 마케팅, 개별 마케팅, 일대일 마케팅, 관계마케팅에서 진화한 요소들을 기반으로 등장하게 되었다. 데이터베이스마케팅은 고객의 다양한 정보를 컴퓨터에 축적하여 가공, 비교, 분석 등을 통해 마케팅활동에 사용할 수 있도록 하는 객관화된 경영기법을 말하는 것으로[10] 기업의 내·외부 자료를 축적하여 이용한다는 점은 CRM과 유사하나 CRM과 DB Marketing은 몇 가지 다음과 같은 차이점을 갖고 있다.

첫째, 데이터베이스 마케팅에서는 영업 또는 마케팅부서차원에서 고객자료를 확보하는 경향이 있으나 CRM은 전사적으로 추진하고, 적극적이고 다양한 방식으로 고객의 정보를 확보한다.[11]

둘째, 마인드의 차이이다. 즉, 고객정보를 어떻게 활용하는가의 차이이다

단순히 고객의 정보를 데이터베이스화하여 판매에 활용하는 수단으로만 삼느냐, 고객을 위한 정보로써 활용하느냐의 차이이다. CRM은 고객과의 장기적인 관계유지가 목적이기 때문에 무엇보다 고객정보를 고객의 수익성확보에 활용해야 된다.

〈표 77〉 고객관리의 시대적 변천

구 분	판매(70년대)	CS(80년대)	DBM(90년대)	CRM(90년대후반)
대고객 관점	수동적 구매자	선택적 구매자	개성화, 다양화된 구매자	능동적 파트너
고객과의 관계	전체 시장에 일방적 공급	고객만족도(CSI) 측정, 일방적 관계	그룹화된 고객과의 일방적 관계	개별 고객과 쌍방향 의사소통
고객관리	단순 영업위주	영업과 판매위주서비스	IT 기술팀 위주	전사적 관리

자료: 삼성경제연구소, 조동훈(2001)

10) 안중호, 「전자상거래관리사」, 홍문사, 2000, pp.173-183.
11) 이동만, 전게서, p.309.

〈표 78〉 고객의 형태에 따른 고객등급 분류

단 계	주요내용
구매용의자	자사의 제품이나 서비스를 구매할 수 있는 능력이 있는 모든 사람
잠재구매자	구매가능자 중에서 자사 제품, 서비스에 대하여 필요성을 느끼지 못하거나, 구매할 능력이 없다고 확실하게 판단되는 자
최초구매자	자사의 제품서비스를 1회구매한 사람으로서 아직은 완전한 고객이라고 볼 수 없는 자
단골고객	자사가 제공하는 제품서비스 중에서 이용 가능한 모든 제품서비스를 자사카드로 구매하는 자
선도고객	단골고정고객으로서 역할뿐만 아니라 다른 사람에게도 자사의 제품서비스를 권유하는 자로서 마케팅활동을 지원해 주는 자
비활동고객	자사고객이었던 사람 중에서 정기적인 구매를 할 시기가 지났는데도 더 이상 구매를 하지 않는 자
탈락고객	자사제품서비스를 확실하게 사용하지 않는 자

자료: Consumer Behavior by M.R.Solomon, 안중호(2000).

Check Point

고객경험관리?

고객경험관리란 기업이 기업과 고객이 접하는 모든 접점에서 고객이 만족스러운 경험을 갖게하여 고객에게 기업이나 상품에 대한 긍정적인 인상을 심어주어 잠재고객은 최초구매를 유도하고, 기존고객은 반복구매를 하도록 하는 마케팅 방식이다.

이러한 고객경험관리에 대한 기업들의 실질적인 운영방식은 미국의 포레스 리서치가 조사한 결과 다음과 같은 문제점을 갖고 있다. 첫째, 기업에서 고객경험관리는 일상업무와는 별개인 부가적인 업무이므로 추가적인 비용이 발생한다고 오해하고 있다. 둘째, 고객경험에 대한 체계적인 측정이 이루어지지 않고 있다, 셋째, 고객의 실절적인 경험을 기업에게 정확히 전달해주는 직원에 대한 동기부여 부족으로 직원의 역할이 잘 수행되고 있지 않다(김나경, 2008: 31).

유통에세이 *essay*

"CRM, 또 하나의 유행인가?"

CRM의 열풍이 불고 있다. 제조업과 서비스업, 대기업과 벤처기업할 것 없이 너도나도 CRM을 도입하겠다고 한다. 도대체 CRM이 뭐길래, 그리고 CRM이 과연 기업에 어떤 가치를 가져다 주길래 모든 기업들이 CRM에 열광하고 있는 것일까? 과연 CRM도 지나간 수 많은 경영혁신이론들 중에 하나일 뿐인가? 아니면 마케팅에 있어서 새로운 패러다임의 도래인가? CRM을 도입한 기업뿐만 아니라, 그 주변의 CRM을 도입하려는 기업도 혼란스러워 한다. 일부 IT업체나 컨설팅 기업들의 화려한 말들이 과연 진실된 것일까? 그들의 주장대로 CRM이 없으면 기업의 미래는 없는걸까? 우리 기업들은 갈수록 혼란스럽고 조급해진다.

CRM이란 'Customer Relationship Management'의 약자이자 '고객관계관리'로 번역할 수 있다. CRM이 국내에 소개된 것은 3년이 채 안 된다. 선진 기업의 경우를 보더라도 1995년 이후부터야 그 이름을 볼 수 있다. 하지만 CRM에 관한 책이나 자료를 보면 그 이전(1995년 이전)부터 CRM이 시작되었다고 주장하고 있다.

실제로 CRM에 관한 사례를 나열하고 있다. 여기서부터 사람들은 혼돈을 느끼기 시작할 것이다. 이런 문제의 원인은 CRM의 뿌리에서 찾을 수 있다. CRM은 어느 날 갑자기 하늘에서 떨어진 것이 아니다. '데이터베이스 마케팅'(Data- base Marketing), '데이터웨어하우징'(Data Warehousing), '데이터 마이닝'(Data Mining)

같은 개념을 알고 있다면 CRM이라는 것이 새로운 것이 아니라는 것을 알 수 있을 것이다.

다시 말하면 CRM은 'DB Marketing'이 보다 진화한 개념이라고 볼 수 있다. 실제로 CRM에서 주장하는 대부분은 DB Marketing과 거의 동일하다. CRM에 관한 책들에서 나오는 사례의 대부분도 DB Marketing의 사례라고 보면 된다. CRM과 DB Marketing이라는 용어가 서로 혼용되고 있는 것이다.

하지만 CRM과 DB Marketing이 완전히 같은 것은 아니다. 대표적으로 CRM은 '고객'이라는 관점에서 '고객의 정보와 지식'을 활용하여 '다양한 고객접점'을 관리하고 고객과 '관계'를 맺고 유지하는 '장기적인 관점'인 반면, DB Marketing은 '기업'의 입장에서 '고객의 자료나 정보'를 활용하여 '단기적인' 매출 향상 같은 목표를 실현하기 위한 수단이라고 볼 수 있다. 비슷한 듯 하지만 그 안을 들여다보면 적지 않은 차이가 있다.

하지만 그렇다고 CRM이 DB Marketing과 달리 전혀 새로운 개념이라는 주장이 맞는 것도 아니다. 위에서 언급했듯이 DB Marketing에서 진전되고 진화된 것이 CRM일 뿐이다. 과거의 DB Marketing에서 CRM으로 발전할 수 있었던 가장 큰 이유 중에 하나는 'IT'의 발전이다. CRM에 대한 솔루션을 제공하는 기업들이 대부분 IT업체인 이유가 여기에 있다. 그리고 IT업체에서 Consulting도 병행하는 경우가 대부분이다. 오라클이나 SAS가 대표적인 경우이다.

CRM은 모든 기업에 필요한 것일까? 현재의 상황을 보면 답은 '그렇다'이다. 하지만 과연 그럴까? CRM의 도입을 고려하고 있는 기업들은 다음 세 가지를 우선적으로 살펴보아야 한다.

- 고객의 생애가치(Life Time Value)
- 고객과의 접촉 범위
- 고객 접촉 빈도

만약 어떤 기업이 세 가지 중 하나라도 높지 않다면 CRM의 효과도 반감된다. 실제로 CRM을 도입하여 성공적인 기업들의 사례를 보면 '금융업'과 '통신업' 그리고 백화점과 같은 '소매업'이 대부분인 이유가 여기에 있다. 예를 들어, 보험회사나 증권회사같은 금융업체의 경우 고객과의 접촉범위나 빈도가 높고 한 고객이 평생 해당 기업의 상품을 소비할 가능성과 효과가 비교적 높기 때문에 CRM의 효과가 있다고 볼 수 있다. 하지만 고객의 생애가치, 고객과의 접촉범위 그리고 고객 접촉 빈도가 상대적으로 낮은 전통제조업체의 경우는 CRM을 도입한다고 해서 CRM을 강조하는 IT업체나 컨설팅업체의 주장대로 극적인 효과를 얻는다는 것은 거의 불가능하다고 볼 수 있다.

따라서 CRM을 도입하고자 하는 기업은 고객의 성향과 자사의 업종 및 상황 등을 철저히 분석해야 한다. 이 세상에 만병통치약이 없듯이 CRM도 마찬가지다. 위에서 CRM은 장기적인 관점이라고 언급했었다. CRM이 장기적이라 함은 CRM의 목적에 기인한다. CRM의 목적은 '우량 고객과의 관계 형성과 유지'라고 볼 수 있다. 기업이 고객과 '친구'가 될 수 있다면 매출과 수익은 자연스럽게 따라오는 것이라는 생각이다.

기업이 고객과 친구가 되기 위해서는 오랜 시간이 필요한 것이다. CRM은 '차별화 마케팅'이다. 고객하나하나에 '맞춤서비스'를 지향한다. 궁극적으로는 '일대일 마케팅'(One to One Marketing)을 지향한다. 이쯤에서 CRM의 핵심 몇 가지를 꺼내보는 것이 좋을 듯 하다.

CRM은 '시장 점유율'보다 '고객 점유율'(유지)을 중시한다.

CRM은 '제품 차별화'보다는 '고객 차별화'에 중점을 둔다.

CRM은 '모든 고객'이 아닌 '목표 고객'을 대상으로 한다.

CRM의 핵심은 곧 DB Marketing과의 차이점이다. 하지만 CRM을 도입하는 많은 기업들을 보면 CRM의 핵심은 망각하고 있는 것 같다. 장기적인 관점에서 기존 우량 고객의 유지에 힘쓰기 보다는 단기적인 관점에서 신규고객의 유치에 집중하는 기업들이 대부분이다.

그리고 더욱 위험한 것은 'CRM 시스템'에 목숨을 건다는 것이다. 지식경영도 마찬가지겠지만 '시스템'은 목적을 이루기 위한 '일부 수단'일뿐이다. CRM에서는 '시스템'보다는 '고객지향적인 문화', '고객지향적인 조직', '고객지향적인 전략'과 같은 것들이 더욱 중요하다. CRM은 고객의 관점에서 비즈니스를 전개해 나가는 것이기 때문이다. CRM에 실패하는 기업들은 대부분 '시스템'에 집착하여 '수단'이 아닌 그 자체를 '목적'으로 여기는 오류를 일으킨다. 우리의 생각보다 이런 기업들이 많다는 것에 유의해야 한다. 그리고 그런 기업의 수가 늘어날수록 CRM이 일시적인 '유행'으로 그칠 가능성도 높아진다.

마지막으로 CRM과 KM의 관계에 대해서 언급하고자 한다. 만약 KM을 실천하고 있는 기업에게 CRM은 어떤 관계가 있을까? 많은 사람들이 이 부분에서도 혼란을 느끼고 있다. 하나의 경영 이론과 다른 것과의 관계, 그리고 균형을 어떻게 잡아야 하는지 우리는 알 수 가 없는 것이다.

위에서 CRM은 장기적인 관점에서 고객의 정보와 지식을 활용한다고 언급했다. 이것은 KM에서 말하는 '지식자산' 중에서 '고객자산' 또는 '시장 자산', '외부지식'과 같은 개념과 동일하다고 볼 수 있다. 지식경영에서도 이러한 고객에 대한 지식을 활용하여 기업의 경쟁력을 높이고자 한다. 따라서 CRM은 KM을 보완할 수 있으며 KM도 CRM과 같이 갈 수 있는 것이다. 또한 'CRM 시스템'을 '지식관리시스템'에 연동시킬 수 있다면 더욱 큰 효과를 얻을 수 있다. 필자가 말하고 싶은 것은 CRM이나 KM이나 서로 배타적이거나 전혀 다른 것이 아니라는 점이다. 따라서 우리는 'IT업체'나 컨설팅회사의 화려한 말을 비판적으로 바라 볼 필요가 있다. 우리는 먼저 CRM이 자신에게 필요한 것인지 철저하게 분석하여야 한다.

또한 CRM의 핵심개념에 대해서 명확하게 이해하고 있어야 한다. 더 나아가서 자사의 경영이념과 목표, 전략과의 적합성도 고려할 수 있어야 한다. 단순하게 남이나 경쟁자가 하니까 좋을 것 같아서 한다는 것은 내부적으로 조직구성원들에게 또다른 부담감을 안겨줄 뿐만 아니라 경제적인 손실과 비효율적인 프로세스를 남발하는 결과를 초래하게 될 것이다.

(대한상공회의소, 2004.3)

Check Point

고객수 증가 = 회사수익 증가?

고객의 증감과 회사의 수익은 항상 일치하는 것은 아니다. 특히 고객이 감소하더라도 수익이 줄지 않거나 오히려 타깃이 되는 고객의 범위를 좁힘으로써 기업의 수익을 높이는 경우도 많다.

실제로 고객이 증가해도 바쁘기만 할 뿐 수익성이 더 낮아져 경영난에 빠지는 기업도 있다. 이유는 고객이 증가하면 인건비 등의 경비도 증가하고, 고객의 대기시간도 증가하여 기존 고객의 불만도 증가하게 된다.

또한 다양한 고객들의 다종다양한 니즈를 충족시키기 위해 상품 수를 늘려 그에 따른 재고 비용증가로 비용손실도 증가하게 되고, 점포의 규모도 확대되는데 이에 따른 비용이 증가하게 된다. 이처럼 고객이 증가하면 매출이 증가하는 한편 지출도 증가하는데 수익도 증가되지 않으면 기업은 경영난에 빠질 수 있다. 따라서 기업들은 무리하게 신규 고객을 늘리려고 하기 전에 기존 고객 한 사람당 매출액을 늘리는 객단가를 올리는 전략을 사용하는 경우가 증가하고 있다.

(村松達夫, 2007: 14-26)

유통에세이
essay

"대한민국 1% 고객 VVIP를 잡아라"

유통업계의 '20대80'의 법칙이라는 것이 있습니다. 상위 20%의 고객이 매출의 80%를 차지한다는 뜻입니다. 이 20대80의 법칙을 이용한 것이 VIP마케팅입니다.

VIP는 'very important person'(매우 중요한 사람)의 약자입니다. 상위 10~20%의 고객만을 대상으로 하는 일종의 표적마케팅을 말하는 거죠. 불경기 때 각광받는 마케팅 기법이 VIP마케팅입니다. 우선 소수의 고객만을 대상으로 하기 때문에 전체를 대상으로 하는 마케팅보다 비용이 적게 듭니다. 반면 불경기라도 구매력있는 사람들은 필요한 물건을 사기 때문에 효과가 큽니다. 요즘처럼 경기가 안 좋을 때 VIP마케팅이 더 활발해지는 이유입니다.

최근에는 상위 10~20%가 아닌 상위 1%에 드는 고객을 가리키는 VVIP라는 용어도 등장했습니다. VIP앞에 'very'를 더 붙인 말이죠. VIP중의 VIP, '정말 정말' 중요한 고객이라는 뜻입니다. 물론 그 브랜드의 물건을 '아주 많이' 사는 사람들을 가리키는 말입니다.

샤넬은 이 VVIP들을 대상으로 특별 서비스를 시작했습니다. 지난달부터 20명의 VVIP를 선정해 이들을 위해 아예 한 백화점의 피부관리실을 대여했습니다. 무료로 피부관리를 해 주는 것은 물론 고가의 화장품도 선물로 줍니다.

VVIP는 단 2명일 때도 있습니다. 루이뷔통은 신제품이 매장에 전시되기 전 단 두명의 고객 앞에서 패션쇼를 합니다. 조지 아르마니는 최근 5명 안팎의 고객들을 대상으로 패션쇼를 열었습니다.

유통업체들도 이들에 대한 서비스를 강화하고 있습니다. 신세계백화점은 지난달 중순 상위 1% 고객 60여명을 따로 초청해 조선호텔에서 갈라디너쇼를 열었습니다.

이 쇼에서는 보석패션쇼와 프랑스요리 시식회 등이 진행됐으며 1년간 무료주차권도 배부됐습니다. 이 백화점은 내년 중에 '프리미에'라고 불리는 전용 쇼핑도우미제도 만들 예정입니다. VVIP고객이 백화점에 오면 전담 도우미가 함께 쇼핑을 하며 각종 편의를 제공하는 제도랍니다.

앞으로 경기가 더 안 좋아지면 VVIP마케팅보다 더 고객을 좁힌 마케팅이 등장할지도 모릅니다. 경제가 어려울수록 구매력을 지닌 소수의 사람들만 과거보다 더 나은 혜택을 받습니다. 더 많은 소비자들의 편익을 위해 경기가 나아져야 한다는 것을 VVIP마케팅에서도 찾아볼 수 있습니다.

(중앙일보, 2003.12.2)

7) 인터넷마케팅이란?

인터넷은 미국과 소련 사이의 냉전이 최고조에 달했을 때 미 국방부에서 연결한 컴퓨터의 범 세계적인 네트워크가 그 효시로 1994년부터 상업적으로 사용하기 시작하였다(veronica, 2001: 15).

인터넷마케팅이란 인터넷의 특징을 활용한 마케팅으로 개인이나 기업이 가상공간인 인터넷이라는 통신망을 이용하여 상호 연결하여 쌍방향커뮤니케이션을 바탕으로 마케팅활동을 하는 것을 의미한다.

인터넷마케팅은 인터넷의 장점인 개방성, 양방향성, 시간과 공간을 초월할 수 있는 접근성과 같은 기본적인 특성을 최대한 활용하여 Direct Marketing, DB Marketing, One-To-One Marketing, Customer Relationship Marketing으로 발전하게 된다.

전통적인 마케팅에서 기업은 오프라인 매체의 한계로 많은 소비자를 대상으로 깊이 있고 다양한 정보를 제공하는데 한계가 있었고, 소비자도 기업 및 상품에 대한 필요한 정보를 수집하는데 시간적 제약과 공간적 한계가 있었다. 이러한 문제는 인터넷을 매개로 한 인터넷마케팅을 통해 상당부분 해결될 수 있다.

〈표 79〉 인터넷서비스 종류

Telnet	멀리 떨어져 있는 컴퓨터와 접속하여 자신의 컴퓨터같이 제어할 수 있는 원격접속 서비스
FTP	원격지 컴퓨터간의 파일 송수신 서비스
E-mail	통신에 의해 컴퓨터에 저장된 메시지를 주고받는 것
WAIS	키워드를 사용하여 네트워크상에 존재하는 수 많은 데이터베이스로부터 원하는 정보를 검색
Usenet	전자게시판의 일종으로 특정 주제나 관심사에 대해 의견을 제시하거나 관련 분야에 대한 여러 형태의 자료를 등록할 수 있는 서비스
Archie	인터넷상의 FTP서버에 공개되어 있는 파일을 검색하는 서비스를 하는 클라이언트/서버형 프로그램
IRC	Internet Replay Chat. 인터넷상에서 여러 사람과 실시간으로 대화와 토론을 하는 서비스
Gopher	데이터를 색인하여 정보를 메뉴 방식으로 검색 가능하도록 만든 자원검색 도구
WWW	World Wide Web 하이퍼텍스트 기능에 의해 인터넷상에 분산되어 존재하는 다양한 종류의 정보를 통일된 방법으로 검색할 수 있는 광역정보서비스와 소프트웨어

자료: 박금용(2007).

〈표 80〉 인트라넷과 엑스트라넷의 비교

구분	인터넷	인트라넷	엑스트라넷
공개유무	공개적	비공개적	반공개적
사용자	무제한	특정기업 소속원	고객, 사업파트너 등
인프라	사회적 인프라	기업내부 인프라	기업외부 인프라
활용	정보검색과 공유, 선전과 광고 등	기업내 정보와 자원 공유, 내부 의견교환과 교육, 훈련 등	수주와 발주, 제품카탈로그, 비공개 뉴스그룹 등

자료: 박금용(2007).

〈표 81〉 인터넷마케팅의 장점

- 중소기업도 전 세계를 무대로 비즈니스 가능
- 소비자와 기업모두 정보수집이 용이.
- 소비자는 금전적, 시간적 비용 절감
- 기업은 자사상품에 대한 정보를 원하는 소비자에게만 선택적 정보전달 가능.
- 쌍방향커뮤니케이션으로 고객만족극대화.
- 데이터베이스에 의해 일대일마케팅가능.
- 기업은 지속적이고 효과적인 고객관리가능.
- 기업의 자사광고의 효과에 대한 평가가 용이.
- 인터넷광고는 다른 매체 광고에 비해 저렴하고 광고 분량이 무제한.
- 기업과 소비자 모두 유통경로 축소에 따라 비용이 절감.
- 기업은 오프라인매장을 통한 마케팅비용 절감.
- 기업은 시간과 공간을 초월한 마케팅전략 가능.

〈표 82〉 인터넷마케팅의 단점

- 인터넷 이용자들은 표적화된 광고를 싫어한다.
- 검증되지 않은 부정확한 정보로 손해를 입을 수 있다.
- 인터넷 보안성이 문제이다.
- 가격결정의 어려움이 있다.

8) 인터넷 마케팅의 STP전략

STP(Segmenting-Targeting-Positioning)전략은 가장 먼저 시장을 미리 정한 기준을 활용하여 여러 시장으로 세분화(Segmenting)하고, 세분화된 여러 시장 중에서 자사의 마케팅 능력 등을 고려하여 표적시장을 선정한(Targeting) 후, 표적시장에서 자사 상품을 소비자의 마음속에 팍팍 심어주는 포지셔닝(Positioning)과정을 거친다. 포지셔닝 후에는 포지셔닝 성과를 피드백하는 과정이 필요하다.

동일상품으로 다수의 소비자의 니즈를 충족시켰던 기존의 매스마케팅(Mass Marketing)의 방법으로는 개성있는 소비자들의 다종다양한 니즈에 부합할 수 없게 되었다. 즉, 소비자들의 니즈를 신속, 정확하게 파악하고 그 유형들을 분류하여 그들의 니즈에 부합한 상품을 제공할 수 없는 기업은 생존할 수 없게 되었다.

특히 전자상점은 소비자니즈가 오프라인 상점에 비해 더욱 다양하고, 변화가 심하다. 이러한 시장여건의 변화에 따라 도입된 마케팅 전략이 STP전략이다. STP 전략은 일대일 마케팅 또는 개인 마케팅(Individual Marketing)과 같은 시장 세분화전략으로 발전하고 있다. 또한 소비자들과 일대일 접촉할 수 있는 수단들이 사용되기 때문에 직접마케팅(Direct Marketing)이라고도 한다.

■ 인터넷마케팅 전략

상품시장세분화 → 틈새시장개척 → 표적고객확인 → 표적고객의 정보수집 → 표적고객에 특화된 마케팅전략수립

2. 인터넷광고

1) 광고란?

광고는 불특정다수에게 상품 또는 서비스 등을 제시하고 설득하여 소비자의 욕구나 필요를 자극함으로써 상품이나 서비스에 대한 구매행동을 촉진시키거나 광고주에 대한 일반인의 신뢰를 높이기 위한 유료 커뮤니케이션이다. 광고는 제조업자나 판매업자가 소비자에게 상품 또는 서비스를 판매할 목적으로 행하는 소구(appeal)이다[12]. 이러한 광고는 상품시장 규모를 확대하고, 소비자의 선택의 폭을 넓혀주고, 사회변화의 촉매제로서의 긍정적인 역할도 하나 상품가격을 인상하고, 과소비를 촉진하는 부작용도 있다.

2) 인터넷광고란?

광고는 그동안 TV, 신문 등의 전통적인 매체에 의해 이루어져 왔으나 최근 들어 인터넷의 확산으로 인터넷을 통한 광고가 증가하고 있다. 인터넷광고의 협의적 개념은 특정 사이트에 자신의 광고용 배너를 게재하여 자신의 사이트로 하이퍼링크시키거나, 검색엔진이나 다른 사이트에 자신의 사이트를 하이퍼링크시키고, 그 대가를 지불하는 것을 말한다.[13] 이에 비해 인터넷광고의 광의적 개념은 인터넷을 새로운 광고미디어로 활용하는 기업의 모든 활동으로 정의할 수 있다.

3) 인터넷광고의 특징

인터넷광고는 다음과 같은 특징이 있다[14].

첫째, 인터넷광고는 고객과의 쌍방향 커뮤니케이션이 가능하다. 이에 따라 광고주는 인터넷광고의 조회 건수나 이용시간 등을 조사하여 고객들의 반응에 즉시 대응할 수 있다.

또한 소비자는 게시판, 전자우편 등을 통해 자신의 의견을 제시할 수 있고, 광고주는 회원등록을 한 고객의 상품주문 등으로 고객의 니즈를 파악할 수 있다.

이처럼 인터넷광고는 인터넷의 쌍방향성의 특징으로 인해 Pull형태와 Push형태의 광고가 모두 가능하다. 즉, 소비자가 원하는 상품과 기호를 인터넷을 통

12) 맹명관, 「광고노트」, 더난출판사, 1999, p.14.
13) 정보통외, 「인터넷광고-이론과 전략」, 나남출판, 1999, p.119.
14) 이두희외, 「인터넷마케팅」, 영진출판사, 1997; 정보통외, 전게서, pp.130-135; 맹명관, 전게서, pp. 42-45.

해 기업에 알리고(Pull형태), 관련기업은 관련된 상품에 대한 정보를 알려주는(Push형태) 쌍방향커뮤니케이션이 가능하다.

둘째, 인터넷광고는 타깃 광고가 가능하다. TV, 신문 광고는 불특정다수를 상대로 광고하지만, 인터넷광고는 광고하는 상품을 필요로 하는 사람만을 대상으로 할 수 있다.

셋째, 인터넷광고는 글로벌 광고가 가능하다. 인터넷광고는 자사의 웹사이트나 광고를 올려놓기만 해도 관심있는 전세계 소비자에게 광고할 수 있다.

넷째, 인터넷광고는 무제한적 홍보와 정보제공이 가능하다. 인터넷광고는 시간과 공간의 제한을 받지 않음으로 광고내용을 무제한적으로 할 수 있다.

다섯째, 인터넷광고는 비용이 저렴하다. 인터넷광고는 TV나 신문광고에 비해 광고비가 비교할 수 없을 정도로 저렴하다.

여섯째, 인터넷광고는 24시간 지속적 광고가 가능하다. TV 광고는 정해진 시간에만 반영되지만 인터넷광고는 하루 종일 광고를 할 수 있다.

일곱째, 인터넷광고는 멀티미디어 광고가 가능하다. 인터넷광고는 인터넷의 특성상 텍스트이외에도 그래픽, 사운드, 동영상 등의 멀티미디어를 활용한 다양한 광고가 가능하다.

여덟째, 인터넷광고는 상거래로 바로 이어질 수 있다. 대부분의 웹사이트에서는 상품광고뿐만 아니라 구매신청까지도 할 수 있어 광고가 구매로 까지 연결될 수 있다.

아홉째, 인터넷광고는 광고내용의 수정이 용이하다. 인터넷광고는 광고 후 소비자의 반응에 따라 광고 내용의 수정을 탄력적으로 할 수 있다.

열번째, 인터넷광고는 광고전달 및 광고효과 측정이 용이하다. 인터넷광고는 실시간으로 광고를 소비자가 열람한 다양한 정보가 기록 및 저장되므로 광고 후 따로 조사비용을 들이지 않아도 광고노출 빈도 및 광고 도달률 등을 용이하게 측정할 수 있다. 인터넷광고의 효과측정은 웹사이트 방문자의 수, 등록사용자의 수, 반복방문자의 수, 방문자가 웹사이트에 머무는 시간 등으로 다각적이고 효과적으로 조사할 수 있다.

4) 인터넷광고의 한계

첫째, 인터넷광고는 많은 장점이 있지만 전통적인 매체인 TV나 라디오, 신문에 비해 상대적으로 공신력이 떨어진다.

둘째, 인터넷의 처리속도는 개별 개인의 PC성능 및 인터넷 환경에 따라 차이가 발생하여 인터넷광고의 만족도는 개인에 따라 차이가 크게 발생할 수 있다.

셋째, 인터넷광고는 구매로까지 직접 연결될 수 있으나 소비자들이 신용카드 등의 개인정보가 인터넷상에 노출되는 것을 걱정하고 있어 인터네광고의 구매효과가 떨어질 수 있고, 쌍방향커뮤니케이션, 광고측정 등에 익명의 사람들에 의한 왜곡된 정보가 전달될 수 있다.

5) 인터넷광고 전략

인터넷광고전략 수립에는 다음과 같은 점을 고려해야 한다.[15)]

첫째, 온라인유통업체는 상품을 판매하고자 하는 소비자집단을 체계적이고 구체적으로 선정해야 한다.

둘째, 온라인유통업체는 인터넷광고를 통해 소비자에게 상품정보를 전달하는데 만족하지 말고 소비자의 니즈를 얻는 것에도 지대한 관심을 가져야 한다.

셋째, 온라인유통업체는 인터넷광고를 통해 일회성으로 소비자에게 상품의 구매만을 원할 것이 아니라 고객과의 관계형성을 구축해야 한다.

넷째, 온라인유통업체는 인터넷광고에 대한 고객의 반응에 신속히 대응할 수 있는 체제를 구축해야 한다.

다섯째, 온라인유통업체는 인터넷광고의 효과를 측정할 수 있는 다양한 기법을 개발해야 한다.

15) 김기홍, 「전자상거래와 기업」, 산업연구원, 1999, p.44.

제12장
e-유통창업

1. 업태 발상으로 창업하라

業種(kinds of business)	• 무엇을 파는가(판매상품 중심) • 판매하는 상품에 따른 소매점의 분류
業態(type of operation)	• 어떻게 파는가(판매방법 중심) • 상품의 판매방법의 차이에 따른 소매점의 분류

〈표 83〉 업태와 업종의 비교

구분	업종	업태
의미	무엇을 판매하고 있는가? (What to sell?)	어떠한 방법으로 판매하나? (How to sell?)
종류	컴퓨터판매점 · 가전판매점 · 채소가게 · 생선가게 · 정육점 · 의류점 · 가구점 등	백화점 · 편의점 · 슈퍼마켓 · 드럭스토어 등
관점	생산자적 측면의 관점	소비자구매행동과 관련된 판매시스템

자료: 고창룡(2008).

많은 사람들이 업종과 업태를 혼용해서 사용하는 경우가 있는데 업종과 업태는 다른 개념이다. 업종은 식품점, 가구점처럼 판매하는 상품에 따라 소매업체를 구분하는 개념으로 우리나라 상업통계에서 상업(도매업, 소매업)을 구분하는 기준이다. 업종은 소매상이 판매하는 상품군에 따른 전통적인 분류방법으로 생산자·상품 중심적 시각이다.

이에 비해 업태는 동일한 상품이라도 어떠한 방법으로 판매하는가에 대한 구분이다. 즉, 동일한 식품을 할인점에서는 셀프서비스방식으로 판매하고, 백화점에서는 대면판매를 한다. 업태는 소매점의 영업전략에 따른 분류방법으로 소비자·전략지향적 시각이다.

유통창업을 할 때 무엇을 팔 것인가를 생각하고 창업하거나 판매하는 태도는 업종발상이고, 어떻게 팔 것인가를 생각하고 창업하거나 판매하는 태도는 업태발상이다. 또한 한걸음 더나가 새로운 상품판매 방법을 개발하는 것은 업태개발이다. 전자상거래는 대표적인 업태개발이다.

〈표 84〉 업종과 업태개념의 비교

	시각	주도자	분류기준	점포크기	주요 유형	장점
업종개념	생산자	제조업체	제품성격	소규모	대리점	제조업체의 통제용이
업태개념	소비자	소매업체	소매전략	대규모	할인점, 카테고리 킬러	소비자 편의, 소매효율 증대, 거래촉진

2. 창업기초

1) 창업의 3대 요소

(1) 창업자

창업자는 사업계획을 수립하고, 사업성을 분석하는 등 창업의 실행자이다. 창업자의 지식, 능력, 가치관 등은 사업의 성패를 좌우하는 중요한 부분이다.

(2) 자본

자본은 돈뿐만 아니고, 창업하는데 필요한 원재료, 토지, 기술 등을 포함하는 개념으로 창업시 자본은 창업자 개인자본일 수도 있고, 동업의 경우 공동의 자본, 또는 창업에 직접 참가하지 않는 제3의 투자자의 자본일 수도 있다.

(3) 사업아이디어

사업아이디어는 창업해서 무엇을 어떻게 할 것인가를 의미한다. 사업아이디어는 무엇보다 수익성이 기반되어야 한다. 아무리 독창적인 아이디어라고 해도 현실적으로 수익성이 보장되지 않는다면 사업아이디어로서 기능을 상실하게 된다.

3. 창업시 결정해야 할 사항

- 오프라인 창업을 할 것인가, 온라인 창업을 할 것인가
- 오프라인 창업과 온라인 창업을 병행할 것인가
- 오프라인 창업과 온라인 창업 역할 분담은 어떤 식으로 할 것인가
- 오프라인 창업시 단독점으로 할 것인가, 체인점으로 할 것인가.
- 단독점인 경우 볼런터리체인에 가입할 것인가
- 내수에만 치중할 것인가 무역도 할 것인가
- 업태발상의 창업을 할 것인가, 업종발상의 창업을 할 것인가
- 상호, 도메인네임, 상표는 무엇으로 할 것인가
- 독창적 창업과 모방적 창업
- 기존 기업을 매입한 창업을 할 것인가 신규창업을 할 것인가.
- 개인중심 창업과 팀중심의 창업

유통에세이 essay

"창업의 성공조건"

창업자가 가장 주의할 시점은 창업 후 첫 해다. 창업 원년에는 경험이 없기 때문에 실패할 확률이 높기 때문이다. 전문가들이 조언하는 창업에 성공하기 위한 조건은 다음과 같다.

1) 나태함은 근물

창업자가 되면 그 순간부터 필요한 각종 서류, 문건, 고지서가 많아져 조금만 게을러도 수북히 쌓이게 된다. 정작 필요한 순간에는 찾을 수 없어 손해를 볼 수 있다.

2) 경쟁자 파악은 필수

고객들은 어느 곳이 더 좋은 물건으로 서비스를 하는지 알고 있다. 고객을 끌어들이기 위해선 경쟁자에 대한 모니터가 필수적이다. '모방은 창조의 어머니'라는 말이 있듯이 당신과 고객에게도 필요한 적절한 방법을 터득하게 될 것이다.

3) 효과적이지 못한 마케팅은 피하라

누구나 알고 있는 상투적인 마케팅은 창업자에게 큰 타격을 줄 수 있다. 사업에 대해 효과적인 마케팅을 찾을 시간이 없거나 자신이 없다면 전문가에게 맡겨라.

4) 고객을 잘 파악하라

고객은 왕이다. 고객 서비스가 당신의 사업을 판가름할 수 있다. 고객이 무엇을 원하는지 어떤 서비스를 원하는지 알지 못한다면 고객은 당신을 외면할 것이다.

5) 무능한 직원은 고용하지 말라

사업에 함께 동참할 수 있는 잘 훈련된 유능한 직원확보 또한 실패하지 않는 길이다. 그러므로 일에 만족을 느낀 직원만이 유능한 직원이 될 수 있다. 이를 위해 오너는 직원이 열심히 일할 수 있는 환경과 동기를 부여해 줄 수 있도록 지원을 아끼지 않아야 한다.

6) 입지 선정

유명한 레스토랑이나 상점이 실패했다면 십중팔구 점포입지 선정에 문제가 있었기 때문이다. 입지 선정에 가장 중요한 점은 유동인구를 파악하는 것이다. 입점할 지역에 점심과 오후 시간대에 얼마나 많은 사람이 다니는지 목표 고객의 유동인구는 얼마인지 파악하지 않는다면 성공하기 힘들다.

7) 여유자금 확보

창업자가 가장 주의할 점 중 하나가 바로 창업자금 확보다. 창업할 때 끌어들일 수 있는 자금의 허용한도와 얼마만큼의 창업자금을 사용할 것인가를 미리 산정해 놓고 있어야 한다.

8) 닫힌 마음은 금물, 포용력을 키워라

누구나 사업을 시작할 때 사람마다 일종의 편견을 지니고 있다. 기존에 당신이 갖고 있던 생각에 많은 부분이 틀리더라도 놀랄 필요가 없다. 재정상 약정을 맺기 전에 사업에 필요한 아이디어와 조언을 줄 수 있는 스승을 찾아보라. 소자본 창업에 관한 잡지나 서적, 비즈니스 관련 웹사이트, 비즈니스 커뮤니티 센터 등이 당신의 훌륭한 스승이 될 수 있다.

9) 충분한 계획

창업을 시작할 때 계획을 철저히 세워 그것에 맞게 실천해야 한다. 예를 들어 매출이 올라갈 것이라는 막연한 생각은 버려라. 대신 다음 시즌까지 목표매출을 산정해서 계획을 세운다. 최종목표에 도달할 수 있도록 단계적으로 계획을 세우고 마지막 데드라인을 결정한다. 매일 자신의 계획을 점검해 목표를 이룰 수 있도록 부단히 노력한다.

(매일경제, 2002.6.28)

4. 오프라인 유통창업

1) 오프라인 유통창업과 입지

유통은 입지산업이다고 할 만큼 유통에서 입지는 중요한 부분이다. 따라서 창업시 입지에 대한 충분한 검토가 필요하다.

(1) 입지(立地)

입지(location)란 어느 특정장소에 소재하고 있는 현상을 의미하는 동시에 소재하고 있다는 동태를 의미하기도 한다. 특히 소매입지는 소매활동을 위한 입지로 상권과 밀접한 관계가 있고, 사업이 지향하는 목적에 따라 결정된다.

특히 입지에 따라 유통업체의 경영전략, 마케팅전략이 달라지고, 일단 입지를 결정하고 나면 초기투자 비용이 커 이동이 쉽지 않다. 이러한 입지는 정적인 개념이지만, 입지선정은 동적인 개념이다(박금용, 2007: 157).

(2) 상업입지

상업입지(commercial location)는 상업활동을 할 수 있는 장소를 의미하는데 일반적으로 집단의 경우에만 상업입지라고 말하고, 개개의 점포에 대해서는 상점입지, 점포입지라고 말한다.

(3) 입지조건

입지조건(conditions of location)이란 장소의 조건을 말하는 것으로 입지조건이 좋다는 것은 일반적으로 사람들이 모이기 쉽다는 것을 의미한다. 입지조건은 크게 자연조건과 사회적 조건으로 구분할 수 있다. 자연조건은 장소가 경사지인가, 평지인가 등을 말하는 것이고, 사회적 조건은 도로, 인구규모 등을 말한다. 그런데 이러한 입지조건은 업종에 따라 다르다.

〈표 85〉 입지선정을 위한 시장 환경조사 항목

조사항목	조사내용		
인구집적	• 인구분포 · 소득수준	• 주택보유율 · 가로연변 개발동향	
교통상황	• 교통수단 편리성	• 도로상황	• 교통계획
시가특성	• 보행자 통행량	• 내가자 특성	• 상점가 이미지
상업집적	• 상권 • 대형점포율	• 흡인력 • 지지인구	• 매장면적(증설동향)

업무집적	• 집적상황 • 통근권	• 공실률	• 임대료 수준
기타 업종	• 분포	• 가동상황	

자료: 고창룡(2008).

(4) 상권

상권(商圈: trading area, market area)은 한 점포가 고객을 유인(흡인)할 수 있는 지역범위(geographic area)를 말하는 것으로 고객의 지역적 범위이다. 즉, 쇼핑하는 소비자의 지리적 거리이다. 최근에는 상권의 개념이 자가용의 확산으로 거리가 아니고, 그 상점까지의 소요시간으로 변화되고 있다. 즉, 통상적으로 일반소비상품상권은 도보로 10~15분 거리, 선매품상권은 편도 1시간 정도이다.

상권을 분석할 때에는 수요요인, 공급요인, 지역의 경제적 기반뿐만 아니라 인구수, 가구의 소득수준, 가구구성원의 나이분포, 가구구성원 수, 인구밀도 등을 면밀하게 분석해야 한다.

【그림 41】 상권의 구성요소

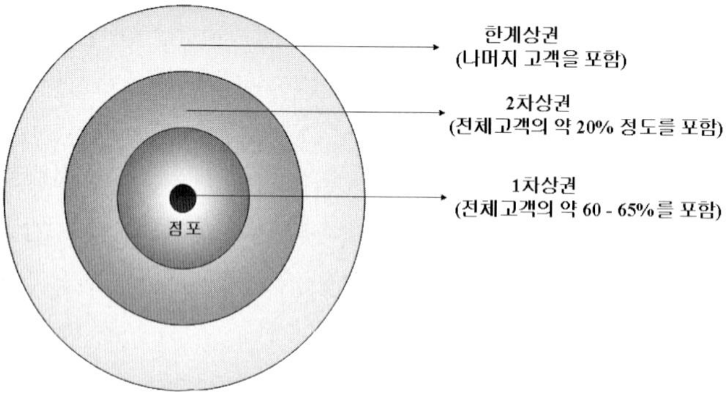

〈표 86〉 상권분석에 필요한 조사

조사항목	필요 조사 자료	활동 내용
상권내 인구 및 동태조사 분석	• 지역내의 인구 통계 • 자점(自店) 상권지도 • 자점(自店) 고객명부 • 자점 종업원 인터뷰	• 상권의 고객동태 분석 • 전력강화지역의 선정 • 판매촉진계획 수립 • 상권 확대를 위한 전략적 마케팅믹스
고객의 지역 외	• 상권내의 지형 및 경쟁점포의 배치	• 고객유출 방지대책 강구

유출에 대한 조사	• 상권내의 인구동태 • 점포 주변역의 이용 상황 • 품목별 대상 통계추이 • 구매유출 체크리스트	• 자점의 상품대책 강구 • 자점의 판매활동 강화
지역의 풍토와 라이프스타일 조사	• 소속 상점가의 활동상황 • 소비자 구매 동향 • 매출 통계표	• 판매계획 수립에 대한 기초자료로 활용 • 상품구색 강화방안 수립 • 판촉계획 수립에 반영
지역개발관계에 대한 조사	• 자점 지역의 지도 • 상권내 동별(단지별) 세대수 및 인구수 • 도로계획, 전철신설 계획 • 자점 이용객 리스트 • 신용카드 이용객 리스트	• 상권확대시 효율적인 대응방안 수립 • 자점확대 및 신설계획 • 고객서비스계획 입안자료

자료: 한국직접판매협회(2009).

Check Point

지리적 범위에 따른 상권의 분류

1차 상권은 점포의 매출 또는 고객수의 60%~70 정도 이상을 차지하는 고객의 거주범위를 의미하고, 2차 상권은 1차 상권보다 멀고 점포의 매출 또는 고객수의 15~30% 정도 이상을 차지하는 거주범위이고, 3차 상권은 점포의 매출 또는 고객수의 5%~10%정도 이상을 차지하는 고객의 거주 범위로 한계상권이라고도 한다(고창룡, 2008: 215).

거리를 기준으로는 도보로 500m 이내로 교통수단을 이용하여 30분 이내의 거리에 위치한 상권을 1차상권이라고 하고, 도보로 1,000m 이내로 교통수단을 이용하여 1시간 이내의 거리에 위치한 상권을 2차상권, 교통수단을 이용하여 1시간 이상 거리에 위치한 상권을 3차상권이라고 한다(박금용, 2007: 216).

(5) 상업집적

상업집적(commercial accumulation)은 상업시설이 일정지역에 모여 있는 상태를 말한다. 집적량은 점포수와 매장면적으로 표시하는데 일반적으로 매장면적으로 표시한다.

(6) 입지이동

입지이동은 더 좋은 입지조건의 장소가 마련되면 새로운 입지조건의 장소로 이동하는 현상을 말한다.

(7) 입지창조

입지창조는 종래 입지조건이 좋지 않았던 곳의 입지조건을 좋게 하는 것으로 예를 들어 주차공간이 확보되지 않아 상권으로서 매력이 없던 곳에 도로와 대규모 주차빌딩을 세우면 좋은 입지조건의 장소가 된다.

【그림 42】 점포의 출점전략

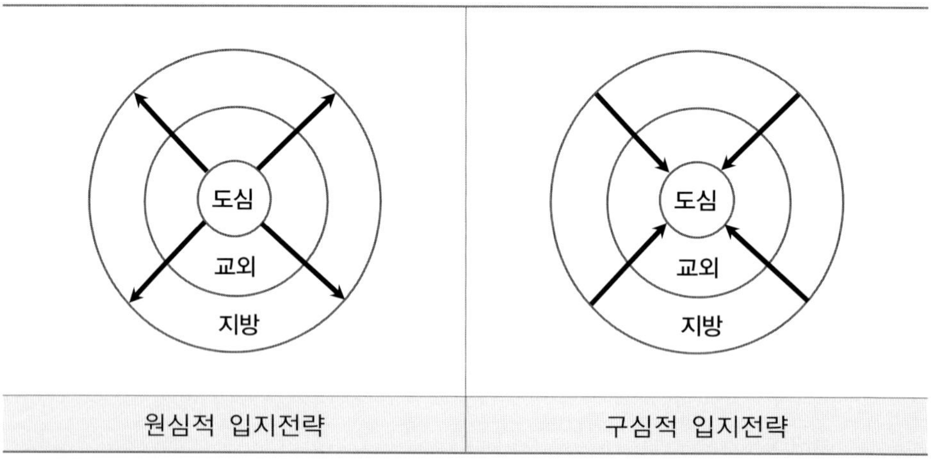

자료: 고창룡(2008)

유통에세이 essay

"한눈에 쏙… 두고두고 생각나게"

1. 너무 크게 만들지 말라

서울 거리의 보도폭은 평균 3m여서 간판이 너무 크면 보행자가 한 눈에 보기 어렵다. 가로 간판은 폭 60cm정도로 벽면의 절반 이하, 돌출 간판 폭은 40~50cm 정도가 적당하다.

2. 빈 공간을 많이 확보하라

배경이 되는 벽면을 여유있게 활용하는 간판이 눈에 더 잘 띈다. 넓은 직사각형 간판보다 다소 작더라도 입체 문자형 간판이 인지 효과가 높다.

3. 너무 많이 달지 말라

전달하려는 정보가 분산된다. 업소마다 간판을 하나씩만 달고 같은 건물에 입주한 업소들을 종합 안내하는 공동간판을 세우는 것이 정보전달에 효과적이다.

4. 원색을 쓰지 말라

건물 색과 대비되는 색이 좋다. 원색 간판들이 모이면 눈만 피로하게 할 뿐, '튀는' 효과가 없다. 배경이 되는 건물과 색상·명도에서 대비되는 색이 효과적이다.

5. 글씨는 간판 절반 크기로

글씨가 크다고 간판이 잘 보이는 것이 아니다. 이상적인 간판 글씨 크기는 12~15cm. 이 크기면 반대편 도로에서 부담없이 읽을 수 있다.

6. 글자크기를 대조시켜라

간판을 통해 먼저 전달할 것이 무엇인지 결정한 뒤 그 내용만 큰 글자로 쓰는 것이 좋다. 상호 글자 크기가 10이면 전화번호 등 다른 내용은 2의 비율이 이상적이다.

7. 상호는 인상적으로

재치있는 상호는 홍보효과가 뛰어나다. 업주의 사업철학이 담긴 상호는 고객에게 신뢰를 준다. 함축적이고 쉽게 이해되도록 상호 작명 전문가에게 맡기는 것도 한 방법이다.

8. 알맞은 시각물을 곁들여라

글씨보다 시각물이 더 효과적인 정보전달 수단이다. 빵가게는 빵, 미용실은 가위 같은 그림을 함께 넣는 게 좋다. 유럽 간판들은 대부분 간판에 그림을 빠뜨리지 않는다.

9. 화려함보다는 친근감이다

업소 성격에 따라 다소 차이가 있으나 지나치게 화려한 디자인은 거부감을 줄 수 있다. 좋은 간판상을 수상한 업소 대부분이 요란하지 않고 수수한 간판을 달았다.

10. 보는 즐거움이 있어야 한다.

조형물·만화 등을 활용해 유쾌한 느낌을 주도록 한다. 유머를 느낄 수 있는 간판도 좋은 간판이다. 켄터키 프라이드치킨(KFC)의 할아버지 조형물이 대표적이다.

종로 업그레이드 프로젝트 시범 건물로 지정돼 간판들이 산뜻하게 바뀐 서울 종로1가의 종로빌딩. 왼쪽은 교체 전, 오른쪽은 교체 후의 모습이다.

간판의 변신

2) 오프라인 매장설계

(1) 매장설계의 기본 원칙

매장은 유통경로를 통해 공급된 상품을 고객에게 판매하는 곳이다. 이러한 매장은 상품을 단순히 전시하는 전시공간이 아니라 상품을 판매하여 수익을 실현하는 곳이다. 또한 매장은 고객정보를 입수하는 곳이다(고창룡, 2008: 127)

매장설계는 고객이 들어오기 쉽고, 상품을 보기 쉽고, 구매하기 쉬운 상점으로 설계해야 한다. 훌륭한 상점이란 최대한 많은 사람들에게, 오랫동안 많은 상품을 보여주는 상점이다.

또한 상점은 경영의 장소이다. 따라서 상점은 단순한 건물이 아니고, 경영자의 경영방침을 구체적으로 표현하는 장소이다. 따라서 상점설계는 고객중심과 경영효율 향상의 조화를 도모해야 한다. 특히 상점은 고객중심의 사고방식으로 외장, 상점내의 통로, 진열, 조명 등이 조화를 이루어야 한다.

상점의 모양은 상품을 취급하기 어울려야 한다. 따라서 취급하는 상품의 종류와 고객은 점포설계의 기본이 된다. 일반적으로 상품의 판매는 입지조건에 의해 많은 제약을 받는다. 예를 들어 도시 중심은 고급 보석상점에 맞는 입지조건이지만, 주변지역은 맞지 않는 입지조건이다.

(2) 점포 레이아웃

점포 레이아웃이란 매장의 상품, 집기, 통로 등의 배치 및 구성을 의미한다(고창룡, 2008: 127).

① 매장 통로

매장 내 통로는 고객 및 종업원과 상품운반에 사용되는데 무엇보다 고객이 상품을 보기 쉽고, 고르기 쉽게 설계되어야 한다. 이러한 고객중심의 통로가 되려면 상품이 통로에서 잘 보여야 하고, 통로에서 상품을 손으로 잡을 수 있어야 한다. 상점의 통로 폭은 너무 좁으면 걷기가 어렵기 때문에 보통 양쪽에서 동시에 지나갈 수 있는 90~120cm이상이 되어야 한다.

또한 통로는 고객이 점포내부의 상품들을 가능하면 많이 볼 수 있도록 고객의 이동선을 길게 해야 한다. 즉, 고객이 오래 걸을 수 있도록 설계되어야 한다. 이를 위해서 통로는 고객이 상점내의 구석구석을 순회할 수 있는 순회통로로 설계해야 하고, 고객이 통로를 지나도록 목적을 만들어 주는 유인상품을 통로의 각모서리에 진열하는 방법도 효과적이다.

【그림 43】 유인상품에 이끌려 일주한다.

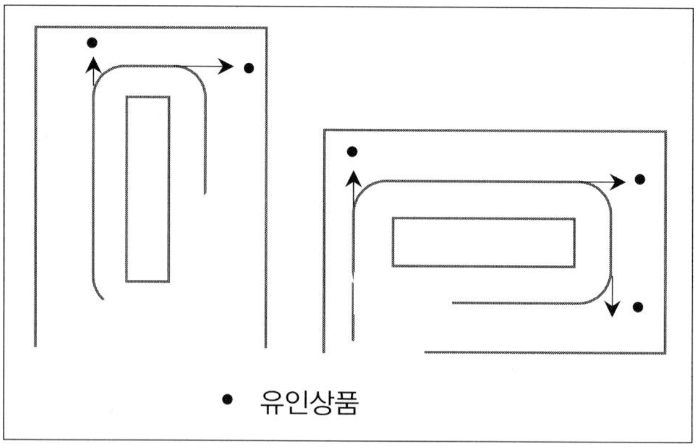

자료 : 한국생산성본부(1992)

작업 중인 점원의 움직임은 손님을 불러 모은다.

가게를 정리하거나 상품을 준비하는 점원의 동작은 매력적이다.

이 가게의 점원 공간은 ‘구경 대환영’의 메시지를 전한다.

사람이 사람을 부른다.

자료: 日本經濟新聞(2004).

자료: 日本經濟新聞(2004).

② 매장 진열

진열에서 가장 중요한 것은 고객에게 제안할 메시지가 명확히 표현되어야 한다. 매장에서 상품진열은 상점의 이미지를 높이고, 고객의 주의를 끌고, 그 상품에 대한 구매력을 높이는 것이 목적이므로 상품진열은 고객이 상품을 보기 쉽고, 고르기 편리하도록 설계되어야 한다.

고객은 동일한 상품이라도 놓여진 장소, 진열방법에 따라 전혀 다른 느낌을 받을 수 있다. 우리가 동일한 상품이라도 포장방법에 따라 색다른 느낌을 받는 것과 같은 원리이다. 따라서 상품이 어떤 진열기구에 어떤 식으로 진열하느냐에 따라 상품의 가치가 달라지고 소비자의 구매욕구도 바뀌게 된다[1]. 이를 위해서는 적절한 POP 광고를 활용하거나 효과적인 색채와 조명을 활용하여 진열의 효과를 높여야 한다(고창룡. 2008: 131).

【그림 44】 구매심리단계와 판매역량과의 관계

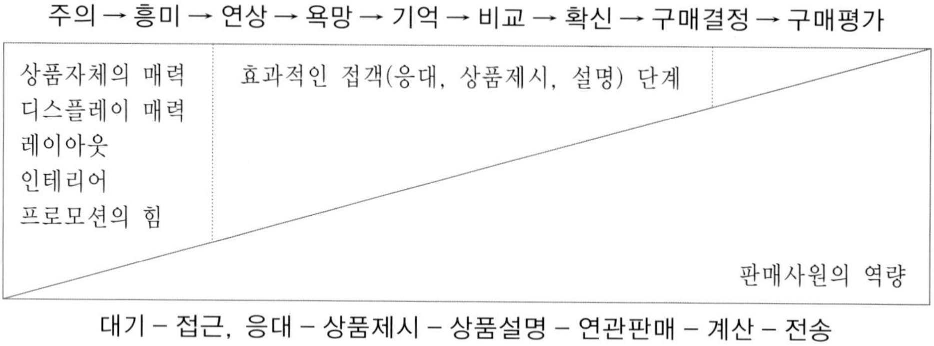

자료: 고창룡(2008).

(3) 고객의 신체적 특성과 효과적인 점포 레이아웃

백화점의 고객 흐름도는 대부분 시계가 도는 반대방향이 경우가 대부분이다. 그 이유는 대부분의 인간은 왼쪽발이 오른쪽 발보다 짧아 코너 워크를 할 때 짧은 왼발이 안쪽에서 지지하면서 바깥쪽의 오른발이 돌게 되어 있다.

이런 이유로 고대 로마의 전차마가 달리던 히포드럼이나 현대의 육상 트랙경기 등은 모두 시계 반대방향으로 돌게 되어 있다. 또한 한 실험에 의하면 무의식중에 인간이 자극을 받자 대부분이 왼쪽으로 움직였다(김인호, 2006: 55-56).

1) 한국생산성본부, 「점포관리와 시설관리」, 1992, pp.4-75.

유통에세이 essay

"백화점은 이미 '우측통행'"

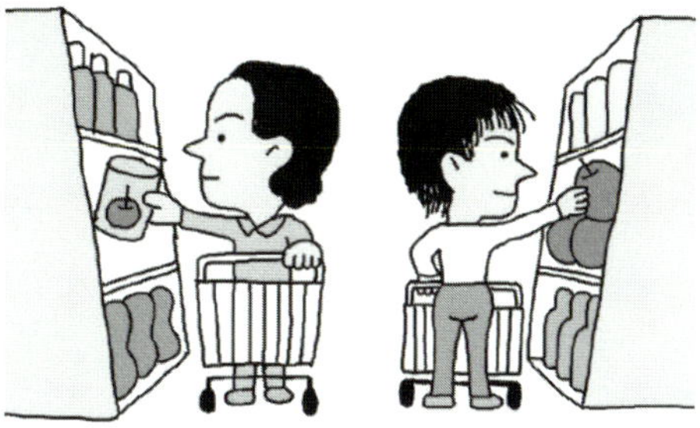

10월부터 '우측통행'이 전격 시행됐다. 좌측통행에 길든 탓으로 지하철 등 대중시설의 상황은 혼란스럽다. 하지만 백화점은 '정책'이 아닌 '과학'으로 예전부터 우측보행에 맞춰 매장을 구성해 왔다.

대표적 사례로 손님이 가장 많이 북적거려 매장을 효율적으로 구성해야 하는 '슈퍼마켓 매장'이 꼽힌다. 현대백화점, 신세계백화점 등의 슈퍼매장은 입구가 오른쪽에 있고 정육·생선·과일 등 매출 비중이 전체 매출의 70~80%를 차지하는 상품들을 고객동선 오른쪽에 놓아뒀다.

매장을 이같이 구성한 이유는 '한 방향 통행'을 유도, 소비자와 쇼핑 카트가 서로 부딪치거나 엉키는 현상을 막기 위해서이다. 또 상대적으로 오른손잡이가 많다는 점을 고려, 오른손으로 상품을 집게 하기 위해서다. 시선 방향이 자연스러운 오른쪽이 상품가격, 중량 등 상품 정보 전달에 용이하다는 점도 요인으로 꼽힌다.

현대백화점 압구정본점 최보규 식품팀 부장은 "백화점 식품매장은 쇼핑 편의를 위해 오른손 사용이 많고 시선도 오른쪽으로 향하는 신체 특성에 맞춰 설계돼 있다"고 말했다.

백화점 매장 에스컬레이터에도 우측통행의 '쇼핑 과학'이 적용돼 있다. 현대백화점 무역센터점은 최근 5층 영패션 매상의 상설 할인매장을 에스컬레이터 하행선 오른쪽 동선 정면에 20평 규모로 신설했다. 백화점 관계자는 "고객의 시선이 오른쪽으로 향하는 것에 착안, 고객들이 많이 찾는 상설 할인매장을 신설했다"고 밝혔다.

(조선일보, 2009.10.13)

(4) 뉴로마케팅과 온·오프라인 매장 운영전략

뉴로마케팅(Neuro marketing)은 뇌신경을 의미하는 마케팅이 결합한 개념이다. 뉴로마케팅의 핵심은 소비자가 무의식적으로 느끼는 감성의 측정에 있다. 소비자 구매행동의 상당부분은 자신도 모르게 내재되어 있는 잠재의식에 의해 이루어진다는 관점이다. 뉴로마케팅은 오감의 자극을 받은 소비자들의 뇌영역에서 일어나는 뇌

세포의 활성화 정도를 자기공명영상(MRI)등을 통해 측정하여 마케팅에 반영하는 것이다. 한 유통업체는 쇼핑객에게 카메라가 달린 안경을 착용하도록 하고 유통매장을 자유롭게 쇼핑하도록 했다. 이 과정에서 쇼핑객이 동선을 따라 걸을 때 느끼는 편안함의 정도와 디스플레이를 바라보는 시선의 방향을 분석하여 매장을 대폭 개선하였고 이를 통해 매장의 매출이 21%나 향상되었다.

온라인 매장에서도 웹사이트, 인터넷광고 등에 네티즌의 시선이 머무는 시간 등을 다각적으로 분석하여 웹사이트와 인터넷광고의 개편에 반영하고 있다(박정현, 2009: 41-43).

Check Point

고객의 심리적 특성에 따른 색상, 음악, 차별화 전략

	향이 없음	라벤더향	레몬향
테이블에서 보낸 시간(분)	91.3	89.8	105.7
계산서의 평균 액수(유로)	17.5	18.1	21.1

자료: petere(2003)

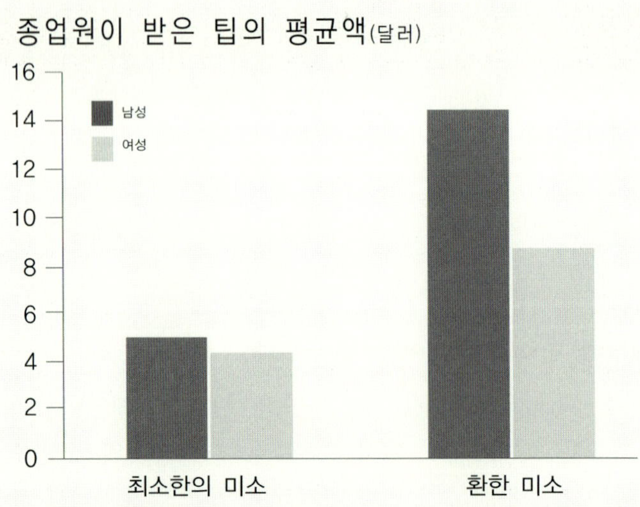

자료: Tidd(1978)

매장구역에 따라 음악의 종류가 구매행동에 미치는 효과

		느린 템포의 노래	좀더 빠른 템포의 악기 연주
여성의류 매장	구매율(%)	57.0	26.0
	구매총액(달러)	22.22	8.91
남성의류 매장	구매율(%)	54.0	76.0
	구매총액(달러)	18.13	34.18

자료: shupangueberque(1993)

음악과 와인구매

		프랑스 음악	독일 음악
구매한 포도주(총 %)	프랑스산 포도주	48.78	14.63
	독일산 포도주	9.75	26.83
나라에 대해 떠올린 정도 (〉: 강하게 떠올림)	프랑스	6.25	2.50
	독일	1.52	6.08
포도주에 대한 평소의 선호도 (프랑스산을 선호할수록 0, 독일산을 선호할수록 10)		3.54	5.58

자료: Mckendrick(1997)

각 제품별 지불할 용의가 있는 최대 금액의 평균(파운드)

	음악 없음	쉬운 음악	클래식 음악	팝 음악
저지방 과일 요구르트	0.29	0.28	0.36	0.33
점심세트 1 (튀김, 사과, 파이 한 조각, 오렌지 주스)	1.49	1.47	1.74	1.89
점심세트 2 (밥과 야채 커리, 케이크 한 조각, 사과, 코카콜라 라이트)	1.77	1.79	2.27	2.17
점심세트 3 (샐러드와 샌드위치 각각 2개, 스낵 2봉지, 케이크 한 조각, 설탕이 첨가된 음료)	3.03	3.04	3.90	3.76

자료: Nicolasgueguer(2006).

카페테리아에서 구매와 음악의 관계

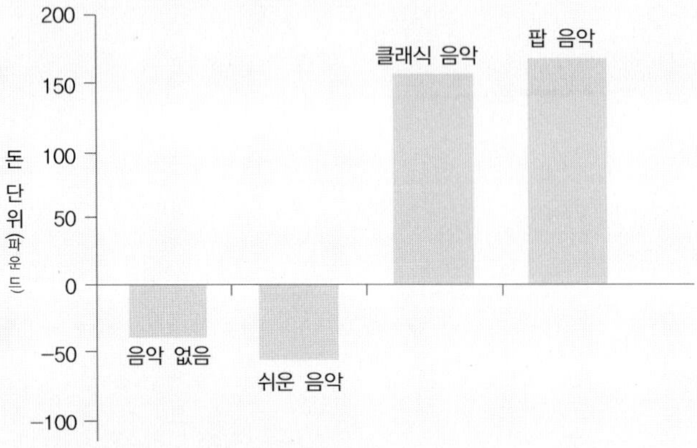

자료: Northe Hargeaves(1981)

가장 시원한 음료수가 담겼다고 생각하는 유리잔의 색깔(%)

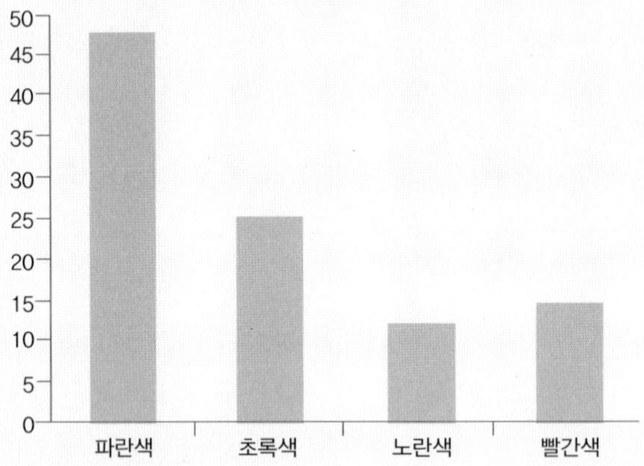

자료: gueguen(2003).

조명의 상태에 따른 각각 다른 측정의 평균치

	흐릿한 조명	밝은 조명
살펴본 병의 수	3.04	4.42
손에 들고 살펴본 병의 수	0.69	1.54
구매한 병의 수(%)	10	17
구매액(달러)	4.57	3.88
보낸 시간(분)	10.48	8.87

자료: Sermoth(2001).

음악과 고객들의 보행시간

	느린 음악	빠른 음악	음악이 나오지 않음
각각의 다른 순간에서 고객들이 지나다닌 시간(초)	127.53	108.93	119.86
판매 평균액(달러)	16,740	12,112	계산된 수치 없음

자료: Milliman(1982).

매장 안내지를 보았는지의 여부에 따른 구매행동

	이미 광고를 본 고객들	광고를 보지 않은 고객들
구매제품 중 매장 안내지에 나온 제품의 수	2.02	1.02
매장 안내지에 나온 제품의 구매총액(달러)	1.89	0.83
환불 받은 매장 안내지의 쿠폰 수	1.41	0.49

자료: Buton(1999).

유통에세이 *essay*

"백화점·할인점 '음악의 비밀'"

서울의 한 이마트 매장. 매장에 흐르던 노래가 코리아나의 '투 더 빅토리'로 바뀌자 점원들이 웃음 띤 얼굴로 박수까지 치며 좋아한다. '투 더 빅토리'는 1일 매출 목표 달성을 알리는 이마트만의 신호 음악이었다.

백화점, 할인점에는 고객들을 위한 음악 외에도 여러 가지 비밀스런 '음악신호'가 있다. 1일 매출 목표가 달성되면 신세계백화점 강남점은 베르디의 '축배의 노래'를, 본점은 마이클 볼튼의 '러브 이즈 원터풀 씽'을 내보낸다. 이 같은 직원 사기진작용 신호음악은 4, 5년 전 사라졌다가 유통업체 매출이 부진하자 지난해부터 다시 나타났다.

점원들에게 정·관계 귀빈 방문을 알릴 때도 음악이 이용된다. 롯데백화점은 리차드 클라이더만의 피아노 협주곡 '아리랑'을 방송한다. 이마트는 유치원생들이 단체견학을 오면 미아가 발생하지 않도록 동요를 틀어 점원들의 주의를 환기시킨다. 신세계백화점은 과거 사장 등 사내 고위층 방문 때도 음악 신호를 내보냈으나 요즘엔 사용하지 않는다고 한다.

밖이 보이지 않는 매장 특성상 날씨정보도 음악으로 알려준다. 신세계백화점 강남점은 비가 내릴 때 호세 펠리치아노의 '레인'을 첫 곡으로 해서 비와 관련된 곡을 연이어 방송한다. 고객들은 눈과 비의 분위기를 즐기지만 점원들은 신속하게 양산 대신 우산을 전면에 진열하고, 쇼핑백은 비닐로 씌워주는 서비스를 준비한다.

(한국일보 2004. 8. 6)

〈표 87〉 매장 선택에 영향을 주는 요인들

평가항목	속 성
취급 품목	제품의 질, 제품의 선택, 제품스타일, 제품가격
서비스	통행의 편리성, 판매원, 교환의 용이, 신용판매 서비스, 배달서비스
고객	고객의 특성
매장내 쇼핑의 용이성	쇼핑의 용이성, 청결, 매장의 동선, 매력도
거래 후 만족	구매 후 만족
편리성	위치, 주차
판촉활동	광고
매장분위기	쾌적성
기업자체의 요인	매장의 명성

자료: Hansen(1977).

3) 오프라인 상점이름

사람에게 이름이 중요한 것 이상으로 상점이름은 비즈니스에서 성공여부의 한 요인으로 작용한다. 사람 이름을 작명할 때 여러 원칙이 있지만 가장 중요한 것은 부르기 쉽고, 오래기억에 남고 호감이 가는 이름이 좋은 이름이다. 상점이름이 기본적으로 갖추어야 할 조건은 다음과 같다[2].

〈표 88〉 상점 이름의 조건

- 업종의 이미지를 나타낼 것
- 시대감각과 일치할 것
- 친밀감과 신뢰도가 담길 것
- 인지하고 기억하기 쉬울 것
- 부르기 쉽고, 듣기 좋으며 즐거운 느낌이 날 것
- 독창적일 것
- 긍정적 일 것
- 고객층과 일치할 것

〈표 89〉 상점명 우수사례

업 종	우수사례
떡	낙원떡집, 종로떡집
음식점	엄마손, 손칼국수, 미가도시락, 누렁소와 흑돼지, 황소한마리 춘천닭갈비, 전주비빔밥, 띵호와, 옛날짜장
제과	빵굽는 마을, 밀반
팬시·문구	다모아, 꾸러기나라(장난감), 종이와 연필, 아트박스
레코드	베토벤, 소나타교향곡, 신세대합창
서점	글방, 책나라
편의점	OB광장, 카스광장, 크린토피아, 크린패밀리
의류	해피아이, 보디가드
미용실	까꼬보꼬, 헤어뱅크

자료: 채수명(1998)

2) 채수명, 「돈버는 소호창업」, 씨엔씨미디어, 1998, pp.96-101.

유통에세이
essay

"창업 성공포인트"

■ 기업가 정신·비용 절약 등 필수 ■

대한상공회의소가 최근 소자본 창업자들을 위한 '성공 지침'보고서를 냈다.

대한상의는 자영업 7대 성공포인트를 통해 자영업자 문제를 단순한 실직구제 차원이 아닌 산업적 측면에서 접근할 필요가 있다고 분석했다.

첫째 '기본 없이는 생존도 없다' 고객이 매장을 다시 찾게 하는 건 서비스, 가격, 청결과 같은 기본적 요소라는 의미다.

둘째 '폐업·업종전환에도 전략이 있다' 설비 및 인테리어 훼손이 적은 단기 폐업자는 사업 인수자를 찾도록 노력하고 새로운 업종으로 전환을 모색하는 등 적극적인 재기의 기회로 삼아야 한다.

셋째 '주먹구구는 그만, 기업가정신을 가져라' 성급한 생계형 창업은 피해야 한다. 면밀한 입지와 업종선정, 사업계획과 전망 분석 등 과학적인 역량 강화와 함께 기업가 정신을 갖춰야 한다.

넷째 '과당경쟁 업종은 피하라' 유행 업종의 무한 경쟁에서 살아남을 수 있는 특색과 개성을 찾아야 한다.

다섯째 '수요를 자극하라' 정기적인 마케팅 투자, 혁신적이고 유행을 앞서나가는 상품기획력을 통해 고객 눈길을 사로잡아야 한다.

여섯째 '비용 다이어트는 필수다' 생존을 위해서는 적극적인 매출증대와 우수 공급자 확보를 통한 원가절감, 불용인력 등 경비 다이어트가 필수다.

일곱째 '고객과 제품을 철저히 이해하라' 대형점과 차별화되는 깊이 있는 고객 이해와 판매제품에 대한 전문성 습득이 필수적이다.

(대한상공회의소, 2005.5.4)

5. 온라인 유통창업

전자상점은 오프라인 상점에 비해 창업은 쉽지만 수익을 내기는 더 힘들다. 인터넷이 활성화된 이후로 거의 매일 수백 개의 전자상점이 창업되지만 또 한편에서는 수백 개의 기존 전자상점이 흔적도 없이 사라지고 있다. 이처럼 전자상점이 쉽게 사라지는 이유는 독창적인 아이템으로 시작된 전자상점의 모방이 큰 비용이 들지 않고 가능해 경쟁력을 쉽게 상실되기 때문이다.

〈표 90〉 인터넷 쇼핑몰의 성공 요인

쇼핑몰 운영 성공요인	내 용
다양한 상품 구성	• 고객이 구매의사를 검토할 수 있는 다양한 상품구성과 배치 • 고객의 선택폭이 넓을수록 구매경향이 높아진다
상품구성의 차별성	• 쇼핑몰의 특성과 전문성이 반영된 상품구성 • 다른 쇼핑몰과 차별화된 전략
가격 우위	• 가격경쟁력 확보를 통한 구매유도 • 마일리지 제도 등 고객보상책과 병행
충분한 상품정보	• 구입하고자 하는 상품을 직접 확인해 볼 수 없는 한계의 보완 • 멀티미디어를 활용한 상품 설명 등 고객의 상품 이해도 향상 추진
변화와 업데이트	• 새로운 것을 추구하는 고객의 변화욕구를 반영한 콘텐츠 및 상품구성변화와 업데이트
주문 및 결제 편의성	• 주문서 작성과 결제정보 입력이 편리한 화면 구성 및 이동경로 • 주문과 상관없는 고객 신상정보 입력은 선택사항
마케팅	• 인터넷의 특징을 살린 마케팅 수행

자료: 이동만외(2002).

〈표 91〉 전자상거래의 성공요인

서비스계층	상품요인 및 측정항목
상품 및 서비스	• 다양한 상품정보 및 부가가치서비스의 제공 • 저렴한 가격정책 • 편리한 구매프로세스 • 다양한 상품구색 • 웹사이트의 인지도 • 단일상품에 집중하는 전략
외부서비스와 연결	• 외부 서비스업체와 전략적 제휴 • 제조업자로부터 신속한 상품구매 프로세스 • 경쟁자 수
일반서비스	• 상품에 대한 품질보증 • 인증서비스 • 고객에게 신속한 배달서비스
고객지향적 서비스	• 고객마다 차별화 된 상품서비스 제공
공동체	• 철저한 고객관리 • 동호회 및 포럼 등과의 우호적 관계

자료: Kambil(1995), Selz & Klein(1997).

1) 전자상점 설계

전자상점을 설계하고 제작하는 방법은 첫째, 홈페이지 저작도구를 사용하여 사용자가 직접 제작하는 방법, 둘째, 홈페이지제작을 무료로 도와주는 업체나 단체를 이용하는 방법, 셋째, 웹사이트 제작 및 운영을 전문적으로 하는 업체에 비용을 주고 위탁하는 방법이 있다.

전자상점의 제작과 운영을 서비스 제공자에게 유로로 위탁하면 비즈니스는 자율적으로 하면서 기술적인 문제는 모두 서비스 제공자가 해결할 수 있는 장점이 있으나 비용이 발생하는 단점이 있다, 전자상점의 제작과 운영을 본인이 하게 되면 본인이 직접 기술을 습득하거나 기술자를 고용해야 된다(veronica yuill, 2001: 89).

전자상점의 제작은 다종다양한 순서와 방법이 있지만 일반적으로 다음과 같은 순서에 의해 진행된다.[3)]

첫째, 전자 상점 주제선정 : 어떤 웹사이트를 제작할 것인지 명확한 주제를 선정한다.

둘째, 자료조사 : 웹사이트에 구현하고자 하는 주제에 해당하는 모든 자료를 가능한

3) 안중회외, 전게서, p.210.

한 많이 수집한다.

셋째, 기술적인 기준설정 : 어떤 기술을 이용하여 웹사이트를 제작할 것인지 설정한다.

넷째, 제작기간 설정 : 체계적인 제작이 될 수 있도록 웹사이트 제작기간과 제작단계를 설정한다.

다섯째, 개요작성 : 웹사이트의 메뉴는 어떻게 구성할 것인지 하위분류에는 어떤 자료를 넣을 것인지 결정한다.

여섯째, 실제제작 : 웹사이트를 제작

일곱째, 테스트 : 웹사이트의 운영상 오류나 하자를 테스트 한다

여덟째, 구현 : 도메인 주소를 가진 웹사이트를 구현한다.

〈표 92〉 효율적인 웹사이트 구축을 위한 점검

- 자사의 비즈니스의 특별한 점은 무엇인가?
- 웹사이트를 통해 고객에게 이익을 줄 수 있는가?
- 자사의 웹사이트를 다시 방문할 만한 가치가 있게 만드는 것은 무엇인가?
- 왜 웹사이트를 만드는가?
  - 정보를 제공하기 위해서인가?
  - 상품을 판매하기 위한 것인가?
  - 광고를 위해서인가?

  ➜ 질문의 답에 따라 웹사이트의 디자인이 달라진다.

자료: veronica yuill(2001)

2) 전자상점의 기능적 효율성 구축

최근 들어 전자상점에 사용되는 이미지는 그 용량이 커지고 화려해지고 있다. 그런데 전자상점의 이러한 외양 갖추기로 인해 접속속도가 느려지고, 화려한 외양에 비해 콘텐츠가 충분하지 않으면 고객은 두 번 다시 전자상점을 방문하지 않는다.

물론 전자상점은 오프라인 매장과 달리 비용을 들이지 않고 다채로운 색상과 고급 인테리어로 장식할 수 있다. 그러나 인터넷의 특성상 전자상점을 찾는 고객들은 대부분 신속성과 편리성을 가장 중요하게 생각하므로 전자상점은 무엇보다 신속한 접속과 기능적 효율성이 완비되어야 한다. 구글과 야후의 웹사이트가 왜 심플한지 생각해 봐야 한다.

3) 경쟁력 있는 도메인 확보 전략

웹호스팅업체들이 고객에게 도메인 등록서비스를 제공하기도 하지만 자사의 기업 이미지와 상품이미지에 적절한 독창적인 도메인 네임을 개발하여 한국인터넷정보센터(KRNIC)의 도메인등록 홈페이지(domain.nic.or.kr)를 통해 직접 신청할 수 있다. 신청절차는 등록할 도메인네임을 다른 사람이 이미 사용되고 있는가의 여부를 검색한 뒤 네임서버 등을 입력하고, 등록비용을 지불하면 된다.

인터넷이 빠른 속도로 대중화되어 감에 따라 고객들은 점점 더 가능하면 번거로운 검색이나 즐겨찾기 등의 중간단계를 생략하고 직접 도메인으로 웹사이트를 방문하고자 한다. 따라서 경쟁력있는 도메인을 확보하는 것은 전자상점 성공의 관건이 되고 있다. 적절한 도메인 확보전략은 다음과 같다.[4)]

(1) 도메인네임의 작명원칙

도메인네임은 바로 홈페이지로 이동할 수 있는 주소표시 기능이외에 출처를 표시하는 상표적 기능이 있다. 이러한 이유로 많은 기업들은 상업적으로 좋은 도메인 네임을 선점하기 위해 치열한 경쟁을 벌이고 있다. 도메인네임의 일반적인 작명원칙은 다음과 같다.

- 한번 보고도 암기가 쉽게 간단 명료하게 작명한다.
- 가능하면 인지도가 높은 도메인을 채택한다.
- 흥미를 유발하는 도메인을 사용한다.
- 주로 찾을 고객입장에서 좋은 이미지를 생각한다.

① 오프라인이름과 동일한 도메인을 사용.

전통적인 많은 기업들이 오프라인의 자사의 브랜드파워를 온라인으로 그대로 가져 오는데 도메인의 역할은 매우 중요하다. 기업들이 오프라인의 브랜드와 웹사이트를 연계하는 방법 중에 가장 확실한 것은 오프라인과 동일한 이름을 사용하는 것이다.

실제 사례는 daishin(대신증권), shinhan(신한은행) 등이다. 이러한 오프라인과 동일한 도메인의 사용은 시너지 효과를 창출하고 기업들이 도메인을 홍보하기 위한 광고비용을 지출하지 않아도 된다. 이 경우 문제가 되는 것은 오프라인의 자사명이 이미 제3자에 의해 도메인으로 선점된 경우이다.

또한 오프라인의 한글 명칭을 영문화된 도메인 네임으로 사용하는 경우도 있

4) 한국경제신문, 2002.4.22.

다. 예를 들어 모교사랑을 i-loveschool로 사용하는 것이다. 이 경우 한글을 영어로 전환하였을 경우 의미가 동일하게 인식되느냐의 경우이다. 예를 들어 사과컴퓨터와 애플컴퓨터는 동일하게 인식되지 않는다.

② 핵심키워드에 산업접미사나 기능어를 결합.

'브랜드명 + Club, community' 또는 'my + 브랜드명'이 대표적인 형태이다.

또한 기업명에 산업접미사를 붙이는 사례도 있다. 삼성증권은 그룹명인 'samsung'과 'financial network'을 의미하는 약자인 'fn'을 결합하여 'samsungfn'이란 도메인을 사용하고 있다.

③ 축약하거나 변형

오프라인의 브랜드가 너무 길거나 영문화하기 곤란하면 짧게 축약하거나 변형하는 경우도 있다. 이러한 사례는 ibk(기업은행), mk(매일경제) 등이다.

④ 슬로건이나 카피를 이용

기업의 아이덴티티를 집약할 수 있는 슬로건이나 카피를 오프라인 명칭과 결합하는 경우도 있다 이러한 사례는 Sony의 도메인 네임인 sony style(소니다움)이다.

⑤ 'e'나 'i' 그리고 '–'을 활용

오프라인의 브랜드 앞뒤로 e나 i 등을 결합하여 도메인을 사용하는 경우도 있다 특히 오프라인의 자사의 브랜드가 제3자에 의해 선점 당한 경우 이 방법을 활용하는 경우도 있다. 이러한 사례는 한국일보(hankooki), hani(한겨레신문), etimesi(전자신문) 등이다.

⑥ 새로운 도메인을 개발

대우증권은 투자의 'best'와 쉬운 사용의 'easy'를 결합하여 'bestez'를 도메인으로 사용한다.

4) 웹사이트에 브랜드를 살려라

인터넷 쇼핑몰이 성공하려면 강력한 브랜드 이미지를 구축해야 한다.

첫째, 웹사이트의 외양과 느낌이 오프라인 브랜드의 이미지와 일치하여야 한다. 특히 웹사이트의 배경 색깔을 통해 오프라인의 브랜드 이미지와 일치시키는 경우가 많다. 예를 들어 코닥필름은 노란색. 소니 바이오컴퓨터는 은보라색의 오프라인 이미지가 웹사이트에 그대로 구현되어 있다.

둘째, 웹사이트는 웹사이트를 방문한 고객들에게 좋은 경험을 제공해야 한다. 고객이 원하는 상품을 웹사이트에서 쉽게 찾는 즐거움을 주는 것도 좋은 예이다.

셋째, 웹사이트의 브랜드 홍보는 온라인뿐만 아니라 오프라인에서도 병행해야 효과적이다[5].

5) 동아일보, 2000.1.30.

유통에세이 essay

"향후 유통업 5대 유망분야"

엔터테인먼트 쇼핑몰과 체험전문점, T-커머스(Commerce), 인터넷쇼핑, 그리고 택배네트워크. 삼성경제연구소는 6일 펴낸『신유통혁명의 전개와 대응보고서』에서 혁명적 변화기에 접어든 유통산업의 향후 5대 유망분야를 이같이 제시했다.

삼성연구소는 국내유통산업은 ▲ 백화점이 등장한 1차 혁명 ▲ 할인점 중심의 2차 혁명을 거쳐 현재 '온라인과 엔터테인먼트'가 결합한 3차 혁명기에 진입해있으며 '감성'과 '온라인'이 향후 유통업의 핵심테마가 될 것으로 전망했다.

■ 엔터테인먼트 쇼핑몰

전통적 쇼핑에 영화관, 위락시설, 게임센터, 테마공원, 스포츠시설 등 문화·오락공간을 결합시킨 업태. 주5일 근무제 확산 등으로 늘어난 현대인들의 여가추구심리를 쇼핑공간으로 끌어들인 발상이다. 지난 해 문을 연 코엑스몰이 사실상 시초이며, 센트럴시티, 테크노마트 등이 이 범주에 속한다.

■ 체험전문점 쇼핑

상품자체보다는 분위기와 브랜드 이미지를 즐기도록 만들어놓은 공간. 커피전문점 스타벅스는 단지 커피를 마시기 위해서라기보다는 스타벅스 특유의 문화를 느끼기 위해 소비자들이 찾는 경우. SK텔레콤 TTL전문점, 센트럴시티의 오토몰 등도 같은 경우로 분류된다.

T-커머스, 텔레비전 홈쇼핑을 뜻한다. 아직 총소매시장에서 TV홈쇼핑 비중은 2.8% 수준이나 향후 위성홈쇼핑 쌍방향 디지털TV가 본격화할 경우 더욱 커질 전망이다.

인터넷쇼핑, 지난 해 인터넷쇼핑몰 수는 1,800여개, 시장규모는 2조2,745억 원으로 전년대비 200%나 늘어났다. 하지만 이젠 단순 인터넷쇼핑이 아닌 이동전화(무선인터넷)을 이용한 M(Mobile)-커머스로 진화하는 추세다. 매킨지는 2005년까지 B2C 매출의 3분의1이상이 M-커머스로 이뤄질 것으로 예상했다.

■ 택배네트워크

전자상거래 활성화와 맞물려 초고속성장이 예상된다. 금년 시장규모는 작년대비 40% 늘어난 1조 4,000억 원 대. 대한통운, 한진택배, 현대택배 등 기존 업체 중심의 택배시장에 삼성, LG, SK, 제일제당, 신세계 등 대기업들이 속속 참여하고 있으며, DHL, UPS, FedEX 등 유명해외 업체들도 가세하고 있다. 최근엔 LG25, 훼미리마트, 바이더웨이 등 3사가 제휴하는 등 편의점을 이용한 택배 서비스가 급신장하고 있다.

(한국일보.2004.6.22)

제13장
e-유통 통합전략

1. 온라인 유통의 비즈니스모델

비즈니스모델이란 어떤 상품과 서비스를 누구에게 어떤 방식으로 판매하여 수익을 창출할 것인가를 결정하는 것을 말한다. 일반적으로 온라인 유통의 핵심은 3C(Contents, Community, Commerce)라고 규정할 수 있다. Contents란 소비자가 원하는 참신한 정보를 갖추는 것을 의미하며, 상품정보, 비교뉴스, 가격, 음악, 동영상이 이에 해당된다.

Community란 원하는 사람들과 교류할 수 있는 가상의 공간을 만들어 주는 것으로서 동호회, 게시판, 채팅공간 등의 공동체형성을 의미한다. Commerce란 e-비즈니스의 핵심이라고 할 수 있는 것으로 웹사이트를 통해 상품이나 서비스가 거래되는 것을 말하며 B2B, B2C 등의 거래가 이루어지는 것을 의미한다.

〈표 93〉 e-비즈니스모델의 유형

주요 수익의 원천	대표업종	사례
인터넷광고수입	포털	yahoo
제품(서비스의 판매)이용 수익	대부분의 온라인 판매	Amarzon
중개수익(수수료)	경매사이트	eBay, priceline
고정회비	고급 컨텐츠 제공자	월스트리트저널(온라인)

자료: 삼성경제연구소, 조동훈(2001)

【그림 45】 컨텐츠·커뮤니티·커머스의 상호관계

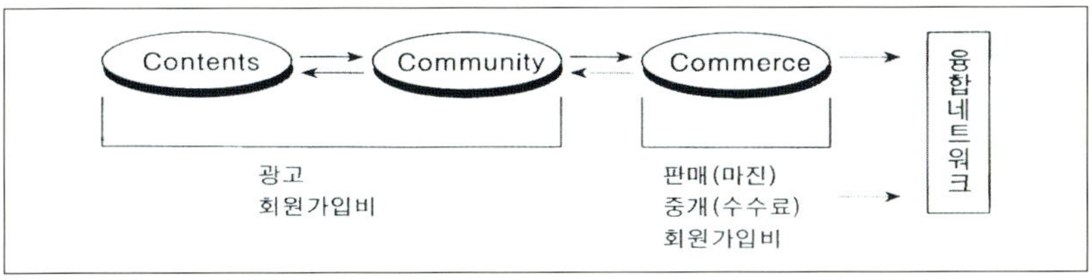

자료 : 삼성경제연구소(2009).

〈표 94〉 전자상거래에서의 대표적인 비즈니스 유형

비즈니스 모델의 유형	사 례	특 징
서버에 소프트웨어를 설치해 놓고, 그 소프트웨어 사용을 원하는 고객들이 서버에 접근하여 웹 서비스를 이용하는 형태로 소프트웨어 사용료를 받는 비즈니스 유형	소프트웨어 판매회사 (예 : 마이크로소프트)	그동안 소프트웨어 회사는 CD나 플로피 디스크에 소프트웨어를 담아 팔았지만, 요즘과 같은 클라이언트-서버환경에서는 고객이 소프트웨어 판매회사의 서버에 접속하여 업그레이드, 인스톨, 기술지원 등을 받는 경우가 자주 발생한다. 서비스의 사용료 체계에 대한 상호합의가 요구된다.
웹 사이트상에서 판매를 촉진하기 위해 웹 서비스를 무상으로 제공하는 비즈니스 유형	시스코 (Cisco)	웹 상에서 완벽에 가까운 구매지원과 웹을 통한 고객의 기술적 애로해결 등 온라인 서비스를 무상으로 지원하여 고객으로 하여금 온라인 구매에 익숙하게 하는 전략을 사용한다. 자사의 고객 중 상당수가 인터넷을 통한 구매자로 전환되었다.
웹 사이트 상에서 고객과 고객들을 중계하여 거래를 지원하는 형태의 중계형 비즈니스 유형	이베이 (eBay)	이베이는 인터넷 경매 사이트의 대표주자이다. 1998년 4/4분기에 1290만 달러의 매출과 66만 3000달러의 순수익을 올렸다. 이것은 광고를 하지 않고 수익을 올린다는 점에서 관심을 끌고 있는 비즈니스 유형이다.
웹 사이트 상에서 광고유치를 위한 고객유인(Traffic Creation)을 목적으로 웹 서비스를 무상으로 제공하는 비즈니스 유형	아마존 (Amazon)	흔히 가상서점으로 불리우는 아마존은 사실상 인터넷 슈퍼마켓과 같은 개념으로 CD, 비디오, 약 등도 판매하고 있다. 또한 아마존은 최근 자신에게 오히려 적이 될 수도 있는 비교쇼핑 사이트를 구축하여 고객을 유인할 수 있는 다양하고 편리한 웹 서비스를 통해 광고를 유치하고, 향후에는 판매수익으로까지 연결하려는 전략을 추구하고 있다.

자료: 안강호외(2000).

유통에세이 essay

"전자상거래의 8가지 비즈니스모델"

(상품유형과 판매방식의 결합에 따른 8가지 비즈니스모델)

① 제1모델 : 기업과 기업간(BtoB)의 물리적 상품 거래

▸ 거래량이 많고 가장 규모가 큰 모델 형태인데, 기업과 제품에 대한 확실한 정보제공이 거래의 전제조건이다. 가격경쟁력이 높고 비용을 절감할 수 있다는 장점이 있으며, 협력업체와의 공조체제 구축이 중요하다.

ex) 라우터 등 네트워크 장비 생산업체인 미국의 시스코 시스템은 인터넷을 통해 기업을 대상으로 1년에 약 120억 달러의 제품을 판매하고 있는데, 이는 전체 매출의 85%가 넘는 실적이다.

② 제2모델 : 기업과 소비자간(BtoC)의 물리적 상품 거래

▸ 생산자가 직접 사이트를 개설하여 판매하는 경우와 유통업체가 쇼핑몰의 형태로 운영하는 두 가지가 있다. 가격경쟁력이 높아야 한다는 일반적인 원칙 외에도 기존 시장에서 얻을 수 없는 정보와 흥미를 제공해야 하며, 미래형 소비패턴을 설정하여 확대해 나가야 한다. 이 모델은 가장 일반적인 형태의 전자상거래 모델인 만큼 차별화가 매우 중요하다. 인터넷 이용자가 다시 찾아오고 싶도록 웹사이트 설계가 되어야 하며, 가급적 최저 가격제를 실현해야 한다. 또한 최대한 편리하고 간편한 쇼핑, 구매 및 대금지불 절차를 지원해야 하며, 소비자 개개인에 맞는 맞춤형 판매방식이 필요하다.

ex) 세계적인 청바지 제조업체 리바이스(www.levis.com)는 다양한 제품의 구비와 함께 적절한 코디네이션 정보를 제공하며, 차별화, 전문화된 청바지 맞춤형 판매를 하고 있다.

③ 제3모델 : 소비자와 기업간(CtoB)의 물리적 상품 거래

▸ 판매자는 많은 수량의 물건을 일시에 판매할 수 있는 박리다매의 효과를 얻을 수 있고, 구매자는 판매자에 대한 교섭력을 가지면서 적극적으로 자신의 이익을 실현할 수 있다.

④ 제4모델 : 소비자와 소비자간(CtoC)의 물리적 상품 거래

▸ 일종의 벼룩시장으로 모든 중고물품이 거래의 대상이 되며, 개별 판매자와 구매자가 상호작용을 통해 운영되는 공간이다. 단순한 물품거래의 공간만으로 위상을 설정하면 일정 단계 이후부터는 정체될 가능성이 있으므로, 회원들의 공동 관심사를 추가로 찾아내어 제공해야 한다.

ex) 경매사이트인 미국의 이베이(www.ebay.com)와 우리 나라의 옥션(www.auction.co.kr)이 대표적

⑤ 제5모델 : 기업과 기업간(BtoB)의 디지털상품 거래

▸ 축적된 고급정보와 전문적인 지식을 가지고 있어야 되며, 정보와 지식을 구매자의 요구에 맞게 재가공하여 인터넷을 통해서 제공하는 형식이다. 조사와 연

구, 자료정리를 각 전문업체에서 수행하면서 성과물은 공동으로 판매하는 형태도 있을 수 있다. 이 모델은 꼼꼼한 자료수집, 연구와 성과의 축적, 자료의 신뢰도를 검증받기까지의 시간 등이 필요하다. 따라서 이 모델은 데이터베이스의 축적된 기반이 있는 경우나 가용인력이 있을 경우에 적용하는 것이 좋다.

ex) 미국의 Lexis Nexis Group은 세계 최대의 정보 서비스 제공업체로서 26년에 걸친 법률 및 비즈니스 정보제공 업무의 경험과 데이터를 기반으로 하여 기업 대상의 맞춤형 정보를 제공하고 있다. IDC(International Data Corpo- ration)도 전세계 기업이나 기관을 대상으로 정보기술(Information Technology)에 대한 시장조사 자료와 산업분석, 그리고 전략적인 가이드를 제공하고 있다.

⑥ 제6모델 : 기업과 개인간(BtoC)의 디지털 상품 거래

▸ 이 모델은 판매 후 사후관리까지 책임지며, 고객과 상호 커뮤니케이션이 가능하도록 웹 사이트를 운영해야 한다. 고객의 입장에서는 제공받은 정보나 프로그램의 질이 가장 중요하다.

ex) 미국의 mp3.com은 장르별 음악을 mp3로 실시간 서비스하면서 음악 관련 소프트웨어 및 하드웨어의 판매를 병행하고 있다. 미국의 Neo Business- book Summary도 전 세계 최신 비즈니스 서적을 요약. 제공 하는 정보 서비스를 제공하고 있다. 21세기의 바쁜 비즈니스맨들에게 꼭 필요한 비즈니스 서적을 중심으로 시간절약형 서적 요약 서비스를 회원제로 제공한다. 컨텐츠 비즈니스의 특성대로 일정 부분에 대한 무료 서비스를 제공함으로써 고객으로 하여금 서비스의 품질을 확인해 볼 수 있게 하면서 지속적인 회원 확보를 꾀하고 있습니다.

⑦ 제7모델 : 개인과 기업간(CtoB)의 디지털 상품 거래

▸ 예컨대 여행, 숙박, 예약, 보험정보 서비스 등의 경우 소비자가 원하는 조건과 가격을 웹 사이트에 입력하면 여행 목적지까지의 항공편, 숙박까지 모두 추천하여 알려 준다. 또한 기존의 여행업체에서 제공하던 여행정보와 예약정보에 소비자가 제시한 가격에 맞춘 서비스를 더해 제공하고 있으며, 다양한 상품을 가지고 비교 쇼핑을 가능하게 한다. 여행정보는 인터넷에서 가장 많이 찾는 정보 서비스의 하나로, 지속적으로 수요가 늘어날 것으로 예상된다.

ex) 이 모델은 정보와 실익을 동시에 소비자에게 제공하는 인터넷에서만 볼 수 있는 고객 중심의 판매 방식으로서 여행전문 사이트인 Travelocity가 대표적인 예

⑧ 제8모델 : 소비자와 소비자간(CtoC)의 디지털 상품 거래

▸ 아직 수익 실현방식이 명확하지는 않지만, 개개인의 노하우나 서비스에 대한 경매등 상대적으로 가능성이 많은 분야이다.

ex) 미국의 Xpertise.com은 다양한 질문들(피서지 정보, 다이어트 민간요법, 쇼핑 정보등)에 대해 분야별 전문가로 등록한 사람이 답변을 올려 주면 질문자가 답변에 대한 평가를 내린다. 전문가는 답변 횟수와 답변의 질에 따라 포인트가 누적되고, 일정 기간마다 누적 포인트를 전자화폐로 환산받거나 현금으로 받게 된다. 우리나라의 아이디어 클릭(Ideaclick)은 등록자들이 보유하고 있는 다양한 지식이나 정보를 서로 쉽게 사고 팔 수 있는 온라인 지식정보 유통시장이다.

(전자신문, 2004.6.30)

2. e-유통의 온·오프라인 통합전략

1) 온·오프 채널간 시너지(Synergy) 극대화 전략

유통업체가 오프라인과 온라인 채널을 성공적으로 병행하기 위해서는 두 채널을 분리하여 차별화 하여야 한다. 만일 온라인 채널과 오프라인 채널을 동일한 조건에서 동일한 고객으로 완전 자유경쟁을 시키게 되면 기업의 입장에서는 기껏해야 제로섬(Zero-Sum) 게임이며, 가격경쟁이 벌어지기라도 한다면 제살 깎아 먹는 격이기 때문이다.

또한 이 방법은 가격경쟁의 와중에서 채널간의 갈등을 증폭시킬 뿐이다. 채널 차별화 전략은 두 채널을 분리하여 고객, 제품, 지역 등의 거래 대상을 차별화 하는 것이다. 예를 들어 판매품의 경우 온라인에서는 생활용품을 판매하고 오프라인에서는 전문품, 기호품 등을 판매하는 채널간 역할 분담이 가능하다.[6)]

채널차별화 전략뿐만 아니라 두 채널을 통합하는 방안도 좋은 전략이 될 수 있다. 이 전략은 각 채널이 자신에게 비교 우위가 있는 업무나 역할에 특화하는 전략으로서 채널 상호간의 시너지 효과를 극대화하여 채널 갈등을 해소하고 기업의 이윤을 증대시킬 수 있는 장점이 있다.[7)]

2) e-유통 히트상품 전략

온라인 판매 히트상품의 특징 중에 하나는 첫째, 온라인과 오프라인을 결합하여 시너지효과를 극대화하고 있다. 성공한 업체들의 사례를 보면 오프라인 직영점은 온라인으로 구매 의사를 가진 소비자들이 상품을 직접 보고 비교한 후 구매하는 곳으로 활용되었다.

특히 의류, 화장품 등의 상품들은 소비자들에게 온라인으로 홍보한 뒤 이를 오프라인 매장에서 직접 확인하고 구매할 수 있도록 오프라인 매장에 고객체험관을 준비해 놓은 경우가 많았다.

둘째, 온라인유통업체간의 상호보완적 연계를 확대하고 있다. 특히 TV홈쇼핑과 인터넷 쇼핑몰간의 연계가 증가하고 있다. TV홈쇼핑업체들은 인터넷홈쇼핑에서 상품의 판매를 미리 해보고 잘 판매될 가능성이 높은 상품만 선별하여 TV홈쇼핑에서 방송하는 경우가 증가하고 있다[8)].

---

6) 실제 IBM의 경우 인터넷을 통해 판매되는 제품은 PC에 한정하고 있으며, PC 이외의 다른 제품은 기존의 오프라인 채널을 통해서만 판매되고 있다.

7) 예를 들어 인터넷에서는 고객 획득을 목적으로 하고, 실제 매출이나 유통은 인근 매장을 통해 이루어질 수 있도록 하는 것이다. 반대로 A/S 전문 웹사이트를 개설하여 인터넷에서는 판매 후 관리만 전담하는 것도 통합 전략의 좋은 예이다.

3. 온·오프라인 유통의 성공전략

1) 전자상거래도 중요한 것은 상거래

그동안 많은 전자상거래 닷컴기업들이 시행착오를 겪은 원인은 무엇보다도 전자(electronic)에 너무 치중하느라 상거래를 소홀히 했다는 점이다. 멋진 도메임네임, 강력한 보안기능, 멋진 웹사이트 등은 상거래를 위한 수단이지 목적은 아니다.

그러나 수 많은 국내외 전자상거래 닷컴기업들은 전자상거래도 상거래라는 가장 기본적인 개념을 소홀히 한 것 같다. 전자상거래에서 성공하기 위해선 무엇보다도 상거래의 기본 메커니즘에 충실해야 한다.

2) 온라인 유통이든, 오프라인 유통이든 가장 중요한 것은 고객

온라인 유통이든 오프라인 유통이든 결국 상품을 사주는 고객이 가장 중요한 자산이고, 전략의 대상이다. 온·오프라인 유통업체가 치열해진 유통환경에서 승리자가 되기 위해선 머천다이징, 디스플레이, 광고 등을 할 때 공급자 중심이 아닌 수요자의 관점에서 생각하고 시행해야 한다.

3) 정보통신기술에 대한 투자 + 디지털 마인드

전자상거래가 활성화되기 위해선 IT 관련 설비투자가 필요하고, 이를 뒷받침하기 위한 인력과 기술 등의 운용기반이 뒷받침되어야 한다. 그러나 이러한 정보통신관련 투자가 유통비즈니스의 성과로 실현되기 위해선 유통업체 종사자들의 인식이 디지털 마인드로 변해야 한다. 사람들의 인식이 바뀌어져야 비즈니스 프로세스도 개선되는 것이지 설비투자만 했다고 어느 날 갑자기 아날로그 시스템이 디지털 시스템으로 전환되는 것은 아니다.

4) 차별화된 Value Proposition

밸류프로포지션(Value Pro-position)이란 유통업체가 어떤 종류의 가치를 고객에게 제공할 것인지를 결정하는 것을 말한다. e-유통업체가 고객에게 제공할 수 있는 가치는 상품의 저렴한 가격이나 좋은 품질이 될 수도 있고, 매장의 레이아웃(Layout)이나 쇼핑 분위기가 될 수도 있을 것이다.

성공적인 밸류 프로포지션을 위해서는 우선 자사의 목표 고객을 명확히 선정한 후,

8) 중앙일보, 2002. 7.5.

이들이 차별적으로 제공받기를 원하는 가치나 서비스가 무엇인지를 파악해야 한다. 밸류 프로포지션을 할 때는 '선택과 집중의 원리'에 충실해야 한다. 모든 부분에 있어서 고객에게 차별적인 가치를 제공하려다 보면 어느 하나도 뚜렷이 잘 하는 것이 없게 되기 쉽기 때문이다.

5) PB상품의 확대

자사상표부착(PB: Private Brand)상품이란 유통업자가 단독으로 만든 유통업자상표를 말한다. 즉, 유통업체의 자체 브랜드로 유통업체가 자체적으로 개발하거나 판매과정의 일부를 수행하는 브랜드를 지칭한다. PB상품은 유통업체가 직접 메이커에 주문제작한 상품으로 유통경로가 단축된 만큼 비용은 저렴하면서도 품질이 좋은 장점이 있다.

미국 유럽 등 선진국의 유통업체에서는 PB상품의 매출이 전체 매출의 20% 이상을 차지하고 있는 반면, 우리나라에서는 대부분의 할인점들이 아직 5% 미만에 머물고 있어 성장 여력은 그 만큼 풍부하다고 볼 수 있다.

온라인유통업체이든 오프라인 유통업체이든 치열한 유통환경에서 고객에게 품질 좋은 상품을 저렴한 가격에 제공하기 위해선 다종다양한 PB상품을 개발해야 한다.

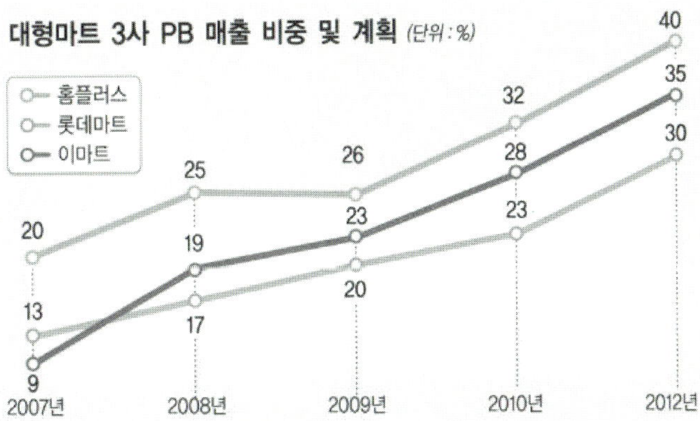

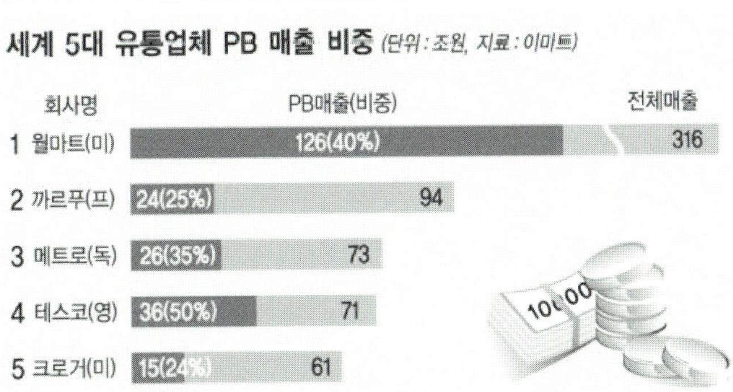

유통에세이
essay

"PB제품으로 매출 1억 원 돌파"

e-mart의 E-BASIC

2000년 첫 선을 보인 '이베이직(E-BASIC)은 신세계 이마트의 대표적인 의류·잡화 자사 브랜드(PB)이다.

이마트에서 취급하는 가장 무난한 스타일 옷이라는 뜻이다. 식료품을 제외하고는 국내 할인점 전체 PB를 통틀어 매출이 단연 1위다.

불황에도 불구하고 해마다 20~30% 이상 고성장세를 지속하면서 지난해 처음으로 매출 1000억 원을 돌파했다. 올해에도 20% 신장한 1200억 원 매출을 목표로 하고 있다.

'이베이직' 브랜드로 출시하는 제품만도 총 2000가지가 넘는다. 의류는 니트, 점퍼, 캐주얼 남방, 바지, 티셔츠 등 정장을 제외한 거의 모든 품목을 시즌에 맞춰 출시하고 있다. 내의 구두 등 일부 잡화류도 취급한다.

국산과 중국산 제품이 대다수를 차지하고, 북한에서 임가공해 들여오는 바지, 니트, 티셔츠 등 의류도 400~500개 품목에 이른다. 품질에 비해 가격이 저렴하다는 게 가장 큰 장점. 비슷한 소재로 만든 일반 브랜드 제품보다 값이 평균 30% 정도는 싸다.

요즘 한창 인기있는 에어로쿨(통기성이 강한 합성섬유) 소재 반팔 티셔츠는 9800~1만9800원, 면소재 반바지는 7800~9800원이면 구입할 수 있다. 가장 비싼 측에 속하는 이베이직 블랙 라벨 구두도 한 켤레에 4만~6만 원이면 살 수 있다.

색상은 흰색, 검정, 회색 등 무채색 계열부터 빨강, 파랑, 노랑 등 원색에 이르기까지 다양하며 디자인은 튀지 않고 편안하게 입을 수 있는 기본 스타일이 대부분이다.

유행을 별로 타지 않기 때문에 패션성은 다소 떨어지지만 그만큼 고객층이 넓다.

주5일 근무제 시행으로 여가를 즐기려는 직장인들이 늘어나면서 휴가지에서도 편하게 입을 수 있는 이 같은 이지웨어 시장이 더욱 커질 것으로 보인다.

송재상 이마트 패션팀장은 "경기불황으로 가격부담이 작은 PB 의류를 선호하는 계층이 크게 늘고 있다"며 "기존 1세대 PB제품의 품질을 보강한 블랙라벨까지 출시하면서 고객층이 한층 넓어졌다"고 설명했다.

(매일경제. 2004. 7. 6)

6) 온·오프라인 매장의 복합쇼핑 공간화

실체적인 오프라인 매장이든 사이버 공간의 전자상점이든 유통업체의 매장은 단순히 상품만 판매하는 곳이 아니라는 점에 주목해야 한다. 온·오프라인 유통업체의 매장은 단순히 상품만을 진열해 놓는 쇼핑 매장이 아닌, 고객들의 다양한 가치를 충족시켜 줄 수 있는 복합 쇼핑 공간으로 탈바꿈해야 한다.

온·오프라인 매장이 복합공간이 되면 쇼핑, 오락 등 즐거움의 요소를 통해 고객을 유인하고, 모인 고객들로 하여금 쇼핑 욕구를 자극하여 매출 신장 효과를 볼 수 있다. 실제 감동과 재미를 주지 못하는 온·오프라인 쇼핑몰은 더 이상 살아남을 수 없는 시대가 도래했다.

최근 들어 정보통신의 발달에 따라 온라인 매장도 오프라인 매장 못지않게 고객에게 즐거움과 다양한 정보를 제공할 수 있는 기반이 마련되고 있다. 특히 아무리 휘황찬란한 오프라인 매장도 시간과 공간의 벽을 넘을 순 없다. 온라인 매장은 이점에 착안하여 오프라인 매장이 제공할 수 없는 사이버 공간만의 쇼핑의 즐거움을 제공 할 수 있는 다양한 컨텐츠로 전자상점을 복합 쇼핑공간으로 꾸며야 한다. 오프라인 매장도 온라인 매장이 제공할 수 없는 오감만족의 복합쇼핑 공간으로 거듭나야 만이 편리성으로 무장한 온라인 매장과 경쟁할 수 있다.

7) 온라인이든, 오프라인이든 공급사슬(supply chain)의 경쟁에서 이겨야 한다.

오프라인 유통업체이든, 온라인유통업체이든 치열한 유통환경에서 도태하지 않고 승자로 남기 위해서는 자사의 공급망(supply chain)이 경쟁관계의 다른 유통업체의 공급망(supply chain)보다 효율적이고 고객지향적으로 운영되어야 한다.

향후 유통시장의 경쟁은 유통업체간의 경쟁이라기보다는 공급망(supply chain)간의 경쟁으로 전개될 전망이다. 따라서 유통업체는 제조업체, 납품업체, 물류업체 등의 공급망(supply chain)의 여러 기관들과 상호 신뢰를 기반으로 정보를 공유하고 즉시 활용할 수 있는 시스템을 유지 발전시켜야 한다.

참고문헌
Reference

강영문, 「유통물류와 e-비즈니스」, 두남, 2004.

고창룡, 「유통실무사」, 두남, 2008.

김갑중외, 「e비즈니스 원론」, 학문사, 2004.

김기홍, 「전자상거래와 기업」, 산업연구원, 1999.

김나경, “고객 경험관리의 문제점과 개선 포인트”, LG 경제연구원, 2008.

김나경, “B2B 기업의 성장 동력”, LG경제연구원, 2009.

김병도, 「한국백화점의 역사」, 서울대학교 출판부, 2006,

김영호, 「유통만 알아도 돈이 보인다」, 다산북스, 2009

김상현, 「유통관리」, 경문사, 2002.

김성희외, 「전자상거래.com」, 청담, 2004.

김인호, 「백화점의 업태혁신」, 산업연구원, 2006.

김인호, 「백화점의 문화사」, 살림, 2006.

김영한, 「삼성전자 고객맞춤세일즈」, 21세기 북스, 2003.

김윤태, “TV 홈쇼핑산업과 과제” 「유통총람」, 범한, 2006.

김용재, 「e비즈니스원론」, 한경사, 2002.

김인석, “할인점 경영의 성공 포인트 7”, LG경제연구원, 2002.4.

김재문, “착한 마케팅의 명암의 성공조건”, LG경제연구원, 2009.

김정선, 「인터넷 비즈니스 」, 형설출판사, 2001.

김현철, 「편의점의 현황과 과제」, 산업연구원, 2006.

김창균, “중소기업 물류경영 정보화를 위한 CALS/EC전략”, 「통상정보」, 한국통상정보학회, 1997.7.

김철민, 「멀티미디어와 유통혁신」, 나남출판, 1999.

고영국, 「인터넷과 e비즈니스의 세계」, 그린, 2001.

구상회외, 「인터넷기반 전자상거래」, 고려대학교 출판부, 1999.

권순국, 「e비즈니스론」, 두남, 2002.

대신경제연구소, 「대신산업핸드북」, 1997.

대한상공회의소, “드럭스토어 도입을 위한 경쟁방안”, 1999.

대한상공회의소, 「2005년 소비키워드 전망」, 2005.

대한상공회의소, 「인터넷 쇼핑몰의 구매행태와 시사점」, 2004.

대한상공회의소, 「미국마케팅의 최근동향과 국내외의 시사점], 2004.
대한상공회의소, 「RFID 유통물류 정보화 도구 분석」, 2004.
대한상공회의소, 「1999년도 소매업 경영동태 조사보고서」, 2000.
대한상공회의소, 「IMF시대의 유통환경변화에 대응한 제조업마케팅전략」, 1998.
대한상공회의소, 「21세기를 향한 유통산업발전 발전전략」, 2000.
로저블랙웰외, 「온라인오프라인 통합전략」, 김앤김북스, 2001.
무라마츠 다츠오, 장윤정 옮김, 「고객의 80%는 비싸도 구매한다」, 씨엔톡, 2007.
문형남외, 「웹사이트평가를 통한 e비즈니스 성공전략」, 한경사, 2001.
물류와 경영, "전자상거래 시대 고객도 변화한다", 2000.11.
맹명관, 「광고노트」, 더난출판사, 1999.
민상기외, 「증권금융사전」, 법문사, 1992.
민경휘외, 「유통신조류와 물류혁신」, 을유문화사, 2000.
박규영, "우리나라 M-Commerce산업의 경쟁력 강화방안에 관한 연구", 「통상연구」, 한국통상정보학회, 2001.6.
박금용, 「유통관리사」, 두남, 2007.
변명식, 「유통학개론」, 학문사, 1998.
변명식, 김점욱, "편의점의 성장과 발전 방향" 「유통총람」, 범한, 2006.
백인수, 「유통산업구조의 변화」, 산업연구원, 2006.
박정현, "마케팅과 뇌과학의 만남", LG경제연구원, 2009.
백주현외, 「디지털경제와 e비즈니스」, 두남, 2001.
베로니카 유일, 김향희 옮김, 「인터넷마케팅 1시간에 업그레이드하기」, 시유시, 2006.
신정환, "위기에 강한 B2B 기업의 조건, LG경제연구원, 2009.
안강호외, 「유통관리원론」, 학문사, 2000.
안영일, 「유통관리사」, 시대고시, 2006.
산업자원부, 「e-비즈니스 백서」, 2004.
삼성경제연구소, 「국내외 인터넷 비즈니스 선도기업의 전략 및 시사점」, 2002.
서용구외, 「유통신업태경쟁력연구」, 산업연구원, 1999.7.
서용구, 「유통산업과 경제성장」, 산업연구원, 2006.
신창락, "슈퍼마켓의 현황과 발전방향 " 「유통총람」, 범한, 2006.
신석호, "글로벌 마케팅시대의 PB성공 전략과 전망", 대한상공회의소, 1998.12.
안광호외, 「유통관리원론」, 삼영사, 2000.
안중호외, 「B2B와 e마켓플레이스」, 법문사, 2001.
윤창인, 「통상관련 전자상거래 논의동향과 시사점」, 대외경제정책연구원, 1998.
임영균, 「유통경로관리」, 경문사, 2003.
오상준, "B2B 마케팅의 특성과 성공 포인트", LG경제연구원, 2007.

오세조, 「유통관리」, 박영사, 2004.
오세조, 「유통마케팅」, 중앙경제평론사, 2001.
오병철, 「전자거래법」, 법원사, 1999.
이두희외, 「인터넷마케팅」, 영진출판사, 1997.
이동만외, 「E-Business」, 대명, 2002.
이동일, 「온라인 유통시장이 진화한다」, 삼성경제연구소, 2006.
이수동, "백화점의 현황과 미래전망" 「유통총람」, 범한, 2006
이상직외, 「e비즈니스」, 학문사, 2002.
이영민외, 「e비즈니스개론」, 학문사, 2001.
이장균, "신경쟁 기반으로서 웹계열화 구축", 현대경제연구원, 2002.
이종화외, 「전자상거래의 국제적 논의동향과 대응과제」, 대외경제정책연구원, 1997.
임채운, "국내 할인점 사업의 현황과 특징" 「유통총람」, 범한, 2006
윤광운외, 「전자상거래론」, 삼영사, 2000.
일본경제연구소편저, 「알기쉬운 유통비즈니스」, 한국산업훈련연구소, 1997.
일본경제신문사, 「들어가기 쉬운 가게 잘팔리는 가게」, 2004.
장덕성, 「e비즈니스실무」, 두남, 2002.
정진영, 「상권분석」, 시대고시기획, 2004.
전재영, "경제위기 이후 소비자 트렌드의 향방, LG경제연구원, 2009.
정보통외, 「인터넷광고-이론과 전략」, 나남출판, 1999.
정창덕, 「전자상거래 이론과 실무」, 한올출판사, 2000.
전경련, 「물류정보화 및 전자물류 이용실태」, 2003.
정인근외, 「인터넷비즈니스원론」, 선학사, 2002.
조동훈, 「e비즈니스개론」, 한올출판사, 2001.
조동훈, 「전자상거래와 창업」, 학문사, 2000.
최낙삼, 「홈쇼핑으로 대박터뜨리기」, 아라크네, 2004.
최광희, 「유통물류일반관리」, 시대고시기획, 2004
최재섭, 「유통정보시스템의 구축과 활용」, 두남, 2000.
채수명, 「돈버는 소호창업」, 씨엔씨미디어, 1998.
한국유통정보센터, 「글로벌 경쟁력과 SCM」, 2001.
한국유통학회, 「유통총람」, 범한, 2006.
한길석, 「창업가이드」, 법문사, 2002.
한동철, 「전략적 소매경영」, 영풍문고, 1998.
홍성규, "인터넷을 통한 전자상거래 계약상의 법적 논점", 「통상연구」, 한국통상정보학회, 1999, 12.
황종호, 「웹프로그램밍」, 학문사, 2001.

한국생산성본부, 「점포관리와 시설관리」, 1992.

한국유통교육협회, 「신유통용어사전」, 두남, 2000.

통계청, 「전자상거래 실태조사」, 2004.

LG 경제연구원, "2010 주목할 소비트렌드7", 2010.

Alba Joseph, et al, "Interactive Home Shopping", Journal of Marketing, 1997.

Allen, Mary Kay. and Omar Keith Helferich, Putting Expert System to Work in Logistics, Oak Brook, IL: Council of Logistics Management, 1990.

Addicott, M, "Do Logistics Strategies Really Provide Competitive Advantage?, Electronic Commerce World, June 1997.

Bagchi, P. K. International Logistics Information System, International Journal of Physical Distribution and Logistics Management, 22(9), 1992.

Bone, Louis E. and David L. Kurtz, Contemporary Marketing Wired, 9th ed., Dryden Press, 1998.

Ballou, Ronald H., 「Business Logistics Management」, Prentice Hall, Fourth Edition. 1997.

Bruce Peat, David Webber, "Introducing XML/EDI the E-business Framework", Http://www. Geocities.com/Wallstreet/Floor/5815/start.htm.

Blade, Douglas J. and James K. Mueller, "New for the Millennium: 4PL", Transportation & Distribution, Feb. 1999.

Bowersox, Donald J. Logistics in The Integrated Enterprise, Paper Presented at the Annual Conference of the Council of Logistics Management, St Louis, NO. 1989.

Bovet, David and Yossi Sheffi., "The Brave New World of Supply Chain Management", Supply Chain Management Review, May. 1998.

Business Week, "Lesson of a Web Shopping Spree: The Convenience is Unbeatable. But the Price most often is not", 1998. 6.22.

Cockbum, C. and Wilson. T., "Business Use of the World-Wide Web", International Journal of Information Management, Vol.3, No.1, 1997. [URL] www.ascusc.org/jcmc.

Closs, David J. "Positioning Information in Logistics," Journal of Business Logistics, 10(2).

Cooke, J.A. "3PLs Look Toward More Realistic Growth", Logistics Management, Dec. 1996.

Cooper, Martha C., Douglas M. Lambert and Janus D. Pagh, "Supply Chain Management: More Than a New Name for Logistics", The International Journal of Logistics Management, Vol.8, No.1., 1997.

Clemons, E. K., Il-Horn Hann, Lorin M. H., "The nature of competition in electronic market: An empirical investigation of online trave agent offerings", Working Paper, The Wharton School of the University of Pennsylvania, Philadelphia, PA, 1998.

Chesher, Michael and Rukesh Kaura, Electronic Commerce and Business Communi-cations, Springer, 1998.

Chesher, Michael and Rukesh Kaura, Electronic Commerce and Business Communi-cations, Springer, 1998.

Economy Business Week, "The Click Here", June 22, 1998.

John Bonello, "How to protect, defend an Internet domain name", Washington Business Journal, Jan 14, 2000, v.18.

Geer, Daniel E., Jr., Unseen Guardians, Invisible Treasures, in: Derek Leebaert, ed., The Future of the Electronic Marketplace. MIT Press. 1998.

Hanson, Ward, Principles of Internet Marketing, South-Western College Publishing, 2000.

Herman D. Tabak, Cargo Container: Their Stowage, Handling and Movement, New York: Cornell Maritime Press, INC, 1970.

Higginson, James K., and Ashraful Alam, "Supply Chain Management Tech- niques in Medium-to-Small Manufacturing Firms", The International Journal of Logistics Management, Vol. 8, No. 2., 1997.

Kalakota, Rabi and Marcia Robinson, E-Business : roadmap for success, Addison Wesley Longman, 1999.

Kahn, Barbara, "Dynamic Relationships with Customers : High-Variety Strategies," Journal of the Academy of Marketing Science, 26:1.

Keen, P.G.W. and Ballance, C, On-Line Profits, Harvard Business School Press, Cambridge(Mass), 1997.

Kalakota, R and Whinston, A.B, 「Electronic Commerce, Addison-Wesley」, Reading(UK), 1996.

Kalakota, Ravi and Andrew B. Whinston, 「Electronic Commerce: A Manager's Guide」, Addison-Wesley Longman, Inc. 1997.

Lewison, Dale M, Retailing(6th ed), Prentice Hall, 1997

Kurt Salmon Associates, Efficient customer response: enhancing consumer value in the grocery industry, 1993.1.

Lieb, R. C and H. L. Randall, "A comparison of the use of third-party logistics service by large american manufacturers, 1991, 1994, and 1995", Journal of Business Logistics, Vol. 17, No. 1., 1996.

Mckinsey, "Productivity-led Growth for Korea, Retail section, 1998.4.

Metz, Peter J., "Decertifying Supply Chain Management", Supply Chain Management Review, Fall. 1998.

OECD, "Electronic Commerce : Opportunities and Challenges for Governments", Paris. 1997.

Peters, M. J., R. C. Lieb and H. L. Randall, "The Use of Third-party Logistics Services by European Industry", Transport Logistics, Vol. 1, No. 3. 1998.

Randall, H. L, "Contract Logistics: Is Outsourcing Right for You?" in The Logistics Handbook, J.F. Robeson and W.C. Capacino(Eds), The Free Press. 1994

Ross, David Frederick, 「Competing Through Supply Chain Management」, Champan & Hall. 1998.

Shikhar, Ghosh, "Making business sense of the Internet", Harvard Business Review, Vol. 76, No. 2. 1998.

Seybold, Patricia B, "Electronic marketing comes of age", Chief Executive, Iss. 104, 2 Jun. 1995.

색인
Index

영문색인

A

Administered VMS • 91
ageless • 66
Alternative • 58
Archie • 229
artificial intelligence • 206
assortment business • 172
auction • 183

B

B2B • 51, 53
B2C • 51
B2G • 51
Bar Code • 209
bargainer • 72
book in book • 166
Bravo Senior Life • 64
brand equity • 217
BtoB • 267
BtoC • 267
Business to Business • 52
Business to Customer • 52
Business to Government • 54

C

C2B • 51
C2C • 51
CALS • 47
Category Killer • 147
CATV • 171
Chain Operation • 91
chain store • 91
CMI(Co-Managed Inventory) • 214
coercive power • 81
co-management • 93
Commerce • 265
commercial accumulation • 242
Commercial distribution • 27
commercial location • 239
comparison shopping • 116
Community • 265
conditions of location • 239
connectors • 72
Consumer to Consumer • 56
Contents • 265
Contractual VMS • 91
Convenience Goods • 14, 115
co-ownership • 93
Corporate VMS • 94
cross sales • 219
CRM • 220
CRP • 214
CSM • 220
CtoB • 267
CtoC • 267
customer equity • 217

CVS; Convenience Store • 135

D

Database Marketing • 219
department store • 114
developer • 157
Direct Marketing • 218
discount store • 145
distribution • 11
Distribution Channel • 75
distributorship • 93
direct distribution • 78
DM • 171, 218
dysfunctional conflict • 82

E

e-Business • 44
EDI • 45, 214
EDLP • 154
EFT • 53
Electronic Commerce • 40
Electronic Order System: EOS • 208
E-mail • 229
e-Marketplace • 53
ENA-14 • 210
EOS • 214
e-Procurement • 54, 56
e-Readiness • 44
Ethical Consumerism • 61
exclusive distribution • 76
expert power • 81

F

Fair Trade • 61
Family 2.0 • 64
first-price sealed-bid auction • 183
franchise • 92
franchisee • 92
franchise system • 92
franchisor • 92
FTP • 229
functional conflict • 82

G

geographic area • 240
GMS • 127
Gopher • 229

H

Hobby-holic • 64
horizontal conflict • 82
hypermarket • 145

I

indirect distribution • 78
information power • 81
In-Store Promotion • 105
intensive distribution • 76
Interchange Agreement • 46
IRC • 229
ISBN • 210
item business • 172
ITF • 210

K

KAN • 210
KAN-8 • 210
key tenant • 158
kinds of business • 235
King Kullen • 125

L

leasing • 93
licensing • 93
Life Time Value • 225
location • 239

M

manufacturing • 93
market area • 240
Mass Customization • 83
Mass Marketing • 218
membership wholesale club • 146
Merchandiser: MD • 30
Merchandising • 30
mobile franchise • 93
Mobile Business • 50
Mobility • 60
Molling • 64
Multichannelling • 83

N

Neuro marketing • 249

O

OEM • 152
on-line database • 206
operating franchise • 93
outlet store • 146

P

PB: Private Brand • 152, 271
Peer to Peer • 56
Physical Distribution • 27
POS(Point of Sale) • 154, 207
Product Planning • 30
Power Center • 148

R

retailer cooperative voluntary chain • 92
retail saturation • 149
ratio of stockturn • 31
regular chain • 94
reward power • 81
RFID • 212
robotics • 206
routiner • 72

S

SALT • 68
Safety • 62
second-price sealed-bid auction • 183
selective distribution • 76
Self-Satisfaction • 62
selling on consignments basis • 116
service • 93
Service Merchandiser • 30
Shopping Center • 157
Shopping Goods • 14, 115
simplifiers • 71

Single • 62
special discount store • 147
Specialty goods • 15, 115
sportster • 72
SSM • 130
Standard Pricing • 199
STP • 231
supercenter • 145
surfers • 71
superette • 127
supermarket • 125
Super Store • 128
Super Supermarket • 202

T

Target Marketing • 218
Telnet • 229
tenant • 158
territorial franchise • 93
TM(Tele-Marketing) • 218
trading area • 240
type of operation • 235

U

UCC(Uniform Code Council) • 209
Usenet • 229

V

VAN • 45, 214
Vendor • 29
vertical conflict • 82
videotext • 206
Virtual Community • 75
vertical marketing system: VMS • 90
VMI(Vendor Managed Inventory) • 214

W

WAIS • 229
Well-being • 60
wholesaler-sponsored voluntary chain • 92
WWW • 229

영문색인

ㄱ

가계소비지출 • 57
가상공동체 • 75
간접유통 • 78
강제적 파워 • 81
결품 • 103
경매 • 183
고객경험관리 • 224
고객관계관리 • 220
고객만족경영 • 220
고객의 생애가치 • 225
고객자산 • 217
공동관리 • 93
공동소유 • 93
공정거래 • 61
관계지향형 소비 • 60
관리 추구형 • 71
광고 • 232
구매대리인 • 89
구매심리단계 • 248
구매유통경로 • 75
글로벌 상품소싱 • 199
기업형연쇄점 • 94

ㄴ

남대문시장 • 19
내구소비재 • 15
내림차순 경매 • 183
네덜란드식 경매 • 183
네트워크 마케팅 • 163
노동생산성 • 191
뉴로마케팅 • 249

ㄷ

다단계판매 • 161
다이렉트마케팅 • 218
대량맞춤 • 83
대리도매상 • 89
대리인 • 89
대면판매 • 112
대중마케팅 • 218
대체상품 • 58
대형복합몰 • 159
대형복합쇼핑몰 • 158
데이터베이스 마케팅 • 219
도매상 • 75
도매상인 • 89
도매상후원 자발적 연쇄점 • 92
도매업 • 28, 29
도메인네임 • 260
도메인등록 홈페이지 • 260
도심백화점 • 119
독점적 유통 • 76
디스카운트스토어 • 145

ㄹ

라이센싱 • 93
레귤러체인 • 94
로보틱스 • 206

ㅁ

마케팅 • 217

매장설계 • 245
매장진열 • 247
매장 통로 • 245
머천다이징 • 30
머천다이징관리 • 205
멤버십홀세일 클럽 • 146
모바일 비즈니스 • 50
모바일커머스 • 161
무점포 판매업 • 112, 160
물류 • 27
물적유통 • 27

ㅂ

바이어 • 196
바코드 • 209
방문판매 • 161
병행매입 • 111
벤더 • 29
보관 • 27
보상적 파워 • 81
보통매입 • 116
본부매입 • 111
부가가치 • 11
부가서비스 • 106
북인북 • 166
분산 • 23
분업의 원리 • 32
브로커 • 89
브로커와 대리인 • 87
비교구매 • 116
비내구소비재 • 15
비디오테스트 • 206
비재화 • 57
비즈니스모델 • 265

ㅅ

사이버몰 • 174
사이버 소비자 • 71
산업재 유통업자 • 89
상권 • 240
상권분석 • 240
상류 • 27
상업입지 • 239
상업집적 • 242
상인 도매상 • 87, 89
상적유통 • 27
상표자산 • 217
상품 • 14
상품구매비용 • 102
상품 디스플레이 • 104
상품회전율 • 16, 31
생산자 • 11
서비스 머천다이저 • 30
서비스 프랜차이징 • 93
선매품 • 14, 115
선택적 유통 • 76
선택·집중형 소비 • 60
소매공룡멸종이론 • 35
소매변증법이론 • 35
소매상 협동조합 • 92
소매수레바퀴이론 • 32
소매수명주기이론 • 35
소매아코디언이론 • 34
소매상 • 75, 94
소매업 • 28, 29
소매적응행동이론 • 34

소비자 • 11, 75
소유권 • 87
소유효율 • 22
소화매입 • 116
쇼플러 • 67
쇼핑센터 • 157
수송 • 27
수수료 상인 • 89
수직간 경쟁 • 30
수직적 마케팅시스템 • 90
수직적 경로갈등 • 82
수집 • 23
수평간 경쟁 • 30
수평적 경로갈등 • 82
순기능적 갈등 • 82
슈퍼마켓 • 125
슈퍼렛 • 127
슈퍼센터 • 145
슈퍼슈퍼마켓 • 130
슈퍼스토어 • 128
스탠더드 프라이싱 • 199
스토어 로열티 • 109
스포츠 오락애호형 • 72
시간효용 • 23
식품슈퍼마켓 • 127

ㅇ

아울렛스토어 • 146
알뜰형 • 72
업종 • 235
업태 • 235
업태간 경쟁 • 31
역기능적 갈등 • 82
연계상권 • 240
연쇄점 • 91
영국식 경매 • 183
에이지리스 • 66
엑스트라넷 • 230
엔터테인먼트 쇼핑몰 • 263
오프라인 경매 • 184
오프라인유통 • 12
오픈마켓 • 182
온라인 데이터베이스 • 206
온라인 애용형 • 71
온라인유통 • 12, 18
완전서비스 도매상 • 89
운송관리 • 205
운영프랜차이즈 • 93
유인상품 • 246
유통 • 11
유통경로 • 17, 41, 75
유통경로 파워 • 81
유통경영 • 12
유통경제 • 25, 27
유통계열화 • 95
유통과정 • 11
유통관리 • 12
유통기관 • 75, 87
유통기능 • 75
유통기업 • 12
유통산업 • 25, 28
유통업 • 29
유통업체 • 20
유통우회도 • 29
유통정보 • 101
유통창업 • 257

유통활동 • 27
유통의 역할 • 20
윤리적 소비 • 61
위탁매입 • 116
의료품슈퍼마켓 • 127
이동프랜차이즈 • 93
인공지능 • 206
인터넷 • 230
인터넷 경매 • 183, 184
인터넷광고 • 232
인터넷마케팅 • 230
인터넷쇼핑몰 • 174
인트라넷 • 230
일대일마케팅 • 218
일반숍 • 172
임대 • 93
입주점포 • 158
입지 • 239
입지이동 • 242
입지조건 • 239
입지창조 • 242

ㅈ

자급자족사회 • 13
자본생산성 • 191
자본 집약도 • 191
자사상표부착 • 271
장소효용 • 23
재고관리 • 205
재화 • 57
전문백화점 • 119
전문 유통업형 • 175
전문 중개형 • 175
전문 직판형 • 175
전문품 • 15, 115
전문할인점 • 147
전방통합 기업형 • 95
전자구매 • 56
전자발주시스템 • 214
전자상거래 • 12, 40
전자상점 • 258
전자자금이체 • 53
전자조달 • 54
전자주문시스템 • 208
전통적 유통경로 • 90
점내판촉 • 105
점포 레이아웃 • 245
점포매입 • 111
정보 • 27
정보적 파워 • 81
정보추구형 • 72
제조업자 대리점 • 89
제조업자 도매상 • 87, 89
제조프랜차이징 • 93
제품 • 14
제품수명주기 • 36
제품화계획 • 30
종합슈퍼마켓 • 127
종합 유통업형 • 175
종합 중개형 • 175
주문자상표부착생산 • 152
지리적 범위 • 241
지속적인 상품보충 • 214
지역범위 • 240
지역프랜차이즈 • 93
직매입 • 116

직송 도매상 • 89
직영체인점 • 94
직접유통 • 78
진열 도매상 • 89
집중적 유통 • 76
집중준비의 원칙 • 32

ㅊ

차가 밀봉경매 • 183
창업 • 236
창업자 • 236
체인본부 • 92, 94
체험전문점 • 263
초기산업사회 • 13
총 거래수 최소의 원칙 • 31
총요소 생산성 • 191
총판 • 93
최고가 밀봉경매 • 183
출점전략 • 242

ㅋ

카탈로그판매 • 161
카테고리킬러 • 147
콜뱃 • 142

ㅌ

택배네트워크 • 263
터미널백화점 • 119
통신위주형 • 72
트럭 도매상 • 89
특정매입 • 116

ㅍ

판매경로 • 75
판매권 • 92
판매대리인 • 89
판매마진율 • 16
판매분매입 • 116
판매시점관리시스템 • 207
판매채널 다양화 • 83
편의점 • 135
편의품 • 14, 115
포장 • 27
표적마케팅 • 218
프랜차이저 • 92
프랜차이즈 시스템 • 92
프랜차이지 • 92
피라미드 판매 • 163

ㅎ

하역 • 27
하이퍼마켓 • 145
한국인터넷정보센터 • 260
한정서비스 도매상 • 89
할인점 • 142
핵심소매업체 • 158
홈쇼핑 • 166, 172
효용 • 11
효용창출 • 22
회사형연쇄점 • 94
회원제 도매클럽 • 146
후기산업사회 • 13
후방통합 기업형 • 94
후배지인구율 • 31
흡인력 • 239

저자약력

강영문(wto3@chonnam.ac.kr)

- 동국대학교 무역학과 졸업(상학사)
- 한국외국어대학교 대학원 무역학과 졸업(경영학석사)
- 동국대학교 대학원 무역학과 박사과정 졸업(경영학박사)
- (주) 대신경제연구소 증권분석실 근무
- (주) 대신경제연구소 경제동향분석실 근무
- Visiting Scholar, Singapore Management University
  (한국학술진흥재단 해외방문교수)
- 무등일보 경제칼럼니스트 역임
- MBC 라디오 경제코너 해설자 역임
- 한국국제통상학회 이사
- 국제 e-비즈니스학회 이사
- 한국수출보험학회 이사
- 한국협상학회 상임이사
- 한국무역상무학회 이사
- 국제지역학회 이사
- 관세청 이의신청 심의위원
- 중소기업중앙회 무역지도위원
- 전남대학교 창업보육센터장
- 전남대학교 경상학부 국제통상학과 교수

【주요수상실적】

- 전남대학교 교육우수교수 선정(2008년)
  (Best Teaching Professor)

【주요저서】

- 온·오프라인 유통관리(두남, 2008, 개정판)
- 국제통상론(전남대학교 출판부, 2009)
- 국제협상과 문화간 커뮤니케이션(전남대학교 출판부, 2010)
- 무역과 매너의 만남(우용출판사, 2010)
- 전자물류와 물류관리(두남, 2005)
- 유통물류와 e-비즈니스(두남, 2004, 개정판)
- e무역과 국제매너(학문사, 2004)

홈페이지:http://altair.chonnam.ac.kr/~wto

e-유통경영

2010년 3월 17일 초판 인쇄
2010년 3월 27일 초판 발행

저자 / 강영문
발행인 / 고종식
발행처 / 우용출판사
등록일 / 1997년 11월 25일
출판등록 / 제 2001-1호
주소 / 서울특별시 마포구 망원1동 338-53
전화번호 / 02) 324-6577
팩시밀리 / 02) 324-6177

정가 / 19,000원

ISBN / 978-89-6249-037-4 93320

www.choolpansa.com